L'art Des Expériences: Ou Avis Aux Amateurs De La Physique, Sur Le Choix, La Construction Et L'usage Des Instruments...

Nollet (Jean Antoine, abbé)

L'ART
DES EXPÉRIENCES
OU
AVIS AUX AMATEURS
DE LA PHYSIQUE,

Sur le Choix, la Construction
et l'usage des Instruments ;
Sur la préparation et l'emploi des Drogues
qui servent aux Expériences.

Jean Antoine

Par *M. l'Abbé* NOLLET, *de l'Académie Royale
des Sciences, de la Société Royale de Londres,
de l'Institut de Bologne, &c. Maître de Physique
& d'Histoire Naturelle des Enfants de France, &
Professeur Royal de Physique Expérimentale au
Collège de Navarre.*

TOME TROISIÉME.

A PARIS,

Chez P. E. G. DURAND, Neveu, Libraire,
rue S. Jacques, à la Sagesse.

M. DCC. LXX.

Avec Approbation & Privilege du Roi.

gen. flt.

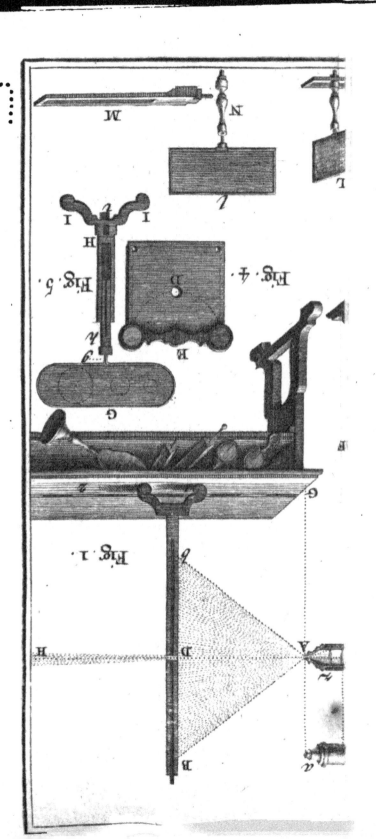

AVIS
AUX AMATEURS
DE LA
PHYSIQUE EXPÉRIMENTALE.

****

TROISIEME PARTIE.

Contenant des Avis particuliers sur les Expériences des onze dernieres Leçons.

———————

SUITE DES AVIS
Sur la DIXIEME LEÇON.

L A Fontaine d'Héron est suffisamment expliquée dans l'endroit, & par la figure cités en marge ; il me reste peu de choses à y ajouter. Si l'on y emploie des globes de verre, il faut

X.
LEÇON.
I. Section.
Pl. IV. Fig. 21.

Tome III.   A

qu'ils aient chacun deux goulots diamétralement oppofés & un peu larges, fur lefquels on maftiquera des
viroles de ferblanc ou de laiton, avec
des fonds. Quant à leur groffeur ; il
fuffira qu'ils aient 6 à 7 pouces de
diametre. Au défaut de globe de verre, le Ferblantier fuppléera par des
tambours formés, fi l'on veut, d'une
virole entre deux cônes tronqués, afin
que le haut & le bas préfentent toujours une certaine largeur pour recevoir les tuyaux : il faut donner à
tous les tuyaux 5 lignes de diametre
intérieurement : & fi l'on fait le pied
de la fontaine comme celui qui eft
repréfenté par la *Fig.* 21. on aura foin
de mettre le globe *E F* en place, pour
maftiquer deffus, la virole *L* avec fes
tuyaux.

Un Emailleur un peu adroit fera
au feu de fa lampe, une fontaine d'Héron toute d'une piéce, & qui fera
d'autant plus agréable, qu'on verra
fans aucune interruption, tout ce qui
fe paffe au-dedans. Ce fera une efpece de fiphon renverfé, *Pl. I. Fig.* 1.
fait avec un tube un peu plus gros que
ceux des barometres ordinaires, au

haut duquel il formera un évafement *A*, une boule creufe en *B*, une autre boule femblable en *C*; il terminera le bout *D* en capillaire, & fera un petit goulot de décharge en *E*, qu'on tiendra fermé avec un bouchon de liége, quand on fera l'expérience du jet-d'eau : & comme cette piéce fera fragile, on attachera la branche *AE* contre une planche, qu'on pourra fufpendre avec un anneau, & qui portera par en-bas, une fourchette dans laquelle on fera entrer la courbure du fiphon.

Pour mettre cette fontaine en jeu, on emplira d'eau claire la boule *B*, en la verfant en *A*; on renverfera enfuite l'inftrument afin que cette eau paffe dans le réfervoir *C*; on le redreffera après, & l'on remplira d'eau, le vafe *A* & le tube qui eft deffous jufqu'en *E*; quand la boule *B* fera pleine, le réfervoir *C* fera vuide, & l'effet ceffera : fi l'on veut recommencer, il n'y aura qu'à renverfer encore la fontaine, pour vuider l'eau de *B* en *C*; finon en ouvrant le goulot *E*, la fontaine fe vuidera entiérement.

Cet inftrument n'eft affujetti à au-

cune mefure fixe ; ceux de cette efpece qui font dans mes Ecoles, ont
18 à 20 pouces de haut, & les boules
près de 2 pouces de diametre ; mais
il eſt à propos que le vafe *A*, & les
deux boules *B* & *C*, aient des capa-
cités à-peu-près égales , & que le
tuyau ait environ 3 lignes de diametre intérieurement , afin que l'eau y
defcende aifément & le rempliffe
promptement.

X.
LEÇON.
I. Section.
Pl. IV. Fig.
22.

IL eſt bon d'avoir dans un Cabinet
de Phyfique, un modele de la pompe
à jet continu, à la fuite des inſtru-
mens dont on fe fert pour prouver
le reſſort de l'air comprimé ; & fi l'on
peut fe procurer un verre cylindrique fort épais *F*, *Fig.* 2. qui ait environ fix pouces de hauteur fur deux
& demi de diametre, on l'exécutera
de la maniere fuivante.

Faites une pompe de cuivre *Gg* ,
jettée en fonte, alaifée en-dedans,
tournée en-dehors (*a*) , qui ait fept
pouces & demi de hauteur fur quinze

(*a*) Sur la maniere d'alaifer les corps de
pompes, & de les tourner en-dehors. Voyez
les *Avis* fur la X. Leçon , *Tome II.* au fujet
de la Machine Pneumatique.

lignes de diametre intérieurement ,
ravalée en-haut à demi-épaiffeur, fur
la longueur d'un pouce , & qui porte
intérieurement par en-bas quelques
filets de vis pour recevoir une piece
à foupape dont on voit la coupe en *H*.
De plus, il faut faire un peu au-deffus
de *G*, un trou de 2 lignes de diametre,
que l'on recouvrira d'une foupape *y* ,
dont la queue foit à reffort & attachée avec une petite vis. Il faut tenir plat, l'endroit où porte le cuir de
la foupape.

I, eft une platine ronde bien dreffée en-deffous, percée au milieu pour
entrer fur la partie *g* où elle fe foude
à l'étain ; elle a un rebord de deux lignes de hauteur , avec lequel elle embraffe le haut du verre *F* ; elle lui
fert comme de couvercle.

K eft une piece à-peu-près femblable à la précédente ; elle eft percée
au milieu pour laiffer paffer la vis *G*,
qui eft reçue enfuite dans une virole *L* , qui lui fert d'écrou, & dont le
bord qui a 2 à 3 lignes de largeur,
preffe un anneau de cuir gras. Cette
virole a un fond percé qui porte un
tuyau de fix pouces de longueur. Si

vous ne voulez point faire la foupape *H*, pour vous difpenfer de faire
des filets de vis à la pompe, vous
pourrez vous contenter d'y fouder
un fond qui porte la vis *h*, & mettre
feulement un clapet fur le fond de la
virole *L*.

La piece *K* porte intérieurement
à 3 lignes près de fon bord fupérieur,
un anneau plat qui eft foudé dans la
virole, & fur lequel doit repofer l'autre bord du verre *f*, & au-deffous de
cet anneau eft foudé fur un trou fait
à la virole, un petit bout de tuyau *m*,
avec un fond & un clapet, fur lequel
fe viffe le tuyau montant *MN*, auquel il faut donner 4 pieds de hauteur. En *N*, eft une virole de cuivre
qui porte extérieurement des filets
de vis, avec une large portée au-deffous ; une autre virole *O*, dont le
bord eft auffi large, lui fert d'écrou,
& porte un bout de tuyau recourbé
qui doit faire la continuation du premier.

Toutes ces pieces étant ainfi pré-
parées, vous les mettrez enfemble,
comme il eft repréfenté en *P*, ayant
foin de faire porter les bords du verre

bien dreſſés auparavant, contre des anneaux de cuir de chamois mouillés, afin que ni l'eau, ni l'air ne puiſſe paſſer par ces endroits-là : & vous ajouterez un piſton ſemblable à ceux des pompés que j'ai décrites dans les *Avis* ſur la ſeptieme Leçon.

Vous monterez cette pompe ſur une cuvette *R r*, doublée de plomb, qui aura 15 à 16 pouces de long, 6 de large, & autant de hauteur, couverte ſur les deux tiers de ſa longueur par une planche qui entre à feuillures, & qui eſt percée au milieu de ſa largeur, pour donner paſſage au tuyau d'aſpiration *l L*, de ſorte que le fond de la piece *K* repoſe deſſus.

R S, eſt un montant de 4 pieds de hauteur ou environ, au bout duquel eſt attachée une petite cuvette de ferblanc ou de laiton, avec deux gouſſets par-deſſous pour la ſoutenir : la partie de la vis *N*, s'applique contre le fond avec un cuir interpoſé, & la virole à écrou du tuyau *O*, prend la vis par-dedans avec un autre anneau de cuir, de ſorte que l'eau qui tombe dans la cuvette, ne peut point couler par cette jonction ; au bas d'un des petits côtés de la cuvette de ferblanc eſt ſoudé un bout de tuyau qui ſort un peu en dépouille à travers le montant, & ſur lequel entre juſte un autre tuyau coudé par en-haut & par en-bas, & qui deſcend le long du montant, pour rapporter l'eau à la caiſſe *R*, dans laquelle il paſſe.

La pompe étant donc placée comme on le voit en *p*, eſt ſerrée de haut en bas par une traverſe *V*, aſſemblée dans le grand montant, par deux tenons qu'on arrête par-derriere avec des goupilles, & qui par l'autre boût deſcend à queue d'aronde dans un taſſeau attaché au haut dû petit montant *r*, & qui s'arrête par une vis dont l'écrou eſt noyé dans le bois de la traverſe. Et afin que cette preſſion ſoit toûjours auſſi forte qu'il eſt néceſſaire, pour appuyer les bords du verre contre les cuirs, & empêcher que l'air ne puiſſe s'échapper par ces jonctions, on met quelques anneaux de carton ſur le couvercle *I*, qui fait une large portée au-deſſous de la partie de la pompe qui paſſe par la traverſe.

Vous ferez mouvoir le piſton avec un levier du ſecond genre, qui aura un mouvement de charniere contre le grand montant, & qui prendra la tige du piſton par une fourchette, dans laquelle il puiſſe avoir un pareil jeu, ſoit en montant, ſoit en deſcendant.

Si tout cela eſt bien exécuté, lorſque vous aurez mis de l'eau dans la caiſſe Rr, & que vous ferez agir le piſton un peu vivement, l'eau aſpirée par le tuyau montant lL, & refoulée enſuite, montera en même temps vers la cuvette S, & dans l'eſpace qui eſt entre le verre & le corps de pompe, en preſſant de bas en-haut l'air qui s'y trouve, lequel en vertu de ſon reſſort continuera de faire couler l'eau par le tuyau o, pendant que vous reléverez le piſton.

Un Phyſicien doit être muni d'une machine avec laquelle il puiſſe faire des expériences dans l'air comprimé ; cette machine peut ſe faire de différentes façons, ſuivant les vues qu'on a à remplir ; ſi l'on a deſſein de comprimer l'air à toute outrance, il faut que le vaiſſeau qui doit le contenir ſoit d'une grande ſolidité, le métal eſt la ſeule matiere qu'on y

puisse employer, avec quelques petites fenêtres garnies de morceaux de
glace très-épaisse, & alors on a bien
de la peine à voir ce qui se passe au-
dedans ; si l'on veut conserver l'air
que l'on condense, dans le dégré de
pureté qu'il a en venant de l'atmosphere, & ne le point faire passer par
la pompe foulante, on aura de la
peine à remplir cet objet dans le cas
d'une forte compression : je vais décrire la machine dont je me sers dans
mes Leçons publiques, & qui suffit
pour les expériences ordinaires.

AB, *Fig.* 3. est une tablette de bois
chantournée, qui a un bon pouce d'é-
paisseur, 15 pouces de long sur 12
ou 13 de large ; elle peut être d'une
seule piéce, mais elle sera encore
mieux si elle est emboîtée par les deux
bouts : elle porte en-dessous un canal
CD, logé en partie dans l'épaisseur
du bois, & dont les deux bouts rele-
vés d'équerre, affleurent le dessus par
une portée qui est surmontée en *c* d'u-
ne vis grosse comme le petit doigt,
& longue de 7 à 8 lignes ; & par une
autre portée en *d*, sur laquelle est appliquée une petite platine ronde

SUR LES EXPÉRIENCES. 11

percée au milieu , & attachée au bois
avec des vis ou des clous à tête per-
due. Outre cela, ce canal est encore
arrêté par deux brides attachées par-
deſſous, vers les extrémités.

E, eſt un robinet dont la boëte affleure encore le deſſus de la tablette
avec une portée ſur laquelle on attache auſſi un anneau plat pour plus de
propreté. La clef de ce robinet eſt
percée comme celle de la machine
pneumatique , c'eſt-à-dire , d'un trou
diamétral & d'un autre trou oblique
qui va gagner l'axe , & qui ſe continue juſqu'au bout d'en-bas ; & l'on
fait une marque au fleuron de la clef
qui répond à ce trou.

Ce canal avec la boëte du robinet
eſt de cuivre , & peut être fondu d'u-
ne ſeule piece, ſur un modele en bois
qu'on donnera au Fondeur ; auquel
cas on réſervera en C & en D , deux
petites maſſes , pour le mettre ſur le
tour dans une lunette , & on le percera en deux fois ſur ſa longueur. On
fera dans les deux bouts montans,des
trous qui communiquent avec le premier , & quand avec des équarriſ-
ſoirs on aura nettoyé & aggrandi ces

trous jufqu'à ce qu'ils aient deux lignes & demie de diametre , on bouchera les deux bouts *C* & *D*, avec des
vis à têtes plates , fous lefquelles on
mettra un anneau de cuir. Il eft bon
de fe ménager cette reffource , pour
déboucher le canal fi par quelque accident il venoit à s'engorger. Du refte, cette piece qui n'eft point expofée à la vue , peut être fimplement
dégroffie à la lime.

La vis qui eft au bout *c*, & qui excede de toute fa longueur le plan fupérieur de la tablette, reçoit une
platine ronde de cuivre de 6 pouces
& demi de diametre , percée au centre, & retenue par un écrou plat fous
lequel il ne faut pas manquer de mettre un cuir gras , afin que l'air ne
puiffe point s'échapper par la jonction. Cette platine eft rebordée d'un
cercle de cuivre foudé à l'étain , &
qui a 4 lignes de hauteur.

En *F* & en *f* font deux trous quarrés, dans lefquels entrent les tenons
de deux colonnes de fer tournées, &
façonnées à-peu-près comme *G g*. Elles ont chacune 9 pouces de longueur
entre les tenons , qui font terminés

par des vis : les écrous h, h, qui les arrêtent, ont un pouce de longueur, dont la moitié eft taillée à fix pans, & le refte tourné en poire ; il y a une clef commune à tous pour les ferrer. Il réfulte de-là, que quand les deux colonnes font en place, la tablette par ce bout-là eft élevée d'un pouce ; on la met de niveau en plaçant fous i i, deux pieds de métal dont les tenons font des vis en bois.

Il faut tirer de la Verrerie deux ou trois pieces en cryftal, figurées comme K, qui aient par-tout 3 ou 4 lignes d'épaiffeur, environ 6 pouces de diametre, rétrécis d'un tiers par les deux bouts, & de telle hauteur, que quand les bords auront été bien dreffés, elles en aient encore chacune 9 pouces & quelques lignes.

On place un de ces vaiffeaux concentriquement fur la platine recouverte, comme celle de la machine pneumatique, avec un morceau de peau de chamois mouillé ; on étend fur le bord d'en-haut un anneau de pareille peau, & par-deffus, une platine ronde de fer L, qui a deux oreilles coudées & percées pour entrer

sur les tenons d'en-haut des deux colonnes de fer ; comme ces tenons
sont des vis, & qu'ils ont un pouce
au moins de longueur, la piece *L*
descend jusqu'à ce qu'elle pose sur le
bord du vase *K*, garni de son anneau
de peau mouillé, & les écrous qu'on
serre avec la clef peu-à-peu l'un après
l'autre, afin de maintenir la piece *L*
toujours bien droite, produisent, tant
en-haut qu'en-bas, une pression qui
ferme exactement le vaisseau *K*.

On voit par-là, que la platine ronde *L* doit avoir environ 5 pouces de
diametre, pour couvrir amplement
les bords du vaisseau, que ces oreilles doivent être assez longues pour
que leurs trous répondent à l'écartement des deux piliers ou colonnes,
qui est de 8 pouces & demi ou 9 pouces ; & que son épaisseur doit être
proportionnée à la grande pression
qu'elle doit faire ; elle ne doit pas
être moindre que de 4 lignes. On fera
bien d'y faire un trou taraudé au milieu, pour recevoir une boëte à cuir
en cas de besoin ; dans les cas ordinaires on tiendra ce trou fermé avec
une vis à oreilles *l* & un cuir interposé.

Quoique le vaiffeau *K* foit fort épais, il pourroit arriver que le reffort de l'air trop fortement comprimé, le fît crever, & cet accident feroit dangereux; il faut en prévenir les fuites, en couvrant le vaiffeau d'une cage de métal *M N O*, qui retiendra les éclats du verre s'il vient à fe rompre. Cette cage fera compofée de 3 cercles plats de cuivre, dont les deux premiers *M, N*, feront percés de pouce en pouce, le dernier *O*, ayant des trous en même nombre, mais plus près les uns des autres, pour affembler des fils de laiton paffés à la filiere, & un peu moins gros qu'une plume à écrire. Les trous du cercle *N* feront de la groffeur même des fils; ceux des deux autres cercles feront un peu plus petits.

Vous ferez les cercles *M* & *N*, comme pour embraffer celui qui fert de rebord à la platine; & celui d'en-haut pour embraffer fort aifément le haut du vafe de cryftal: après cela vous creuferez dans une planche, une rainure comme *P p*, que vous réglerez fur le profil de votre vafe, & vous drefferez & plirez par en-haut tous vos fils , de maniere qu'ils entrent l'un après l'autre dans cette espece de calibre ; vous les limerez par les deux bouts en faisant une portée à chacun ; & vous commencerez par les arrêter dans le plus petit cercle en les rivant l'un après l'autre ; ensuite vous enfilerez le cercle du milieu , & vous finirez par attacher celui d'en-bas comme celui d'en-haut. Cette cage se place avant qu'on couvre le vase *K* avec la piece *L* , comme on le peut voir par la *Fig.* 4. qui représente l'en-semble de la machine.

On fait entrer l'air dans le réci-pient *K* par le canal, avec une pom-pe foulante *R*, semblable à celle dont j'ai parlé au sujet de la Fontaine de compression, *Tome II. Avis concernant la X. Leçon.* Elle se visse sur le bout du canal *d* avec un anneau de cuir in-terposé, & elle est soutenue par un pilier *S*, qui est plat par-devant, & creusé en demi-rond, pour la loger en partie ; une bride à charniere, qui s'arrête avec un crochet quand elle est fermée, retient la pompe , & em-pêche qu'elle ne vienne en-devant, quand on fait mouvoir le piston.

Lorsque

Lorſque vous voudrez faire uſage de cette machine, vous commencerez par placer dans le récipient ce que vous voudrez mettre en expérience, ſoit en le poſant ſur la platine, ſoit en le ſuſpendant à un crochet qui ſe viſſera ſous la piece *L*; vous mettrez la cage *M N O* par-deſſus, avec la platine de fer & les écrous que vous ſerrerez l'un après l'autre à pluſieurs repriſes. Après cela, vous tournerez la clef du robinet de maniere que la communication ſoit ouverte entre la pompe & le récipient, & en mettant les deux pieds ſur le bord de la tablette en *i, i*, vous aſſujettirez la machine, & vous ferez aller le piſton un peu vivement, ayant ſoin qu'il touche à chaque fois tant en-haut qu'en-bas, le fond de la pompe.

Quand l'air ſera ſuffiſamment condenſé, vous ferez faire un quart de tour à la clef du robinet, pour fermer le canal du côté du récipient, afin d'y retenir l'air dans l'état de compreſſion que vous lui aurez fait prendre; & pour laiſſer échapper cet air, quand votre expérience ſera faite, vous ferez faire un demi-tour à la

Tome III.   B

clef, & il y aura communication de l'intérieur du récipient avec l'athmofphere.

Pour juger à quel point l'air eft condenfé dans le récipient, vous y placerez un petit inftrument qu'on nomme *Elatérometre*, repréfenté à la lettre Q. Il eft compofé d'un bout de tube de 3 ou 4 pouces de longueur, & d'une ligne de diametre intérieurement ; il eft fcellé par un bout, avec une partie recourbée & évafée par en-bas, dans laquelle on met un peu de mercure ; à mefure que l'air fe condenfe dans le récipient, il preffe le mercure & le pouffe contre la petite colonne d'air qui eft dans le tube ; fi cette colonne eft réduite par cette compreffion au quart, au tiers, à la moitié, &c. de fa longueur naturelle, c'eft une marque que l'air du récipient eft condenfé d'autant ; & vous en jugerez par une divifion que vous marquerez fur la petite planche à laquelle eft attaché l'inftrument. Pour une plus grande exactitude, il faudroit que l'élatéromette fût incliné, afin que le mercure qui s'avance dans le tube, ne contrebalance point par

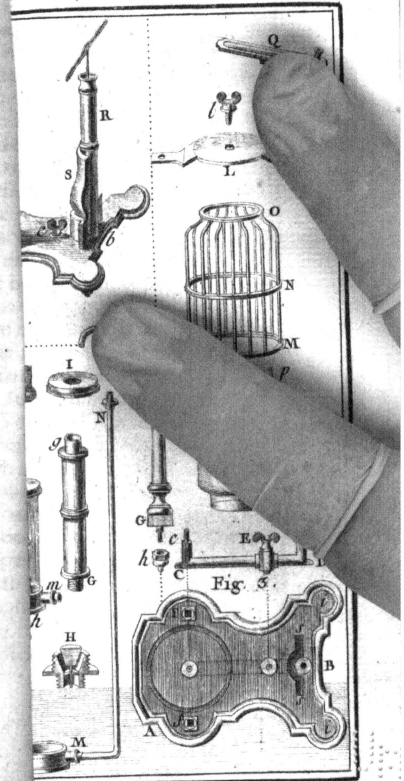

Fig. 3.

son poids une partie de l'effort que
l'air du récipient fait sur lui ; mais s'il
tient trop de place dans cette situation, on pourra supprimer son pied,
& le placer debout.

Avec la machine de compression
que je viens de décrire, vous ferez
voir que ce qui empêche une bouteille de verre très-mince de se casser dans l'air libre, c'est que celui qu'elle contient est en équilibre
avec celui du dehors ; car si elle
est bien bouchée, & que vous la mettiez dans l'air condensé du récipient,
elle ne manquera pas d'être cassée : il
faut souffler ces bouteilles à la lampe
d'Emailleur, les applatir un peu, &
les sceller hermétiquement.

Vous rendrez toute flasque par un
pareil procédé, une vessie d'agneau
bien remplie d'air, & dont le col sera
serré avec un fil.

Vous gênerez sensiblement la respi-
ration d'un oiseau, ou d'un petit qua-
drupede, que vous mettrez à pareille
épreuve, &c. &c.

Huitieme Expérience.

X.
Leçon.
I. Section.
Pl. IV. Fig.
23. & 24 &
Pl. V. Fig.
25. & 26.

Suivez ce qui eſt marqué dans la *préparation* de cette Expérience ; je n'ai rien à y ajouter.

Pour le thermometre d'air, repréſenté par la *Fig.* 24. citée en marge, ſi l'on n'a point la commodité de ſe procurer un verre exprès, qui ſoit recourbé par en-bas, avec une boule qui ait un orifice pour recevoir & pour contenir la liqueur colorée, on pourra ſe ſervir d'un verre de thermometre ordinaire, dont le tube ne ſoit pas ſcellé par en-haut, & dont on plongera le bout dans un flacon ou autre petit vaiſſeau contenant de l'eau mêlée avec un quart de diſſolution de cuivre, afin qu'elle ne ſoit pas ſujette à ſe geler : il faudra échauffer l'air de la boule avec les mains, ou autrement, un peu plus qu'il n'a coutume de l'être dans les plus grandes chaleurs de l'été, avant que de plonger le tube dans la liqueur.

Si pour faire jaillir une liqueur par la preſſion d'un air dilaté, vous n'êtes pas à portée de faire exécuter la Fontaine qui eſt repréſentée par la *Fig.*26.

& qui eft fuffifamment décrite à l'endroit cité en marge, vous pourrez vous en procurer une autre à peu de frais, qui fera plus petite, mais dont l'effet eft fort joli. Soufflez à la lampe, ou faites fouffler par un Emailleur une boule creufe *A*, *Pl. II. Fig.* T. un peu plus groffe qu'un œuf de poule, qui ait une queue fcellée par le bout comme *a*, & un bec recourbé en en-haut comme *b*, dont l'orifice foit capillaire; plongez pendant quelques fecondes de temps toute la boule dans une caffetiere remplie d'eau bouillante, ayant foin que l'orifice *b* foit dehors; retirez-la & trempez fur le champ le bout du bec dans un verre à boire qui contienne de l'efprit-de-vin; & quand il en fera entré dans la boule autant que le poids de l'atmofphere y en peut porter, vous la replongerez de nouveau dans l'eau bouillante,& vous allumerez le jet,en tenant la flamme d'une bougie à un pouce près de *b*.

Neuvieme Expérience.

PROCÉDEZ pour cette Expérience comme il eft prefcrit dans la *Préparation.*

X. LEÇON. I. Section. Pl. V. Fig. 27.

Si au lieu de mercure, vous faites couler un peu de liqueur colorée dans la boule de la *Fig.* 27. citée en marge, en appliquant la main deſſus, vous dilaterez l'air au point de faire monter très-ſenſiblement & très-vîte la liqueur dans le tube; plus la boule ſera groſſe & le tube étroit, plus cet effet ſera ſenſible; de ſorte qu'avec un tel inſtrument, on pourroit s'appercevoir des moindres changemens qui arriveroient à la température d'une chambre, ou d'un autre lieu quelconque.

Dixieme & Onzieme Expérience.

X.
LEÇON.
I. Section.
*Pl.V. Fig.*28.
& 29.

EN ſuivant les procédés indiqués dans les *Préparations* de ces deux Expériences, on pourra mettre dans le vuide des animaux de toutes eſpeces, pourvû qu'ils puiſſent tenir ſous le récipient : cela ſuffira pour prouver que l'air doit avoir une certaine denſité pour entretenir la vie animale ; mais ſi l'on veut ſçavoir plus exactement combien de temps chaque animal peut vivre dans un air raréfié à un certain degré, il faut s'y prendre d'une autre maniere que voici.

Mettez fur la platine de la machine pneumatique, le plus grand récipient que vous ayez, & qui foit ouvert & garni par le haut pour recevoir
un robinet ; joignez à ce robinet une
platine de cuivre de 5 à 6 pouces de
diametre, couverte d'un cuir mouillé ; placez l'animal deffus, & couvrez-le d'un récipient qui n'ait que
la grandeur qu'il faut pour le contenir fans le gêner. Voyez la *Fig.* 2. Le
robinet étant fermé du côté du grand
récipient, vous y raréfirez l'air le plus
qu'il fera poffible, & il fera bon que
cela foit fait avant de placer l'animal
fous le petit récipient : dès qu'il y fera, ouvrez la communication entre
les deux vaiffeaux, en faifant faire un
quart de tour à la clef du robinet ; en
moins de deux fecondes de temps
l'air fera raréfié dans le petit récipient, en raifon de la différence de
fa capacité à celle du grand récipient ; c'eft-à-dire, que fi celui-ci
avoit été parfaitement vuide, ou à
peu-près, & qu'il fût 15 fois plus
grand que l'autre, l'animal fe trouve-
roit dans un air qui n'auroit que la
quinzieme partie de fa premiere den-

sité ; ce qui seroit plus que suffisant pour le faire périr.

DANS les explications qui suivent la dixieme & la onzieme Expérience, j'ai supposé que quand un animal se trouve dans le vuide, l'air disséminé dans son sang se développe, se met en petits globules & obstrue les petits vaisseaux ; vous rendrez cette conjecture plus que vraisemblable, par l'expérience suivante.

Prenez un tube de thermometre & pliez-le à la lampe, comme il est représenté par la *Fig.* 3. Redressez les deux bouts perpendiculairement au plan des autres parties ; avec un petit évasement en *c*, dans lequel vous mettrez de l'esprit-de-vin coloré & un peu chaud, que vous sucerez doucement par l'autre bout, afin que tout le tuyau s'en remplisse sans interruption. Faites passer cela dans le vuide, & vous ferez remarquer qu'il paroît une infinité de petites bulles d'air qui interrompent la continuité de la liqueur, & qui se rassemblent en plus grosses bulles dans les sinuosités.

J'ai supposé encore dans les mêmes explications, que ce qui fait sur-
nager

nager malgré lui, le poisson qu'on met dans le vuide, c'est l'air qui se dilate dans la vésicule, & qui ne pouvant s'y contenir, sort en grosses bulles par la bouche du poisson ; vous ferez voir que cette raison est fondée, en ouvrant le corps de l'animal après l'expérience ; car cette vésicule se trouvera toute flasque ayant perdu une grande partie de son air ; & vous la remettrez dans le vuide pour montrer que ce reste d'air qu'elle contient encore, suffit pour tenir cet organe enflé dans un air suffisamment raréfié.

Il est à propos de faire voir par une expérience, que les animaux ne rendent point par l'expiration autant d'air qu'ils en prennent par l'inspiration, ou que l'air rendu par l'expiration a perdu une partie de son élasticité ; pour cet effet, enfermez un pigeon dans le récipient de la machine de compression, de sorte que l'air de dehors ne puisse s'y introduire ; joignez à la platine de fer un tube recourbé par en-haut & par en-bas, qui porte d'un côté une virole & une vis pour s'attacher à la platine, & de l'autre, un vase rempli d'eau colorée, comme on le peut voir par la *Fig. 4:* vous ferez obferver, que peu-à-peu la liqueur monte dans le tube , ce qui prouve inconteftablement que le volume ou le reffort de l'air diminue dans le récipient.

A la fuite des expériences qui concernent la refpiration , on feroit bien de montrer un modele du Ventilateur de M. Halles , ou de celui de Defaguilliers, dont j'ai indiqué la defcription ; ou bien on fe contentera de donner une idée de la rénovation artificielle de l'air , en appliquant fur l'ame d'un foufflet à vent continu , foit avec de la colle , foit avec de la cire molle , un entonnoir de bois , au bout duquel on aura lié le col d'une groffe veffie remplie d'air, & au canal du foufflet, une pareille veffie vuide ; car fi l'on fait mouvoir les panneaux, on verra que l'air de la veffie pleine, paffe dans celle qui n'en contient point , & ceux qui verront cet effet , concevront aifément, que par un moyen femblable , ou équivalent , on peut faire paffer l'air d'une chambre, ou d'une falle, du dedans au-dehors , & donnèr lieu par-là à celui de l'ath-

mofphere de prendre la place de celui qui fort.

Comme ces expériences donnent
lieu de parler des différentes fonctions de l'air qui entre dans les lo-
bes du poumon, & fur-tout de l'action qu'il y exerce pour repouffer par
la veine pulmonaire, le fang qui eft
entré par l'artère qui vient du cœur
à ce vifcère, il conviendroit qu'on
eût un cœur préparé en cire, & qui
s'ouvrît pour faire voir les routes
que le fang fuit dans cette circulation ; au défaut d'une pareille piece,
on prendra à la Boucherie un cœur
de bœuf, de veau, ou de mouton tout
frais, qu'on vuidera & qu'on lavera
pour en faire enfuite la diffection.

Douzieme & Treizieme Expériences.

Le chaffis de métal dont il eft fait
mention dans la *Préparation* de la treizieme Expérience, eft une piece plate de cuivre coulé, qui a un pouce
de largeur fur fix pouces de longueur,
elle eft percée au milieu pour entrer
fur la vis de la machine pneumatique, où elle s'arrête avec un écrou,
(*D, Fig. 5.*) qui la preffe. A droite

X.
Leçon.
I. Section.
Pl. V. Fig.
30. & 31.

C ij

& à gauche du trou font deux rainures à jour, dans lefquelles on fait
glifler les deux montans *E*, *E*, pour
les approcher ou les reculer l'un de
l'autre, & qui s'arrêtent auffi avec une
vis *F*, qui trouve fon écrou dans le
quarré *e*, & dont la tête qui eft toute
plate, a un pouce de diametre, afin
que la machine toute montée, puiffe
fe tenir debout fur une tablette.

La tige du montant eft plate, mais
elle a une bafe circulaire & dreffée
fur le tour par-deffous, pour s'appliquer fur le chaffis ; cette tige doit
faire reffort, c'eft pourquoi avant de
la limer, on aura foin de la forger
à froid pour lui donner de la roideur. Elle porte un petit cadre *G*,
dans lequel on affujettit une pierre à
fufil : ce cadre eft compofé de deux
parties ; l'une *g*, qui tient à la tige,
& qui forme trois côtés ; l'autre *h*,
qui eft mobile, & qui s'attache avec
deux vis qui traverfent les deux petits côtés. Chacun des grands côtés
porte une joue oblongue, pour préfenter plus de furface à la pierre, &
l'une de ces deux joues *i* fe replie
d'équerre par derriere la pierre, pour

l'empêcher de reculer ; & afin que celle-ci ne gliſſe point contre le métal, on la couvre de deux petits morceaux de cuir, de carton ou de feutre, & la preſſion des vis fait le reſte.

La piece entiere, comme *eg*, peut être jettée en fonte, ſur un modele qui aura 4 pouces de hauteur : ſi le Fondeur fait venir les joues, il faudra que celle qui ſe replie d'équerre, ſoit droite au modele ; & recommandez que le cuivre ne ſoit point aigre, afin qu'on puiſſe la plier après que la piece aura été limée.

La rondelle d'acier qui doit faire feu avec les pierres, ſera trempée auſſi dur qu'on pourra, quoiqu'elle doive être un peu guillochée, il faut éviter qu'elle ait des angles vifs qui uſeroient trop tôt les pierres, & qui rendroient le mouvement trop rude : elle ſera rivée au bout d'une tige de cuivre, longue d'un pouce, & percée d'un bout à l'autre pour gliſſer & s'arrêter à telle hauteur qu'on voudra, ſur la tige quarrée d'une boëte à cuirs qu'on fait tourner avec le rouet. Voyez ce que j'ai enſeigné touchant

l'ufage du Rouet, Tome II. *Avis* concernant la dixieme Leçon.

Quand vous voudrez faire la treizieme Expérience, vous commencerez par établir la piece *KEE* fur la
platine de la machine pneumatique,
fans ferrer ni l'écrou *D*, ni les vis *F* :
vous mettrez par-deffus, le récipient
garni d'une boëte à cuirs avec la rondelle d'acier ; vous prendrez vos mefures pour placer celle-ci à la hauteur des pierres, & pour approcher
les montans de maniere que la rondelle en tournant ne fe trouve point
trop ferrée ; alors vous ferrerez l'é-
crou & les vis, & vous ferez le vuide le plus parfait que vous pourrez,
pour faire voir qu'il ne paroît point
d'étincelles, ou qu'il n'en paroît que
très-peu, & qui n'ont point d'éclat ;
puis ayant rendu l'air dans le récipient, vous ferez voir qu'il y en a
beaucoup, & qu'elles font très-bril-
lantes. Dans cette expérience il ne
faut pas faire aller le rouet d'un mouvement bien uniforme, il eft mieux
de l'accélérer d'un coup de poignet
dans chaque révolution de la roue.

Quatorzieme Expérience.

LA petite phiole dont il est parlé dans cette Expérience, peut être soufflée à la lampe d'Emailleur; un bout de tube gros comme le pouce & scellé par un bout, pourroit servir de même; si l'on est à portée d'une Verrerie, on en fera faire qui soient formées en poires, comme dans la *Fig.* 6. Sur le milieu de la longueur, ou à peu-près, on attachera avec du mastic, un cercle de cuivre large d'un demi-pouce, sur lequel on fera deux petits trous diamétralement opposés, pour recevoir les pointes de deux vis qui traverseront les branches d'une fourchette *L*.

Cette fourchette est faite d'une lame de laiton pliée deux fois d'équerre, & rivée par sa partie du milieu sur un bouton de cuivre, avec lequel elle glisse sur la tige *M*, & s'y arrête où l'on veut par une vis de pression. La tige est montée sur une petite base tournée *N*, qui porte à plat sur les bords d'une coulisse *O o*, avec un quarré en-dessous, pour l'empêcher de tourner, & dans lequel en-

C iv

tre une vis à tête plate, & large comme aux montans du briquet de l'expérience précédente. Vers l'extrémité *o* de la pièce à coulisse est un trou rond qui entre sur la vis de la machine pneumatique, & qui s'y arrête avec le même écrou dont on se sert pour la pièce à coulisse du briquet : ce même bout *o*, a par-dessous une épaisseur égale à celle de la tête plate de la vis qui arrête la tige *M N*, afin que la petite machine puisse se tenir debout sur une table. Le vase *P* a un pouce de profondeur, & 18 à 20 lignes de largeur, son épaisseur doit être de 3 bonnes lignes. La pièce *M*, la coulisse *Oo*, & le vase *P* peuvent se faire en cuivre de fonte ; mais il est absolument nécessaire que le vase *P*, qui doit aller souvent au feu, soit fondu en cuivre rouge ; on le posera sur un morceau de tuile placé au centre de la platine, & l'on aura pris ses mesures avant de faire le vuide, pour que la phiole en s'inclinant, verse les grains de poudre qu'elle contient, dans le milieu du vase. On appuiera sur le bout avec une espece de palette emmanchée au bout de la tige d'une boëte à cuirs. Il est presque superflu d'avertir que dans cette expérience il faut faire le vuide promptement, pour ne pas donner le temps au cuivre de se trop refroidir; mais je ne puis trop dire qu'il faut employer un grand récipient & peu de poudre.

Quinzieme & seizieme Expériences.

JE ne vois rien dans ces deux expériences, qui puisse arrêter l'homme le moins exercé en Physique, les procédés en sont si simples ou si connus, qu'il suffit de les lire pour les entendre ; j'observerai seulement, 1°. que le bois de chêne qui n'est point gras & qui est sans nœuds, étant tourné en boule, & garni d'un crochet pour y suspendre un plomb qui le tienne au fond du vase rempli d'eau claire, m'a paru plus propre qu'aucun autre bois, pour faire voir l'air qui sort des corps solides lorsqu'on les met dans le vuide : 2°. qu'une grosse noix, assujettie avec un peu de cire molle au fond d'un gobelet, avant qu'on y verse de l'eau, rend à chaque coup de piston beaucoup d'air

X.
LEÇON.
I. Section.
Pl. VI. Fig.
33. & 34.

par le gros bout, & qu'elle se trouve
pleine d'eau après l'expérience. 3°.
Qu'il ne sort point d'air des métaux,
mais qu'il paroît à leur surface beaucoup de petites bulles qu'il faut at-
tribuer à la couche d'air adhérente,
dont tous les corps solides sont comme enduits, quand ils sortent de l'atmosphere pour entrer dans l'eau.
4°. Que la biere nouvelle vaut mieux
que la vieille pour mousser dans le
vuide. 5°. Que pour bouillir dans le
vuide, l'esprit-de-vin n'a pas besoin
d'être chauffé, mais que l'eau doit
être tiéde sans avoir bouilli au feu.
6°. Que quand l'eau tiéde à un certain
dégré, a cessé de bouillir dans l'air raréfié, elle recommence à bouillir dans
le même dégré de vuide, si elle reçoit un nouveau dégré de chaleur.
7°. Il faut que les vases remplis d'eau
ou d'autres liqueurs, qu'on met dans
le vuide, soient plus longs que larges, afin que l'air qui part du fond
ait plus de chemin à faire pour en
sortir, & se laisse voir plus long-
temps.

Dix-septieme & dix-huitieme Expérience.

LA taſſe de métal de la *Fig. 35.* citée en marge, ſe fera d'une ſeule piéce de fer-blanc, ou de laiton fort mince, dont on relevera les bords d'un
pouce ou environ, comme aux lam-
pions; on y ſoudera une petite douille pour y mettre un manche de bois;
on fera le petit enfoncement du milieu avec un poinçon fort mouſſe,
qui ne perce point le métal; le petit
vaſe de verre dont on doit couvrir
la goutte d'eau, ſe pourra faire d'un
bout de tube gros comme le doigt
& ſcellé par en-haut. On ſe ſervira
d'huile d'olives.

Pour recueillir les bulles d'air qui
ſortent du ſucre à meſure qu'il ſe
fond dans l'eau tiéde, ſi l'on n'a point
un verre auſſi commode que celui
que j'emploie, & qui eſt repréſenté
dans la Figure citée ci-deſſus, on y
ſuppléera par un gros tube d'un pouce de diametre, & de 9 à 10 pouces
de longueur, bien bouché par en-
haut, & dont le bord ſoit bien dreſſé
par en-bas; comme il faut qu'il ſe re-
dreſſe plein d'eau, vous aurez ſoin

X.
LEÇON.
I. Section.
Pl. VI. Fig.
35.

que la cuvette qui la contient ſoit aſſez longue pour qu'il puiſſe s'y coucher entiérement ; & vous ſerez prompt à le relever, dès que vous y aurez introduit le morceau de ſucre.

Dix-neuvieme & vingtieme Expériences.

X.
LEÇON.
I. Section.
Pl. VI. Fig.
36. & 37.

CES deux expériences ne ſont point propres à être répétées dans une Ecole publique ; on ſe contentera d'en rapporter verbalement les réſultats, & de renvoyer pour une plus ample inſtruction, à la *Statique des Végétaux* de M. Halles, & aux *Mém. de l'Acad. des Sciences*, 1743. Je crois que les procédés en ſont ſuffiſamment expliqués dans les *Leçons de Phyſique* pour quiconque voudra les faire en ſon particulier ; je dirai ſeulement, au ſujet de la derniere, qu'il faut mettre environ une pinte d'eau nouvellement purgée d'air, dans une caraffe capable d'en contenir un quart de plus ; & que le tube à double courbure, doit être gros comme le petit doigt, ou à-peu-près, & avoir deux pieds de longueur d'un coude à l'autre.

AVIS

Concernant la ONZIEME LEÇON.

Cet article ne contient que trois expériences, dont la premiere n'a besoin d'aucun éclaircissement, après ce que j'en ai dit dans l'endroit cité en marge.

XI.
Leçon.
II. Section.
Article I.
Pl. I. Fig. 1

Sur la seconde, j'avertis que le sel qu'on doit mêler avec la glace pilée, est du sel de cuisine en gros grains, tel qu'il vient du Grenier public : il faut l'employer sec, une partie contre deux ou trois de glace, & remuer avec une cuiller, afin qu'il se mêle mieux : le vase de verre peut être un bocal d'Apothicaire, capable de contenir une chopine de liqueur, mesure de Paris.

Pour prouver que le frimât qui s'amasse sur la surface extérieure de ce vaisseau, est de l'eau qui vient de l'air ambiant, vous choisirez un autre bocal bien net & bien sec, dans lequel vous puissiez faire entrer celui qui doit recevoir le sel & la glace, de maniere qu'il y ait peu d'intervalle entre l'un & l'autre, & vous boucherez avec de la cire molle, ou autrement, tout accès à l'air extérieur. Si vous êtes à portée d'une verrerie, faites faire de ces vafes qui n'ayent point de gorges, mais dont les bords fimplement renverfés & plats puiffent s'appliquer l'un fur l'autre; alors vous n'aurez plus befoin de cire molle.

Quant à la troifieme expérience; vous employerez, comme je l'ai dit, le plus grand récipient que vous ayez; mais vous y joindrez un ballon moins gros que de neuf à dix pouces de diametre, c'eft affez qu'il en ait cinq ou fix. En le prenant de cette grandeur, l'effet fe répétera plus fenfiblement trois ou quatre fois de fuite, avec le même récipient, une fois évacué d'air. La clef du robinet étant percée comme celle de la machine pneumatique, vous pourrez ouvrir une communication entre l'air extérieur & le ballon, en la fermant du côté du récipient; il ne s'agira que de faire une marque à l'un des fleurons de la clef, qui

vous indique de quel côté est le trou
oblique qui va rendre au bout.

Au défaut d'un ballon, vous ferez
l'expérience avec un récipient simple, plus long que large ; mais au
lieu de l'appliquer sur la platine de
la machine pneumatique par l'inter-
position d'un cuir mouillé, vous l'y
joindrez bien exactement avec un
petit cordon de cire molle.

Premiere Expérience.

SUPPRIMEZ l'appareil de cette
expérience ; prenez simplement votre
plus grand récipient d'une main par
le bouton d'en-haut, frappez lége-
rement avec le plat de l'autre main
sur le corps du vaisseau, pour le faire
résonner, & approchez vers ses bords
un tube de verre, que vous tiendrez
par un bout sans le contraindre. Le
frémissement de la cloche deviendra
très-sensible.

XI.
LEÇON
II. Section.
Article II.
Pl. I. Fig. 2.

Vous ferez une expérience équi-
valente à la précédente, avec l'instrument qui est représenté par la
Fig. 7. *Pl. II.* C'est un timbre de trois
pouces de diametre, porté sur un pied
de bois par une *S* de cuivre au haut

de laquelle est un marteau poussé par un ressort : une fourchette R, dont la queue est une vis, s'attache avec un écrou au timbre qui est percé au centre; il faut que les bords du trou soient garnis de part & d'autre d'un petit annneau de cuir, afin que le timbre ne soit touché ni par la fourchette, ni par l'écrou. Par le moyen de cette piece, le timbre se place à demeure sur l'S avec un clou rivé.

Le marteau est une petite masse de cuivre ou de fer tournée, le manche est un levier d'acier qui a son centre de mouvement dans une fourchette T, refendue aussi par en-bas, pour s'attacher avec une goupille, sur le haut de l'S : sous cette piece est pris un ressort d'acier V, dont le bout u, pousse la queue du marteau, tandis que l'autre bout le contretient à une ligne près du timbre : de sorte que quand on abaisse avec le bout du doigt l'extrémité X, & qu'on le laisse échapper, le marteau frappe & se reléve à l'instant, ce qui laisse libres les vibrations du timbre. L'S, par en-bas, est montée sur une douille Y, pour entrer sur un pied de bois qui

peut

peut avoir quatre pouces de haut.

Vous mettrez une petite pincée de sablon ou de verre, grossiérement pulvérisé, dans le timbre, que vous tiendrez un peu incliné, & vous ferez frapper le marteau de deux secondes en deux secondes, afin d'entretenir le frémissement de ses parties, & le sablon les rendra sensibles à l'œil.

Seconde Expérience.

Pour une Ecole publique, faites cette machine plus en grand; donnez à la piéce Z ʒ, *Fig. 8*, quatre à cinq pieds de longueur; employez-y une corde comme la plus grosse des basses de viole, & tendez-là par un bout ou par l'autre avec une chéville à tête plate, en la faisant passer sur deux chevalets élevés d'un pouce au-dessus du bord supérieur de la planche Z ʒ. Cette piece sera assemblée par les deux bouts dans des consoles, qui excédent par en-haut, pour former les chevalets, & qui fassent par en-bas de part & d'autre un empattement, au moyen duquel

XI.
LEÇON.
II. Section.
Art. 2. Pl. I.
Fig. 3.

cet inftrument puiffe tenir fur une table fans fe renverfer.

Troifieme Expérience.

LE mouvement d'horlogerie dont il s'agit ici, eft celui dont j'ai donné la conftruction, dans les *Avis* fur la IIIᵉ. Leçon, Tome II. *page* 85 , & *fuiv*. Il n'a qu'un marteau , & non pas deux comme autrefois, parce que j'ai remarqué que le fon étoit plus net , quand les coups de marteau étoient moins fréquents. Vous atta- cherez au bout de la tige de la boëteà cuirs, un levier qui faffe équerre avec elle, & qui atteigne à la détente du rouage , pour le mettre en jeu. Dans cette expérience , il faut faire le vuide le plus parfait qu'il foit pof- fible : vous commencerez par-là ; & quand vous aurez fait remarquer qu'on n'entend point le fon du tim- bre , vous laifferez rentrer l'air dans le récipient, & vous obferverez qu'on l'entend alors. Pour conferver cet inftrument en bon état, il faut avoir foin que le reffort du barillet ne refte point tendu , quand on a fini de s'en fervir.

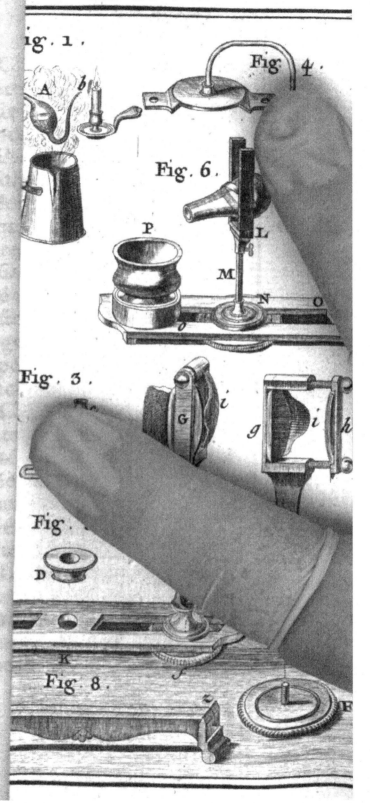

Quatriéme Expérience.

C'est une affaire que d'avoir trente pintes d'eau, nouvellement purgée d'air, on pourra s'en difpenfer en annonçant, fur la foi des Auteurs qui en ont fait l'épreuve, que le réfultat de cette expérience eft fenfiblement le même, foit que l'eau dans laquelle on plonge le corps fonore, ait été purgé d'air ou non.

X I.
Leçon.
I I. Section.
Art. 2. Pl. I.
Fig. 9.

On pourra fe fervir d'une montre à réveil, fi l'on en a une en fa difpofition, en fuivant ce que j'ai enfeigné dans la *préparation* de cette expérience ; finon l'on conftruira une machine, telle que je vais la décrire.

C'eft un rouage entre deux platines de cuivre quarrées, dont les côtés ont chacun deux pouces, affemblées parallelement entre-elles par quatre piliers de dix lignes de longueur, placés aux quatres coins, & retenus avec des goupilles.

La premiere piece eft un barillet *A*, *Pl. III. Fig.* 1. de treize lignes de diametre fur cinq de hauteur, contenant un reffort un peu plus fort que celui d'une montre ordinaire, &

D ij

portant à sa base une roue *B*, de quarante dents. Son axe traverse de part & d'autre les platines, avec des portées qui le contiennent dans sa place : on a formé sur la partie de cet axe qui excede la platine d'en-bas, un quarré qui porte une roue *C*, de huit lignes de diametre, dont la denture, taillée en rochet, répond à un cliquet, comme cela se pratique dans l'horlogerie. Cette roue a sur une de ses faces, deux oreilles par lesquelles on la fait tourner à la main pour monter le ressort du barillet.

La roue du barillet s'engrene dans un pignon d'acier qui a huit aîles, & fait tourner avec lui une roue *D* qui a quarante-huit dents; celle-ci s'en-grenant dans un autre pignon de huit, mene une troisieme roue *E*, qui a trente dents, taillée en rochet, & qui met un marteau en mouve-ment, dans un timbre établi sur la platine d'en-haut.

Le marteau *F*, est monté sur une petite piece trangulaire *G*, mais dont les angles sont très-arrondis; s'ils ne l'é-toient pas, son plan seroit un triangle isocele, dont la base *fg*, auroit cinq li-

gnes & demie, & la hauteur *hi*, six lignes & demie. Cette piece a trois lignes
d'épaiſſeur ; elle tourne, ou plutôt
elle balance ſur un axe placé en *k*,
à-peu-près au milieu d'un des grands
côtés , & la queue du marteau eſt
fixée vers *f*. Elle porte en-deſſous
deux petites chevilles d'acier *n* , *o* ,
qui répondent aux points *l* & *m* ; ces
deux chevilles ſoulevées alternativement par les dents de la roue *E* ,
qui ſont taillées en rochet , font
l'office d'un échappement , & en faiſant balancer la piece *G* , elles font
frapper contre le timbre la boule de
métal qui ſert de marteau , & dont
on incline la queue autant qu'il le
faut, pour qu'il le touche légérement:
on imagine bien que la platine ſupérieure doit avoir une ouverture qui
laiſſe un paſſage & le jeu libre au
manche du marteau.

Le timbre eſt un hémiſphere de
vingt lignes de diametre; il eſt percé
au centre de ſa concavité , & porté
par une eſpece de coq *H*, attaché avec
deux vis ſur la platine ſupérieure du
rouage ; ce coq a par en-haut, une
partie avancée *P*, ſur laquelle eſt

rivée une vis de fer longue de neuf
à dix lignes, avec une affiette épaiffe
de deux lignes, & couverte d'un anneau de cuir; on y place le timbre,
& on l'y arrête avec un écrou de
deux ou trois lignes d'épaiffeur, &
garni d'un cuir par-deffous : il faut
préparer un autre écrou de fept à
huit lignes de longueur, taillé à pans,
qu'on maftiquera dans le bouton creux
d'un petit récipient, pour y attacher
la machine, par le moyen de la vis Q
qui furmonte le timbre; & il faut
choifir pour cela un récipient qui
n'ait que la largeur néceffaire pour
contenir la cage du rouage, mais
dont les bords foient de deux bons
pouces au-deffous, quand il eft attaché dedans.

·Quand le reffort du barillet eft
monté, on arrête le mouvement par
le moyen d'un tourniquet R, compofé d'une petite lame de cuivre
qui fait reffort fur la platine, & qu'on
fait tourner avec un bouton placé
en-deffous. Cette piece a une partie
relevée d'équerre en r & qui entre
dans les dents de la roûe E; on
la fait reculer, quand on eft prêt

à plonger la machine dans l'eau : ainſi un récipient à bouton creux de trois pouces & demi de diametre ſur quatre pouces de hauteur au-deſſous du bouton, ſera très-bon pour cet uſage.

Quand vous plongerez cette machine, vous tiendrez le récipient par ſon bouton, & vous le ferez deſcendre perpendiculairement & doucement dans l'eau, afin que l'air qu'il contient n'en puiſſe pas ſortir, & qu'il empêche que le rouage ne ſe mouille : ſi vous avez un vaſe de cryſtal qui puiſſe ſeulement contenir dix à douze pintes d'eau, vous vous en ſervirez ; plutôt que d'un ſeau ou de tout autre vaiſ-ſeau opaque.

Cinquieme Expérience.

SERVEZ-VOUS pour cette expérience, de la machine de compreſſion que j'ai décrite, dans *la ſuite des Avis* ſur la dixieme Leçon, *page 9 & ſuiv.* En attachant ſur la vis qui eſt au centre de la platine, une ſonnette de bureau, montée de maniere qu'elle puiſſe ſonner, quand on agitera un peu la machine : celle dont je me ſers, & qui

XI.
LEÇON.
II. Section.
Article II.
Pl. II. Fig. 10.

eſt repréſentée par la *Fig.* 2. eſt ſuſ-
pendue par des fils de ſoie ou de
laiton tendus entre les deux branches
d'une fourchette de métal, qui doivent être un peu roides. La partie
d'en-bas, d'où partent les deux branches, & qui eſt circulaire, a dix-
huit lignes de diametre, avec un trou
taraudé au milieu, pour entrer ſur
la vis de la machine de compreſſion, & elle eſt élevée & rivée ſur
une baſe de cuivre ou de plomb
tournée, qui a un peu plus de largeur qu'elle, & cinq à ſix lignes
d'épaiſſeur : ce qui fait que cette
petite machine ſe tient droite ſur les
tablettes où on la poſe, quand elle
ne ſert point.

Vous ferez cette expérience, autant que vous le pourrez, dans un
lieu clos & éloigné du bruit ; vous
commencerez par condenſer l'air fortement, après quoi vous ferez ſonner, en vous reculant peu-à peu des
auditeurs, juſqu'à ce qu'ils entendent
à peine la ſonnette ; alors, ſans changer de place, vous laiſſerez ſortir
l'air condenſé, & le ſon que l'on
entendoit encore un peu, ne s'en-
tendra

tendra plus du tout ; vous pourez faire l'expérience de l'autre façon, c'eſt-à-dire, en faiſant obſerver qu'on entend diſtinctement à une certaine diſtance, avec l'air condenſé, le ſon qu'on n'entendoit plus lorſqu'il ne l'étoit pas encore.

Le Porte-voix dont il eſt fait mention à la ſuite de la cinquieme Expérience, eſt un ouvrage de Ferblantier : on peut le faire de telle grandeur qu'on voudra, plus il ſera long, avec une largeur proportionnée, plus ſon effet ſera grand ; mais à meſure qu'on augmente ſes dimenſions, il devient plus embarraſſant & moins maniable ; les miens ont cinq pieds de longueur, & leur plus grand évaſement eſt de quatorze pouces ; voyez la *Fig.* 3. *A*, eſt une embouchure ovale qui a dix-huit à vingt lignes dans ſon plus grand diametre ; immédiatement au-deſſous eſt un étranglement qui eſt rond, & qui n'a que neuf à dix lignes ; après cela, l'inſtrument prend vingt lignes de diametre, & augmente peu-à-peu juſqu'à trois pouces ſur les trois premiers pieds de ſa longueur ; enfin

l'évasement devient plus sensible &
suit une courbe BCD, que je n'ai
aftreinte à aucune loix.

L'ouvrier pourra faire les trois
premiers pieds du porte-voix de quatres pieces soudées bout à bout les
unes des autres avec des cordons
qui serviront d'ornements ; le reste
se fera avec des zones plus étroites,
soudées & ornées de même : & si l'on
veut que l'instrument tienne moins
de place en hauteur, on pourra le
couper en E, & faire la piece d'en-
haut longue comme AC; alors étant
passée par dedans celle d'en-bas, &
étant tirée un peu brusquement, elle
s'arrêtera en BE, pour le temps
pendant lequel on fera usage de
l'instrument, après quoi, en appuyant
dessus de haut en bas, on la fera
descendre ; & si l'on vouloit qu'elle
ne pût jamais sortir tout-à-fait, on
pourroit l'en empêcher, en soudant
vers le haut, un cercle plat comme F,
un peu plus large que l'ouverture
de la piece en E.

Il faut recommander au Ferblantier de planer les feuilles qu'il employera à construire le porte-voix,

non-feulement parce qu'il fera plus
propre & moins fujet à fe falir,
mais parce que le métal en deviendra plus roide & plus élaftique,
qualité qui contribue beaucoup à
l'effet de cet inftrument.

Pour donner une idée de l'organe de l'ouie & de fes fonctions, il
faudroit fe procurer une oreille artificielle, en cire ou en quelque autre
matiere, dont les différentes parties
puffent fe féparer & s'ouvrir; il y a affez
fouvent dans les grandes villes comme
Paris, Londres, &c. des gens inftruits
& adroits qui préparent de ces pieces
imitées d'après les diffections anato-
miques, & qui veulent bien, moyen-
nant une certaine rétribution, en céder aux perfonnes qui en ont befoin.

Il s'en faut bien que les cornets
acouftiques rendent autant de fervice aux perfonnes qui n'entendent
pas bien, que les lunettes à celles
qui ont la vue affoiblie; cependant
il faut faire connoître cet inftrument,
& montrer comment on s'en fert.

G, *Fig.* 4. eft un entonnoir para-
bolique, ou à-peu-près, qui a deux
pouces & demi d'ouverture, & au fond

duquel est un trou rond de sept à huit lignes de diametre ; sur les bords de ce trou en dehors est soudée une virole longue de six à sept lignes, un peu en dépouille, pour entrer juste & à frottement dans le bout recourbé du canal *H i*; ces deux pieces séparées, se portent dans la poche, & quand on en veut faire usage, on les joint, & l'on place le bout *H* au bord du canal auditif, en tournant l'ouverture de l'entonnoir vis-à-vis la personne qui parle, & qu'on veut entendre.

Ordinairement on fait les cornets acoustiques avec du ferblanc ou avec des feuilles de laiton proprement planées; on les peut également faire d'argent ; on les pourroit aussi tourner en buis & en yvoire, &c. mais de quelque matiere qu'on les fasse, il faut avoir soin que la surface intérieure soit dure, réguliere & bien polie.

Sixieme Expérience.

X I.
LEÇON.
II. Section.
Art. 2. Pl. IV.
Fig. 22. Le sonometre est assez bien représenté dans la figure qui est citée en marge; je vais indiquer ici quelques changements à faire dans la *préparation* de

l'expérience , & quelques éclaircisse-
ments dont on pourroit avoir besoin.

Les pieces qui doivent former les
quatre côtés de la caisse auront trois
pouces & demi de hauteur, & avant
de les assembler l'on y fera deux feuillures, l'une pour mettre le fond qui
affleurera;& l'autre un peu plus creuse,
pour recevoir la tablette de sapin
qui fait le dessus de l'instrument, &
qui doit laisser au-dessus d'elle un
rebord qui excede d'une bonne ligne:
sur ce rebord sera collé un cadre
formé avec quatres regles minces &
larges de neuf à dix lignes, orné
en-dehors d'un petit quarré & d'un
quart de rond, & dont le bord intérieur avance de deux lignes sur la
largeur de la table, pour former une
coulisse entre elle & lui.

Chaque côté long du cadre, dans
la partie comprise entre les deux chevalets fixes, sera peint en blanc &
divisé par cinq lignes, dont une
marquera la moitié de la longueur,
une seconde marquera les deux tiers,
celle d'après les trois quarts, la suivante les $\frac{4}{5}$, & la derniere les $\frac{5}{6}$. Voyez
la *Fig.* 5 qui représente le dessus du

fonometre. C'est vis-à-vis de ces divisions qu'il faut placer le chevalet mobile, quand on appuye avec le bout du doigt fur l'une des deux cordes, pour la mettre dans le rapport d'un à deux, de deux à trois, de trois à quatre, &c. avec l'autre dont la longueur demeure entiere.

Au lieu de cordes à violon, j'ai reconnu qu'il valloit mieux employer des cordes de laiton, telles que celles qu'on met aux clavecins; les Quinquailliers en vendent de toutes groffeurs, il faut en prendre du même numéro pour en faire deux femblables, & qu'elles foient affez fortes pour fouffrir fans fe caffer, une tenfion égale à dix ou douze livres. Vous en mettrez avec ces deux-là une troifieme qui fera un peu plus groffe ou plus fine, pour faire voir qu'avec le même dégré de tenfion & la même longueur, elle rend un fon plus grave ou plus aigu que les autres, & vous placerez celle - ci entre les deux premieres.

Les trois cordes s'attachent d'une part à trois leviers angulaires dont je vais parler, & qui font placés à l'un des bouts de l'instrument, elles font tendues par des chevilles semblables à celles des violons, qui tournent à frottement dur à l'autre extrémité. Vous aurez soin de recuire la partie de la corde qui passe dans l'œil qui est au bout de son levier, & que l'on tortille ensuite, afin qu'elle ne casse point, quand vous viendrez à la tendre fortement.

Les trois leviers angulaires comme L, ont deux bras égaux, dont chacun a deux pouces de longueur, avec un trou fraisé au bout ; ils ont à leur angle, qui est arrondi, un moyeu assez long, pour qu'il y ait d'un levier à l'autre la distance d'un bon pouce : ils font tous trois enfilés sur un même axe, qui est de fer, avec un quarré à chaque bout, pour être pris par deux petites équerres attachées avec des vis au bout du sonometre. Il faut que le bras du levier auquel on attache la corde, soit un peu plus bas que l'arrête du chevalet fixe.

Ces leviers, avec leurs moyeux, peuvent être coulés en cuivre d'une seule piéce chacun; alors il faut avoir soin de battre à froid les branches, pour leur donner de la roideur ; finon on les découpera dans une plaque de laiton, & l'on percera vers l'angle, un trou pour les fouder fur un canon tourné, de longueur convenable, & l'on écrouïra les branches avant de les limer.

Le chevalet mobile eft un prifme triangulaire rectangle avec deux languettes à fa bafe, pour entrer dans des rainures pratiquées entre les grands côtés du cadre & la table de fapin ; il faut qu'il gliffe aifément d'un bout à l'autre du fonometre, & que fon arrête foit à deux lignes audeffous des cordes.

Il faut encore que cet inftrument foit afforti d'un certain nombre de poids égaux, qui puiffent s'appliquer commodément aux leviers angulaires, pour produire fur les cordes des dégrés de tenfion connus. Je les fais ordinairemeut d'une livre chacun, & je les enfile fur des lames de métal, terminées par en haut en crochet, comme N, pour s'attacher aux bras des leviers. Voici comment je les prépare.

Dans un moule de bois ou de fable, je coule un peu plus d'une livre de plomb qui me donne une molette cylindrique dont le diametre a dix-huit lignes ; & pour n'avoir pas la peine de la percer , j'arrête au fond & au milieu du moule, une lame de bois qui s'éleve perpendiculairement jufqu'à la hauteur du bord. Quand le métal eft refroidi , je fais paffer une lame de fer à la place de celle de bois , & je forge un peu la piece deffus, afin que cette rainure à jour s'uniffe également par-tout : après quoi je lime les deux faces & le pourtour, jufqu'à-ce que la molette pefe exactement une livre ; en procédant ainfi, j'en fais treize femblables.

Je prépare enfuite deux lames de fer à crochets, longues de dix pouces, fur lefquelles mes mollettes puiffent s'enfiler aifément ; j'en rive une au bout d'en-bas de chacune de ces lames, ayant foin de diminuer fur le plomb, le poid du fer auquel je le joins ; avec cet affortiment, je puis tendre deux cordes avec des poids qui foient entre eux comme quatre à neuf, & faire voir que les tons qui en réfultent (fi les cordes font femblables d'ailleurs) forment cet accord qu'on nomme *la quinte*; fi l'on veut faire voir par la quarte, la tierce majeure ou la tierce mineure, que les accords fuivent toujours la racine quarrée des puiffances qui tendent les cordes; ou il faudra prendre des cordes plus fortes, ou divifer la quantité de plomb employée dans mes treize poids, en un plus grand nombre de mollettes; ce que l'on fera aifément en fuivant le procédé que je viens d'enfeigner.

Quand il s'agira des accords qui réfultent des différentes longueurs des cordes, commencez par mettre bien à l'uniffon les deux cordes de même n°. en tournant les chevilles plus ou moins; enfuite faites paffer fucceffivement le chevalet mobile aux divifions, & à chacune d'elles, mettez le bout du doigt fur la corde, pour la ferrer contre le chevalet, & pincez légérement, ou avec une épingle, ou avec le bout du doigt, celle des deux cordes qui a toute fa longueur, & immédiatement après, la plus longue partie de celle que vous avez raccourcie.

Lorfqu'il s'agira des fons réfultans des différents degrés de tenfion, lâchez vos cordes, jufqu'à ce que les bras des leviers auxquels elles tiennent foient dans une direction verticale, & alors affurez bien les chevilles, pour qu'elles ne cédent plus. Appliquez les poids qui conviennent à l'expérience, & pincez les deux cordes l'une après l'autre. Si les fons étoient trop graves à caufe de la longueur de l'inftrument ; raccourciffez-les toutes deux également, en les appuyant avec deux doigts fur le chevalet mobile.

Faites voir qu'un corps fonore met en vibrations, par le moyen de l'air environnant, un autre corps fonore, pourvu que les vibrations de celui-ci foient rentrentes avec les fiennes', après un petit nombre ; mettez les deux cordes femblables à l'uniffon l'une de l'autre ; pofez fur l'une des deux une petite bande de papier, ou une épingle pliée de maniere que les deux bouts pendent parallelement, & faites réfonner l'autre corde : le papier ou l'épingle, par fes mouvements, rendra très-fenfible le fré-

miſſement de la corde qui en eſt
chargée.

Des Vents.

A l'occaſion de ce que l'on peut
dire dans une Ecole de Phyſique, ſur
les vents, il faudroit avoir en modele
quelques-unes au moins des machines qui ſervent à en faire connoître
la direction & la force; en voici deux
qu'on peut faire aiſément, & qui n'exigent pas une grande dépenſe.

P p, *Fig.* 6. eſt une planche chantournée & bien unie, qui a environ
vingt pouces de hauteur, & huit
pouces au plus large, ſur laquelle
on a peint un cadran des vents;
cette planche eſt traverſée au centre du cadran, par l'axe d'une roue
qui a trois pouces & demi de diametre, & qui eſt ſoutenue par un
coq; une autre roue *r* à chevilles,
& de même grandeur, s'engrenne dans
la premiere, & fait tourner une aiguille *s*, qui parcourt le cadran. Les
dents de ces deux roues ne ſont point
aſſujetties à un certain nombre, mais
il faut qu'elles en ayent autant l'une
que l'autre; dans le modele que je

décris, elles en ont chacune quarante-six.

La tige de la roue *r*, qui est verticale, a par en-bas un pivot qui tourne librement dans une petite platine de cuivre attachée sur la traverse *T t*, & elle est prise au-dessus de la roue par un coq qui l'empêche de remonter : elle est limée quarrément par le bout d'en-haut, & elle reçoit une autre tige au bout de laquelle est fixée une girouette ; il est aisé de voir que quand la girouette tourne elle mene la roue *r*, qui fait faire à la roue *q* autant de révolutions qu'elle en fait elle-même, l'aiguille *s*, montée sur un petit canon qui fait ressort, est placée sur le bout de l'axe qui déborde un peu le cadran, elle fait par ce moyen autant de tours que la girouette, & indique sur le cadran, les différentes directions du vent sur l'horison, quand la machine est faite en grand, & que la girouette est exposée en plein air.

La machine que je viens de décrire, sert à indiquer les différentes directions du vent ; en voici une

qui en pourra faire connoître la **force**:
A a, Fig. 7. eſt une planche qui a un
pied en quarré ; la tige *B*, au bout
de laquelle elle eſt attachée par le
milieu, eſt auſſi quarrée ; elle entre &
gliſſe librement dans une boîte longue
C, qui eſt fermée en *D* ; entre le bout
de la tige *B* & le fond *D*, eſt un reſſort
à boudin, qui cede quand on pouſſe
la planche ; & afin qu'on ait le tems
de voir de combien le reſſort a été
plié par le dégré de force avec lequel la planche a été pouſſée ; un
des côtés de la tige *B*, eſt taillé
en cremaillere, & chaque dent, en
entrant dans la boîte, ſouleve une
petite bride à reſſort foible, qui
retombe auſſi-tôt & l'empêche de
revenir ; de ſorte qu'on peut voir
tout à ſon aiſe par le nombre des
dents qui ſont entrées, ou par des
marques faites ſur un des côtés de
la tige, de combien la planche a cédé
à la force impulſive, qu'on a fait
agir ſur elle.

Pour évaluer par des poids connus cette force impulſive, on tiendra la boîte & la tige dans une
ſituation verticale, & l'on placera

sur la planche succeſſivement des poids qui iront en augmentant, comme les nombres naturels 1, 2, 3, 4, 5, &c. & en marquant par un chiffre, ſur un descôtés de la tige l'endroit qui répondra alors à l'entrée de la boîte ; quand cette graduation ſera faite, ſi l'on tient cette machine à la main, de maniere que la face antérieure de la planche ſe préſente perpendiculairement à la direction du vent, on pourra eſtimer ſa force actuelle, par le chiffre qui ſera arrivé au bord de la boîte.

Le reſſort à boudin ſera fait avec un fil d'acier tourné en tire-bourre, & il faudra qu'il ſoit trempé, afin qu'il conſerve plus long-temps ſon dégré d'élaſticité ; la boîte ſe fera de deux pieces, dans chacune desquelles on creuſera de quoi loger la moitié du quarré de la tige, & que l'on collera enſuite à plat joint, avec un lien de métal, ſi l'on veut, au bout qui reçoit la tige ; le fond, que l'on collera à feuillure en *d*, ſuffira pour aſſurer la jonction des deux pieces.

Cette machine ne meſurera point

avec une grande précifion, la force actuelle du vent ; mais comme cette force varie elle-même d'un inftant à l'autre, on peut fe contenter d'un à-peu-près.

Dans une Ecole publique, il feroit très-convenable de montrer en modeles quelques-unes des machines utiles que le vent fait mouvoir. Le moulin à quatre aîles verticales, le moulin à la Polonoife, les ventillateurs, quelques efpeces de bâtiments de mer, &c.

___

AVIS

Concernant la DOUZIEME *Leçon.*

Premiere Expérience.

**XII.
Leçon.
I. Section.** **S**UIVEZ pour la manipulation de cette expérience, tout ce qui eft indiqué dans l'endroit cité en marge ; & pour les drogues qu'il faut y employer, confultez fur chacune, la feconde partie de cet Ouvrage, *Tome I.*

Seconde

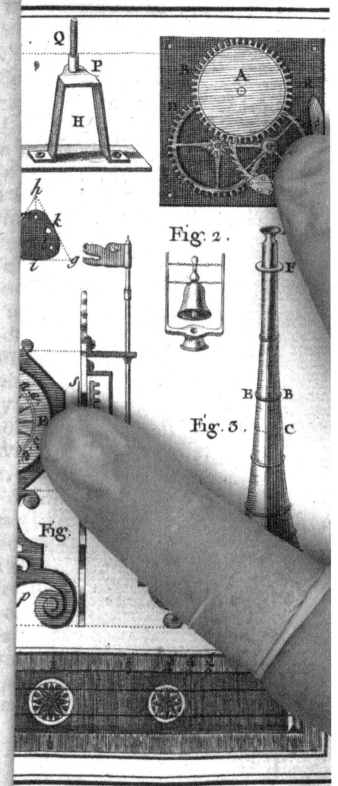

Fig. 2.

Fig. 3.

Fig.

Seconde Expérience.

DANS cette Expérience il y a principalement deux effets à obser-ver. Le premier eſt, que l'eau com-mune augmente d'un $\frac{1}{16}$ en volume, lorſqu'étant froide comme la glacé on la fait chauffer juſqu'à ce qu'elle commence à bouillir ; le ſecond, que cette même eau, lorſqu'elle n'eſt plus chargée du poids ordinaire de l'atmoſphere, parvient.à l'ébullition avec un dégré de chaleur beaucoup moindre que celui qui l'a fait bouil-lir dans l air libre. La manipulation ſera plus ſimple & plus aiſée, ſi vous vous y prenez de la maniere ſuivante.

XII.
LEÇON.
I. Section.
Pl. I. Fig. 1.
& 2.

Choiſiſſez un matras dont la boule ait environ deux pouces $\frac{1}{2}$ de diamé-tre, avec un col gros comme le petit doigt & long de douze à quatorze pouces ; placez-le dans une cuvette remplie de glace pilée, & à côté de lui un vaſe rempli d'eau claire ; une demi heure après, prenez de cette eau refroidie avec un cha-lumeau de verre renflé au milieu, que vous emplirez entiérement, en aſpirant avec la bouche ; &

Tome III.   F

faites ensorte qu'une telle mesure vuidée vingt-cinq fois dans le matras, le remplisse jusqu'à la hauteur de deux ou trois doigts au-dessus de la naissance du col : il faut pour cela être muni d'un certain nombre de ces chalumeaux, un peu plus grands les uns que les autres, & les éprouver jusqu'à ce qu'on en trouve un qui convienne. Nouez un fil ciré sur le col du matras à l'endroit où finit la vingt-cinquieme mesure : ajoûtez-en une vingt-sixieme, & marquez-la encore avec un pareil fil ; après quoi vous ôterez cette derniere mesure d'eau, soit en inclinant le matras, soit en la pompant avec un chalumeau.

Cela étant fait, tirez le matras hors de la glace, & après l'avoir essuyé par-dehors, tenez-le à cinq ou six pouces de distance, au-dessus d'un réchaud plein de charbons bien allumés, qui ne fassent ni flamme ni fumée, en l'élevant & l'abaissant fréquemment, jusqu'à ce que le verre & l'eau ayent acquis un dégré de chaleur un peu fort ; après quoi vous pourez l'approcher plus près du feu, sans crainte de casser le vaisseau :

quand l'eau commencera à bouillir
foyez attentif à éloigner le matras du
feu , parce qu'une forte ébullition
feroit fortir l'eau par le haut du col;
mais quand cela fera tout prêt à
arriver, vous ferez voir que l'eau,
dans cet état eft montée jufqu'au fecond fil , ce qui prouve que fon
volume eft augmenté d'un $\frac{1}{16}$: &
fi vous laiffez enfuite bouillir cette
eau librement, en y plongeant un
petit thermometre gradué felon l'é-
chelle de M. de Réaumur, vous ferez
voir que la liqueur monte jufqu'à
quatre-vingt degrés.

Quand on plonge un thermometre d'efprit-de-vin dans l'eau bouillante , il faut le faire avec précaution , & par plufieurs immerfions de
peu de durée ; car, comme cette
liqueur bout à une moindre chaleur
que l'eau, l'inftrument court rifque
de fe caffer ; il feroit plus fûr d'employer un thermometre de mercure ,
mais s'il fuit celui d'efprit-de-vin dans
les degrés inférieurs , il le précede de
cinq à fix degrés dans ceux d'en-haut,
de forte que le terme de l'eau bouillante dans l'air libre, fe trouve à

F ij

quatre-vingt-cinq ou quatre-vingt-six, ou même un peu plus.

Pour produire l'autre effet, c'est-à-dire pour faire voir qu'il ne faut qu'une très petite chaleur pour faire bouillir de l'eau qui n'est plus chargée du poid de l'atmosphere, joignez au récipient de la machine pneumatique un siphon de verre *A, Pl. IV, Fig.* 1, & à ce siphon un matras *B*, de maniere que l'air ne puisse point passer par les jonctions. Cela peut se faire avec des douilles de métal, comme *C, D*, qui s'attachent sur le verre avec du mastic, l'une ayant une vis & l'autre un écrou pour la recevoir, avec un anneau de cuir gras interposé.

Mettez de l'eau dans le matras jusqu'aux deux tiers de sa capacité; appliquez le récipient à la machine pneumatique, & donnez cinq à six coups de piston pour raréfier l'air; tandis que vous faites agir le piston, que quelqu'un porte une caffetiere *E* pleine d'eau fort chaude sous le matras, & qu'il l'y fasse plonger à plusieurs reprises; bien-tôt après, l'eau bouillira fortement; & si vous séparez le matras du siphon, vous ferez voir

que cette eau versée dans la main,
n'est qu'un peu plus que tiede.

Le siphon dont il s'agit ici est fait
avec un tube de verre un peu épais, &
gros comme le doigt; on le plie à la
lampe d'Emailleur, ou bien on fait
rougir dans des charbons allumés l'endroit qu'il faut couder, comme je l'ai
enseigné *Tome I, page* 216. Quand
on visse ces pieces les unes aux autres,
il faut les saisir par leurs viroles; sans
cela on risqueroit de les casser, ou de
détacher le mastic. Pour donner
plus de prise à la main, on fera bien de
limer les viroles à pans par dehors.

Troisieme Expérience.

La boîte cylindrique de métal, dont
il est parlé dans la *préparation* de cette
expérience, est ce qu'on appelle communément la *marmite*, ou *le digesteur
de Papin*: on peut faire cette machine
dans différentes vues; on peut la des-
tiner à faire des expériences phy-
siques, qui prouvent que l'eau peut
s'échauffer de beaucoup au-delà du
degré de chaleur qu'elle peut prendre
quand elle est dans un vaisseau qui
communique avec l'air libre; ou

XII.
Leçon.
I. Section.
Pl. I. Fig 3.

bien on peut s'en fervir comme d'un moyen pour cuire ou amollir promptement quelque matiere végétale ou animale, pour tirer de ces matieres des fucs utiles, foit pour la nourriture des animaux, foit pour le fervice des arts: la premiere de ces deux deftinations exige que la machine foit capable d'une très-grande réfiftance: avec une grandeur médiocre, qui la rende maniable: il faut qu'elle foit très-épaiffe de métal, & fermée avec des précautions qui mettent hors de danger le Phyficien qui la met en œuvre & le Spectateur qui attend fon effet. La feconde deftination, je veux dire l'ufage économique qu'on en voudroit faire, peut avoir lieu avec une machine de cette efpece, dont le métal feroit moins épais, & qui feroit fermée avec moins de force, ayant moins d'effort à foutenir; elle auroit plus befoin d'une grande capacité, & on pourra la lui donner aux dépens de fon épaiffeur. Comme il ne s'agit ici que de Phyfique, je vais donner la conftruction d'un digifteur, avec lequel on pourra fans danger, pouffer fort loin la chaleur de l'eau, & je ren-

voie le lecteur qui voudra faire servir
cette espece de marmite à la cuisine,
ou dans les arts, aux écrits que Papin a
publiés lui-même, ou qui peu de tems
après l'ont été par d'autres; on en trouve encore assez aisément des exemplaires (a), ou plutôt à une Brochure
imprimée en 1761 à Clermont-Fer-
rand, par la Société des Belles-Lettres, Sciences & Arts de cette ville,
sous ce titre: *Mémoire sur l'Usage économique du Digesteur de Papin, &c.* Cet
ouvrage est celui de la charité, &
d'une sagacité également courageuse
& éclairée; il contient les efforts les
plus heureux qu'on ait fait jusqu'à présent, pour rendre cette invention
utile.

Le digesteur dont je me sers depuis
30 ans dans mes Cours de Physique,
& avec lequel la chaleur de l'eau a
été portée plusieurs fois jusqu'au point
de laisser fondre l'étamure intérieure
du vaisseau; ce digesteur, dis-je, est

(a) *La maniere d'amolir les os; ou de faire
cuire toutes sortes de viandes en fort peu de tems
& à peu de frais, &c.* nouvelle édition revue &
augmentée d'une deuxieme Partie: in-12, à
Amsterdam, 1688.

de cuivre jaune coulé ; il eſt preſque
cylindrique, c’eſt-à-dire, qu’il va un
peu en dépouille de haut en bas ; il a
intérieurement huit pouces de profondeur, ſur quatre & un quart de
largeur, & il eſt par-tout épais de ſix
lignes avec un cordon *A*, *Fig.* 2, qui
a ſix à ſept lignes de largeur, & preſque trois d’épaiſſeur ; au-deſſus de ce
cordon eſt un évaſement *B* qui a environ deux pouces de hauteur : cette
partie étant beaucoup plus mince que
le reſte, laiſſe au bord du digeſteur
preſque toute ſon épaiſſeur à découvert, comme on le peut voir en *bb*, par
la figure qui repréſente la coupe de
cet inſtrument. Ce bord qui eſt coupé bien droit, reçoit un couvercle *C*,
qui entre en partie dans le digeſteur,
& dont le cercle excédent, dreſſé de
même ſur le tour, s’applique ſur lui
& y eſt retenu & preſſé par une forte
vis *D* ou *d*.

La vis qui eſt de fer, a dix lignes
de diametre ; elle eſt terminée par
une pointe mouſſe, & ſa tête, qui eſt
ronde & percée diamétralement, eſt
traverſée d’un levier de même métal
qui a huit à dix pouces de longueur,
avec

avec lequel on la fait tourner; son écrou est dans une piece de fer forgé *E*, aux deux bouts de laquelle sont rivés deux tirants *F*, *F*, qui embraffent un cercle *G*, qui est plat, avec deux tourillons gros comme le doigt, fur lefquels ils tournent librement. Le cercle & les tirants ne doivent point avoir moins que deux lignes & demie d'épaiffeur, & la piece *E*, environ un pouce dans fon milieu; fa largeur en cet endroit doit être plus grande qu'ailleurs, afin qu'elle ait une force fuffifante autour de l'écrou.

On fait paffer le digefteur dans le cercle *G* jufqu'au cordon *A*, & on l'y arrête par quelques petites vis qui en traverfent l'épaiffeur & qui n'entrent que d'une ligne dans le cuivre. Au moyen de cet ajuftement, on peut preffer tant qu'on veut le couvercle *C* quand il eft en place; & lorfque le vaiffeau eft ouvert, & qu'on veut fouiller dedans, ou y placer quelque chofe, on fait tourner fur les tourillons du cercle *G*, les deux tirants qui portent la piece *E* avec la vis; alors rien ne fait obftacle.

On peut chauffer le digefteur, en

arrangeant autour de lui quelques
briques placées de champ, avec un
intervalle d'un pouce $\frac{1}{2}$ pour mettre
du charbon allumé ; mais cela se fera
bien plus commodément , & avec
moins de feu , si l'on fait la dépense
d'un fourneau comme *H H*. C'est un
cylindre creux formé avec des feuilles
de forte tole , assemblées à clous
rivés , avec un fond *I*, qui a la forme
d'un entonnoir , & dont le bout terminé par une virole de dix-huit lignes
de diametre , se ferme avec un couvercle qui a beaucoup de frottement,
ou qui s'attache comme ceux des su-
criers ; ce couvercle peut être orné
d'un bouton de cuivre fondu & tourné en cul-de-lampe.

Le corps du fourneau doit avoir sur
son pourtour & à sa partie inférieure,
plusieurs trous, pour donner de l'air
aux charbons allumés : à deux pouces
au-dessus du fond, en *K* par exemple,
est une grille semblable à celle d'un
réchaud ordinaire, & à pareille distance au dessus de cette grille, comme
en *L*, sont attachés dans la tôle, trois
mantonnets de fer *l*, *l*, sur lesquels
on pose le digesteur , afin qu'il y ait

au-deſſous & autour de lui un eſpace
pour le charbon allumé. La cendre
tombe dans l'entonnoir *I*, & ſe vuide
quand on ôte le couvercle.

Le réchaud chargé du digeſteur, eſt
contenu dans une cage de fer forgé
compoſée de trois cercles paralleles,
ſçavoir, deux aux extrêmités & un au
milieu de ſa hauteur, aſſemblés avec
trois montants tournés en conſoles par
enbas, avec un écartement ſuffiſant,
pour empêcher que la machine ne ſe
renverſe facilement. Les cercles &
les montans ſont entaillés à demi
épaiſſeur les uns dans les autres, &
arrêtés avec des clous rivés, tant enſemble que ſur la tôle.

Ce qu'il y a de mieux à faire, c'eſt
de préparer un modele en bois pour
faire couler le digeſteur en cuivre
jaune, & de le tourner enſuite par-
dedans, & après cela par-dehors. Mais
comme cette piece ſera fort peſante,
il faudra que le tour ſoit bien ſolide,
& que la piece ſoit menée par une
corde ſans fin & une grande roue : ſi
l'ouvrier n'étoit point outillé ou aſſez
habile pour tourner la piece en-dedans, il faudroit avoir recours à un

G ij

alaifoir, en fuivant ce que j'ai enfeigné au fujet de la machine pneumatique (a), & difpofer trois couteaux
en forme de rayons au bout de la
noix, pour nétoyer le fond. De quelque maniere qu'on s'y prenne, il faut
que le dedans du digefteur foit bien
net & bien uni, & que le bord *bb*, qui
eft au fond de la partie évafée, foit
bien dreffé. Quant au dehors de la
piece on la tournera fans aucune difficulté; il ne s'agira pour cela que de
la monter fur un cylindre de bois,
garni d'une poulie, & de la bien
centrer entre deux pointes.

Le couvercle fera fondu de même
fur un modele de bois tourné, un peu
creux en deffous pour diminuer la
trop grande épaiffeur du cuivre, & un
peu convexe par-deffus, avec un gros
bouton, où l'on creufera la place de
la vis *d*: on fera bien d'étamer le
deffous du couvercle & tout l'intérieur du vaiffeau. Si faute de fondeur,
on étoit obligé d'employer du cuivre
en table, il faudroit choifir le plus
épais, & avoir en fa difpofition un

(a) *Avis* fur la Xe, Leçon, Tome II.

habile Chaudronnier qui fçut bien
manier la foudure forte; il fouderoit
fon cuivre , non pas bord contre
bord, mais en queues d'aronde entaillées de l'un dans l'autre; il forme-
roit ainfi un cylindre creux qui auroit
un fond, & dix pouces aulieu de huit
de hauteur ; il prendroit fur les deux
derniers l'évafement *B*, & il rappor-
teroit un cercle plat au bas de cet évafement, pour recevoir le couvercle ;
il faudroit que le fond d'en bas fût convexe en-dedans, & que le couvercle fût
renforcé par double, ou triple épaiffeur : & avec tout cela, je voudrois
encore quelques cercles de fer , diftri-
bués fur la longueur du vaiffeau.

La vis *D* doit avoir de gros filets ;
s'ils font quarrés, ils n'en vaudront
que mieux : on commencera par affembler la piéce *E* avec l'un des deux
tirants, & l'on ne rivera l'autre qu'a-
près avoir engagé les tourillons du
cercle *G* dans les deux.

C'eft un Serrurier qui doit fe charger de faire le réchaud ; il commencera par tourner fa tôle & la joindre,
ou bien il la fera préparer par un Ferblantier, qui faura encore mieux que

lui la tourner, la joindre & ajuster le couvercle d'en-bas : le Serrurier ajustera d'abord les trois cercles ; ensuite il forgera & limera ses trois montants à consoles, qu'il réglera sur un même calibre ; après quoi il entaillera les uns & les autres pour les assembler & les river, ayant soin d'affleurer les rivures par-dedans, afin que le corps du réchaud y entre sans obstacles ; il pourra arrêter les trois montants sur la tôle par trois vis qu'il fera passer de 3 ou 4 lignes en-dedans du fourneau, pour poser la grille dessus ; & il finira par placer les trois mantonnets, dont les tenons feront des vis qu'il prendra par dehors avec des écrous ; car il faut qu'on puisse les ôter en cas de besoin.

Quelque soin qu'on ait pris pour bien dresser la partie du couvercle qui doit s'appliquer au bord *b b* de la marmite, il faut encore mettre entre l'un & l'autre, un ou deux cercles d'un carton mince & bien battu, qu'on aura mouillé un peu auparavant ; au défaut de carton, on pourra employer 5 ou 6 cercles de papier bien épais & uni qu'on aura mouillés pareillement ; & l'on aura soin d'entretenir de l'eau froide dans la partie évasée qui surpasse le couvercle, pour conserver l'humidité du carton ou du papier, & ralentir le degré de chaleur du métal dans cette partie.

Si le digesteur est préparé comme je viens de l'enseigner, on pourra le chauffer à volonté sans craindre d'accident; car le papier ou le carton interposé sous le couvercle se brûlera, & donnera passage à la vapeur, bien avant qu'elle soit assez dilatée pour faire crever le vaisseau; c'est ce que l'expérience me fait voir depuis plus de 30 ans. Mais si elle est faite de cuivre battu & soudé, qui n'a pas ordinairement tant d'épaisseur, ou si par quelque autre raison, l'on a lieu de se défier de sa solidité, on pourra se mettre à l'abri des accidents en pratiquant au couvercle, une espece de soupape chargée d'un poid que la vapeur dilatée puisse soulever, avant d'être assez forte pour faire éclater le vaisseau.

Pour cet effet, on fera passer à travers le couvercle, un bout de tuyau de cuivre *M*, qu'on rivera exactement, ou que l'on soudera; ce tuyau n'aura

que deux ou trois lignes de diametre
intérieurement,&le bord deson orifice
sera bien dressé & un peu aigu. La soupape *N*, sera de métal, sa face bien
plane, sera couverte d'un anneau
de carton mouillé, avec une pointe
saillante au milieu pour entrer dans le
tuyau & lui servir de guide. Elle sera
attachée à un levier de fer *o o*, ouvert
par un bout en forme de fourchette,
pour embrasser le bouton du couvercle, où est le centre de son mouvement. Sur la longueur de ce levier
on fera des entailles de trois en trois
lignes pour placer à telle distance
qu'on voudra, une boucle qui portera
quelque poids comme *P*. Il faut reconnoître une fois à quelle distance il
faut mettre ce poids, pour laisser prendre à la marmite le degré de chaleur
dont on a besoin; on aura soin de ne
le point porter plus loin, afin que si
la vapeur venoit à se dilater davantage, elle se fît jour par la soupape;
ce qui empêchera qu'elle ne brise le
vaisseau: la soupape étant près du
couvercle, se trouvera toujours dans
l'eau de la partie évasée, & par ce
moyen-là le carton dont on l'aura

couverte , fera continuellement raf-
fraichi & humecté.

Quand vous aurez mis le digesteur
en expérience, vous attendrez qu'il
ait perdu la plus grande partie de sa
chaleur , ou vous la lui ferez perdre
en le tenant plongé dans un seau
plein d'eau froide , avant de desserrer
la vis : sans cette précaution , vous
vous exposeriez à quelque facheux
accident ; car la vapeur dilatée dans
le vaisseau , ne manqueroit pas de
faire sauter le couvercle avec une
grande violence ; j'ai vu en pareil cas,
toute l'eau se réduire subitement en
une vapeur épaisse, & partir toute à la
fois & par une seule explosion.

Si l'on ne veut pas faire la dépense
d'une grande machine telle que celle
dont je viens de donner la construction, ou qu'on ait besoin de faire l'expérience plus promptement, comme
il convient le plus souvent dans une
École publique, on pourra réduire
l'appareil à une poire creuse de cuivre
de trois ou quatre pouces de hauteur
& épaisse de deux ou trois lignes,
que l'on fera fondre sur un modele
tourné en bois, & qu'on achevera sur

le tour, tant par-dedans que par-dehors. Cette poire fera évafée par le haut avec un bord bien dreffé à l'endroit de l'étranglement, pour recevoir un couvercle préparé & ajufté comme celui de la grande machine : ce petit vaiffeau avec fon couvercle, fe placera dans un cadre de fer forgé tout d'une piece, dont les deux petits côtés feront plus larges au milieu ; celui d'en-bas, pour recevoir la bafe de la poire, celui d'en-haut, pour fervir d'écrou à une vis de preffion qu'on pourra ferrer avec un levier. *Voyez la Fig.* 3.

Cette machine pourra fe chauffer dans un réchaud ordinaire, rempli de charbons allumés ; dans l'efpace d'un bon quart-d'heure, les os du tibia du bœuf, caffés en morceaux gros comme le doigt, feront parfaitement amollis.

Quatrieme , cinquieme & fixieme Expériences

XII.
LEÇON.
I. Section.

CES expériences fur la quantité de fel que l'eau peut diffoudre, ou fur les fels qui fe diffolvent en plus ou moins grande quantité dans l'eau, quand on les a faites pour la premiere fois, ou quand il s'eft agi de les vérifier, ont dû se faire avec de l'eau distillée, & dont le degré de chaleur fût mesuré avec exactitude. Mais quand il n'est question que de les répéter en public, on peut se contenter d'employer de l'eau bien claire & potable, avec un degré de chaleur qui ne differe pas beaucoup de celui qui est indiqué dans la *préparation* ; les résultats se représenteront à peu près tels qu'ils sont énoncés : au reste, si l'on veut se servir d'eau distillée, on trouvera dans la seconde partie de cet ouvrage, *Tome I*, *page* 337, comment se fait cette opération sur le sel marin, le salpêtre & le sel ammoniac. Voyez ce que j'en ai dit au Chap. I de cette même partie.

Quant aux vaisseaux dans lesquels il convient de faire ces dissolutions, les plus commodes & les moins dispendieux sont ces especes de bocaux dont les Epiciers - Droguistes & les Apoticaires se servent, pour contenir les matieres qui ne sont pas sujettes à s'évaporer ; on en trouve de toutes grandeurs à choisir chez les Fayanciers.

Septieme Expérience.

Vous pourrez choisir la boule de

XII.
L E Ç O N.
II. Section.
Pl. I. Fig. 4
& 5.

verre mince qu'il faut pour cette
expérience, parmi celles que les
Emailleurs font venir des Verreries
pour conſtruire des thermometres;
ou bien vous la ſoufflerez au feu de
lampe, ou vous la ferez ſouffler par
un ouvrier au fait de cet art. Si elle
a un peu plus de deux pouces de
diametre, vous y introduirez une
goutte d'eau équivalante à un globule
qui auroit une ligne de diametre, &
alors la capacité du verre ſera à la
ſolidité du globule d'eau dans le rapport preſcrit d'environ 14000 à 1 :
ce ne peut être qu'un à-peu-près,
parce que ni la boule de verre, ni le
petit volume d'eau ne pourra ſe me-
ſurer exactement, leur figure n'étant
pas rigoureuſement ſphérique, comme
on l'on ſuppoſe; mais l'*à-peu-près* ſuffit
en pareil cas.

On fera bien d'employer de l'eau
colorée ſi cette expérience ſe fait en
public; & ſi l'on veut que l'eau
ſoit purgée d'air, (ce qui eſt beaucoup mieux) il faut qu'elle le ſoit nouvellement; car les liqueurs dont on a
ôté l'air, le reprennent enſuite peu-à-
peu: on purge l'eau d'air, en la fai-

fant d'abord bouillir un peu fur le feu, & en la mettant dans le vuide lorfqu'elle eft à moitié réfroidie.

Huitieme Expérience.

La petite poire creufe de cette ex- périence eft de cuivre rouge, elle a environ deux pouces de diametre : on la peut faire de deux pieces, dont l'une foit une calote hémifphérique, l'autre ayant la forme d'un entonnoir, dont les bords foient dreffés & appro- priés pour s'y joindre à foudure forte. L'orifice a une bonne ligne de dia- metre, il eft rebordé en dehors, & le dedans eft alaifé avec un équarriffoir un peu en dépouille. Le petit bou- chon de liége qu'on y met, eft bien arrondi & adouci à la lime, on le graiffe avec un peu de fuif; & afin qu'il ne fe perde pas, quand la vapeur le fait partir, il eft attaché avec un fil au col de la poire. *Voyez A, Fig.* 3.

Cette poire remplie d'eau jufqu'au tiers de fa capacité, eft portée par deux croiffants, comme *B*, dont les tiges font reffort, fur la flamme d'une lampe à efprit-de-vin *C*, qui eft placée

XII.
LEÇON.
II. Section.
Pl. II. Fig. 6.

au centre d'un petit chariot à trois
roues *D*, où il y a un trou circulaire
pour la recevoir; le chariot est fait
d'une plaque de cuivre mince chantournée, comme on le voit par la
Fig. D d : aux deux côtés de la lampe,
sont deux trous quarrés ou oblongs
pour placer les croissants, dont les tenons sont plats, & retenus en-dessous
par des goupilles; un demi pouce au-
delà de ces deux trous, le cuivre est
limé rond pour servir d'axe à deux
roues qui ont chacune quinze lignes de
diametre ou un peu moins. Chacune
d'elles est faite d'une plaque de
cuivre tournée sur un petit canon de
deux lignes de longueur qu'on a soudé au centre pour lui servir de moyeu;
on l'a évidée ensuite pour la rendre
plus légere, & pour y figurer quatre
rayons : ces deux roues sont retenues
sur leurs aissieux par des goupilles.

La partie antérieure *d* du chariot,
est entaillée en fourchette & reçoit
une roue semblable aux deux précédentes, & qui tourne sur un fil de fer
qui tient par les deux bouts à la fourchette.

Quand on construit cet instrument,

il faut prendre toutes les mefures né-
ceffaires pour le rendre très-mobile ;
la légéreté des pieces , la rondeur des
roues, la diminution des frottements ,
font autant de moyens qu'on doit
employer ; & l'on ne doit point oublier , quand on le met en expérience,
de le placer fur une table bien droite
ou fur un parquet bien uni, ni de pre-
venir par les précautions convenables,
les chûtes qu'il pourroit faire , ou les
chocs qu'il pourroit recevoir en reculant.

A l'occafion de la huitieme Expérience, j'ai fait mention d'une machine
très-importante, qu'on nomme *pompe
à feu*, & j'ai fait connoître le principe
de fon mouvement, par un modele
qu'une lampe à efprit-de-vin fait
aller. Ce modele eft fuffifamment
décrit, tant parce que j'en ai dit à
la *page* 84 *& fuiv*. du Tome quatrieme
des *Leçons de Phyfique*, que par la figure
qui accompagne la defcription ; cela
fuffit pour ceux qui ne voudront
qu'entendre la machine & fes effets ;
mais il refte quelques détails a ajouter
en faveur des perfonnes qui voudront
la conftruire.

XII.
LEÇON.
II. Section.
Pl. II. Fig. 7.

La figure citée en marge, fait affez connoître l'affemblage du bâti; quant aux dimenfions, elles dépendent de celles qu'on donne à la machine même; j'aurai foin de les faire connoître. *A B, Fig.* 5 eft une planche qui entre à feuillure fur la caiffe qui fert de réfervoir à la pompe, & fur laquelle eft attachée avec quatre vis, un fourneau *CD* de laiton gratté, & plané, qui a 5 pouces de hauteur fur $6\frac{1}{2}$ de diamettre; le fond, qui eft percé, reçoit une lampe à efprit-de-vin *E*, dont le bord eft creufé en drageoir, pour loger une platine ronde *F*, garnie de trois porte-meches, foudés à foudure forte, ainfi que la virole & le fond de la cuvette *E*. Sous cette lampe eft un bouchon à vis *e*, qu'on ouvre pour la vuider, quand il refte de l'efprit-de-vin après l'expérience.

G eft une bouilloire de laiton plané, qui entre de 2 pouces $\frac{1}{2}$ dans le fourneau, & dont le deffus eft formé en dôme; le pourtour de cette piece eft une virole de 3 pouces $\frac{1}{2}$ de hauteur, un peu plus large du haut que du bas, & à laquelle on repouffe du dedans au dehors, un cordon circulaire

pour

pour repofer fur le bord du fourneau ;
le fond eft agraffé & foudé à l'étain,
ainfi que le deffus : il feroit encore
mieux que la virole & le fond fuffent
d'une feule piece de cuivre enboutie
par un Chaudronnier, à laquelle on
fouderoit un deffus.

De quelque maniere qu'on faffe la
bouilloire, il faut pratiquer un trou au
centre du dôme & fouder en-dedans
ou en-dehors, une rondelle de cuivre
auffi percée au centre & taraudée
pour fervir d'écrou à une vis groffe
comme le petit doigt. Cette vis *H*, fera
un bouchon qui preffera entre lui & la
bouilloire, un anneau de carton mouillé, afin que ni l'eau ni fa vapeur ne
puiffe s'échapper par cet endroit.
Au-deffus de ce bouchon fera une
tige ronde *I*, de 5 à 6 lignes de longueur fur laquelle tournera librement
un petit bout de tuyau *K*, qui aura au
moins une ligne d'épaiffeur. La partie
excédente de la tige *I*, aura un quarré
fur lequel on fera entrer une rofette
L, & après ce quarré, un bout de vis
dont l'écrou fera tourné fi l'on veut
en bouton comme *M*.

La piece *N*, eft une efpece de levier

plat, dont un bout eſt taillé en croiſ-
ſant pour embraſſer le tuyau *K*, avec
deux petites vis qui tournent librement dans des trous diamétralement
oppoſés entre-eux. L'autre bout eſt
une palette, avec un petit manche de
bois par-deſſus ; on s'en ſert pour appuyer avec la main, un couſſinet de
papier mouillé ſur le bout du tuyau
O, quand il s'agit de déterminer la
vapeur dilatée à paſſer par le canal *P*.
Ce tuyau *O*, eſt couvert d'une petite
plaque ronde au centre de laquelle on
fait un trou d'une ligne de diametre.

Le canal *P p* ſoudé d'une part à la
bouilloire, & de l'autre au tuyau montant *Qq*, peut être fait de trois pieces ;
ſçavoir *P* & *p*, & avec des feuilles de
laiton ſoudées à l'étain, la premiere
de 4 pouces de longueur, & la derniere
de 18 à 20 lignes. Celle du milieu
qui porte un robinet *R*, ſera mieux &
ſe fera plus facilement en cuivre fondu ; voyez ce que j'ai dit ſur la maniere de percer & d'ajuſter les robi-
nets en parlant de la machine pneumatique, *Tome II*. La clef de celui-ci
doit avoir 7 à 8 lignes de diametre ;
elle doit être percée ſuivant ſon axe

& fuivant un de fes rayons qui réponde au canal *R R* ; & afin que
l'effort de la vapeur ne la faffe pas
fortir de fa boîte, il faut qu'elle la
dépaffe de quelques lignes par en-bas,
& que cette partie excédente foit une
vis, fur laquelle on enfilera une rondelle mince avec un petit pied pour la
faire tourner avec la clef, & par-deffus,
on viffera un opercule percée de plufieurs petits trous comme un arrofoir,
afin que la vapeur, ou l'eau venant
par la clef, puiffe paffer aifément.
Cette clef fera menée par une manivelle dont le manche répondra au
trou *r*.

S, eft un canon de verre un peu
épais, qui a 5 pouces ½ de hauteur fur
3 de diametre & dont les bords font
bien dreffés ; il eft renfermé dans une
cage *T* compofée de deux platines de
cuivre comme *V*, *u*, & de quatre vis
à têtes plates qui traverfent celles
d'en-haut, & qui ont leurs écrous dans
celle d'en-bas. Sur chaque platine eft
foudé un cercle de trois lignes de
hauteur qui embraffe le verre, & elle
eft garnie d'un anneau plat de carton
mouillé fur lequel pofent les bords du

verre, de maniere que quand les
quatre vis font ferrées, le verre fe
trouve exactement fermé.

Au milieu de la platine d'en-haut,
eft un trou rond dans lequel on fait
entrer le bout inférieur de la boîte du
robinet que l'on y foude à l'étain
par-deffous ; à côté eft un autre trou *a*
de 2 lignes de diametre & taraudé,
que l'on ferme avec une vis à oreille ;
celle d'enbas eft percée pareillement,
& l'on y foude une virole *t*, fous le
fond de laquelle eft un tuyau gros
comme le doigt & qui a 5 pouces de
longueur. Ce même fond vis-à-vis du
tuyau, a un trou de trois lignes de
diametre recouvert d'un clapet. La
virole *t*, a elle-même un pareil trou
avec un autre clapet placé en-dehors,
& autour duquel eft une virole *u* avec
cinq à fix filets de vis pour y joindre
le tuyau coudé Q ; on interpofe un
anneau de cuir entre les portées de
la vis & de l'écrou. A trois ou quatre
pouces de diftance au-deffus du
coude, ce tuyau eft ajufté pour fe
joindre fans foudure au tuyau *qq* ; &
afin que l'eau ne puiffe point fe

perdre par-là, on couvre cette jonction d'un morceau de veſſie mouillée qu'on lie avec du fil.

Le tuyau montant *qq*, qui a 22
pouces de longueur, porte, à 18
lignes près de ſon extrêmité d'en-haut,
un anneau plat, ſur lequel repoſe un
auget de bois *X*, dont il traverſe le
fond, & il eſt ſoudé au plomb laminé
dont cet auget eſt doublé : le bout
qui excede le fond, reçoit par forme
d'ajutage, un tuyau recourbé *Y*,
qui conduit dans l'auget, l'eau qui
vient d'en-bas ; un autre tuyau *B x*
garni de même par en-haut d'un anneau plat, traverſe auſſi le fond de
l'auget, & n'excede point le plomb
auquel il eſt ſoudé. Il eſt attaché par une bonne ſoudure à la
bouilloire, & il traverſe la planche *A*
B, qu'il ne déſaſleure que d'un demi
pouce endeſſous.

Toutes les pieces de la machine
étant ainſi aſſemblées, & le corps du
fourneau *C P* étant fixé comme je l'ai
dit, avec quatre vis ſur la planche *A*
B, il eſt aiſé de voir qu'on peut enlever la bouilloire, la pompe, avec les
deux tuyaux & l'auget. On peut auſſi

tirer le verre S, de fa cage après avoir lâché les vis; car la partie Q du tuyau montant, n'eft point foudée au refte, & le tuyau d'afpiration Z, ainfi que celui de décharge x B, ne font que traverfer la planche A B, & n'y font point arrêtés; ainfi l'on peut, quand il en eft befoin, raccommoder les clapets, renouveller les cercles de carton qui font fous les bords du verre, rajufter la clef du robinet, &c.

Les deux montants du bâtis font affemblés à demeure avec la planche A B qui couvre la caiffe. Leurs tenons par en haut font plats, & l'auget qui a des mortaifes à fes deux extrêmités, defcend deffus en même-temps qu'on fait entrer les tuyaux Z, & x B, dans la planche, & la bouilloire dans le corps du fourneau; alors on arrête l'auget fur les montans, avec deux pointes de fer qui ont chacune une tête ou une boucle, afin qu'on puiffe les ôter au befoin.

Voici maintenant comment il faut s'y prendre pour mettre cette machine en expérience. Verfez de l'efprit de vin dans la lampe & accommodez les meches, de forte qu'il n'y ait plus qu'à les allumer: rempliſſez la caiſſe avec de l'eau tiede juſqu'aux trois quarts de ſa capacité; faites entrer de la même eau dans le verre *S*, par le trou *a*, juſqu'à ce qu'il ſoit preſque plein, & fermez bien cette ouverture avec la vis. Otez la piece *kn*, & verſez dans la bouilloire environ une pinte d'eau bien chaude, & remettez le bouchon *k*, en faiſant tourner la piece *n* un peu de côté, afin que la ventouſe *o* demeure découverte, après quoi vous mettrez le feu aux meches de la lampe.

Quand l'eau de la bouilloire ſera ſuffiſamment chaude & que vous verrez la vapeur ſortir impétueuſement par la ventouſe, vous la tiendrez bouchée d'une main avec la palette de la piece *n*, ſous laquelle vous mettrez un couſſinet fait d'un morceau de papier mouillé, replié trois ou quatre fois, & de l'autre main vous tiendrez le manche de la manivelle tourné du côté de la bouilloire, afin que la vapeur dilatée ſe porte ſur la ſurface de l'eau qui eſt dans le verre. Alors vous verrez cette eau s'abaiſſer dans le verre &

monter dans l'auget par le tuyau Q q.

Dès que vous verrez le verre s presque vuide, n'attendez pas qu'il le soit entiérement ; tournez le manche de la manivelle vers p, aussi-tôt il viendra du tuyau montant, un peu d'eau qui entrera en forme de pluie par le bout de la clef dans le verre s, & qui réfroidissant la vapeur, donnera lieu à l'eau de la caisse d'y monter par le tuyau d'aspiration z : vous ferez monter ce nouveau volume d'eau comme le premier, en tenant la manivelle tournée vers la bouilloire & ainsi de suite. Ces volumes d'eau que vous ferez monter successivement dans l'auget, ne le rempliront pas, & n'épuiseront pas non plus la caisse, parce qu'il retomberont à mesure, par le tuyau de décharge x B.

Lorsque vous voudrez faire finir le jeu de la pompe, vous laisserez évacuer entiérement le verre s, & dans cet instant vous laisserez la ventouse ouverte: vous éteindrez aussi la lampe, soit en soufflant sur les meches, soit en bouchant pendant quelques secondes de temps l'ouverture du fourneau avec

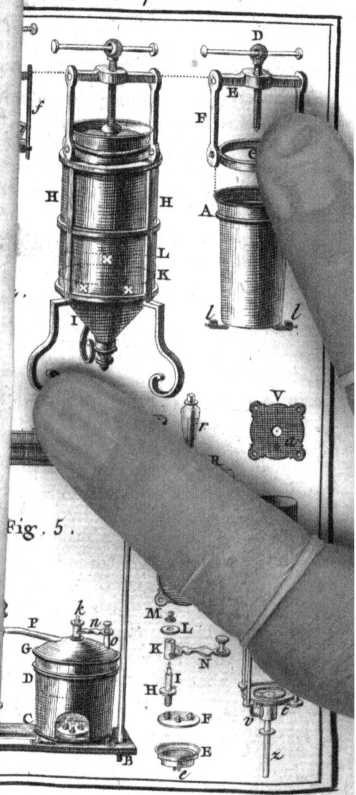

Fig. 5.

avec un torchon, & quand l'eau de la bouilloire fera refroidie, vous la vuiderez avec un fiphon. Vous ne laifferez pas non-plus d'efprit-de-vin dans la lampe ; en enlevant la machine de deffus la caiffe, vous n'aurez qu'à ôter le bouchon à vis *e*, qui qui eft deffous la cuvette.

Eolipyle.

C'EST au Chaudronnier qu'il faut s'adreffer pour avoir un éolipyle ; il faut qu'il le faffe en cuivre rouge ; s'il entend bien la retreinte, il fera le corps de la poire de deux pieces ; c'eft-à-dire, qu'il ne faudra qu'une petite calotte pour achever de la fermer : cette calotte, ainfi que le canal recourbé qui doit être placé à fon centre, fera foudée à foudure forte : on fera bien de fouder en même temps une feuille qui lie la queue à la poire, afin de lui donner plus de folidité : il faut fouder auffi une douille quarrée, qui puiffe recevoir une tige de fer enmanchée de boïs, & qui s'arrête avec une vis : cela eft d'une grande commodité, pour manier cet inftrument.

XII. LEÇON. II. Section. Pl. II. Fig. 8. & 9.

l'éolipyle fera d'une bonne grandeur, fi une chopine d'eau-de-vie remplit la moitié de fa capacité. On mettra cette liqueur dans un vaiffeau de large ouverture ; on fera chauffer la poire , de maniere qu'une goutte d'eau jettée deffus s'évapore en une ou deux fecondes ; & l'on plongera le bout de fa queue dans la liqueur , qui ne manquera pas d'y être portée par la preffion de l'air extérieur. Du refte, procédez comme il eft prefcrit. *Tome IV. des Leçons de Phyfique* , *p. 89.*

Premiere , feconde & troifieme Expériences.

XII.
LEÇON.
III. Section.

CEs trois expériences & celles dont elles m'ont donné occafion de parler , font fuffifamment expliquées dans la troifieme fection citée en marge , il n'y a qu'à fuivre exactement les procédés qui y font indiqués.

S'il s'agit de prouver que cette efpece de frimât , qu'on voit autour du vaiffeau , dans lequel on fait un froid artificiel avec du fel & de la glace pilée , vient uniquement des parties aqueufes qui font dans l'air ambiant, & qui fe gélent fur la furface extérieure du vafe; on répétera cette expérience dans un bocal qu'on aura bien effuyé en dehors, & qu'on aura fait entrer dans un autre bien féché & bien effuyé en dedans, ayant la précaution de couvrir avec une lame circulaire de cire molle, le petit intervalle qui eft entre les deux bords de ces vaiffeaux, afin que l'air extérieur ne puiffe point y avoir accès.

On peut même, fi l'on en a la commodité, demander à la Verrerie, des bocaux affortis pour entrer l'un dans l'autre, avec très-peu d'intervalle entre eux; comme *A* & *B*, *Pl. V*, *Fig.* 1. recommander qu'il n'y ait point d'étranglement en haut, & que leurs bords foient fimplement rabattus à plat, pour s'apliquer l'un fur l'autre; alors, il ne fera plus befoin d'y mettre un cordon de cire molle.

Cette expérience fera toujours voir, que quand l'air extérieur n'a point un libre accès vers le vafe où fe fait le refroidiffement, pour dépofer fur la furface extérieure, les particules

I ij

d'eau dont il eſt toujours chargé ; on n'y apperçoit plus le frimât dont il eſt queſtion.

———————————

AVIS

Concernant la TREIZIEME Leçon.

Premiere Expérience.

XIII.
Leçon.
II. Section.
Pl. I. Fig. 1.
& 2.

Tout le monde ſait ce que c'eſt qu'un briquet ; le plus commun ſera bon pour cette expérience.

Pour faire voir en peu de temps à un plus grand nombre de perſonnes, les différents états ſous leſquels ſe préſentent les parcelles d'acier, détachées par le tranchant du caillou, on pourra les placer ſur un papier blanc & fixer au-deſſus, d'une maniere quelconque, une lentille de verre qui ait 10 à 12 lignes de diametre & un pouce de foyer ; ſi elle eſt une fois placée comme il faut pour voir ces objets diſtinctement, chaque perſonne n'aura qu'un coup d'œil à y donner.

Un microſcope à trois verres fera

voir ces petits corps beaucoup plus amplifiés, si l'on peut les observer à loisir ; il faudra les voir éclairés par-dessous, & l'on distinguera, les fragments de caillou par leur transparence : quand on les éclairera par-dessus, on remarquera non-seulement la figure, mais aussi la couleur de chaque parcelle d'acier.

Seconde Expérience.

Pour composer le lingot de fer fondu avec l'antimoine, consultez la seconde partie de cet ouvrage, qui enseigne la préparation des drogues composées. *Tome I. p.* 439.

XIII.
LEÇON.
II. Section.
Pl. I. Fig. 3.

Si l'on n'a point d'étau pour assujettir le lingot, on tiendra d'une main une grosse lime neuve debout, appuyée sur une table, & avec l'autre main on fera frapper le lingot en glissant sur un des angles de la lime.

On pourra examiner si l'on veut, les parcelles détachées, sous la lentille dont j'ai parlé ci-dessus.

Troisieme Expérience.

Si vous n'avez pas la commodité d'un étau pour assujettir la plan-

XIII.
LEÇON.
II. Section.
Pl. I. Fig 4.

chette , faites- y une queue platte comme à la poupée d'un tour ; faites-la paſſer dans une mortaiſe au bout d'une table , & ſerrez-la par-deſſous avec une clef.

· Vous pourrez auſſi , ſi vous vou-lez, préparer une machine exprès pour cette expérience : *A B* , *C D*, *Pl. V. Fig.* 2 , ſont deux jumelles de bois qui ont environ deux pieds de longueur , & qui ſont aſſemblées à ſept pouces de diſtance l'une de l'autre par deux rraverſes. Quand le fuſeau eſt placé en *A C*, on les ſerre autant qu'on veut , comme les montants d'une ſcie , avec un petit levier *E* , en tordant une corde qui va & vient deux ou trois fois de l'une à l'autre. Alors on n'a plus qu'à faire jouer l'archet.

Comme les trous s'agrandiſſent à meſure que le bois ſe brûle par l'ac-tion du fuſeau, vous pourrez les faire dans deux petites pieces à couliſſes, pratiquées aux bouts des jumelles , & qui auront une queue à vis & un écrou à oreilles pour les fixer ; cette queue traverſera une rainure , que vous ferez à la jumelle. Vous renouvellerez ces pieces quand il n'y aura plus de place pour y faire de nouveaux trous. Les pointes du fuseau s'ufent auffi en fe brûlant ; il faut en avoir plufieurs & les aiguifer, en enlevant le charbon avec une lime en bois, chaque fois qu'on veut faire l'expérience.

Quatrieme Expérience.

SUIVEZ exactement ce qui eft prefcrit dans la *préparation*, & n'oubliez pas de lire auparavant, ce qui eft marqué à la fin de l'explication.

XIII.
LEÇON
II. Section.

Cinquieme Expérience.

A l'occafion de cette expérience, j'ai rapporté dans l'explication certains faits qui prouvent, que l'efprit-de-vin & l'eau pure mêlés enfemble pénétrent l'un dans l'autre, de maniere qu'après le mêlange, le volume réfultant, fe trouve plus petit que la fomme des deux, avant que les deux liqueurs fuffent mêlées. Quand il s'agira de reconnoître, ou de faire voir la quantité jufte de cette diminution, on fuivra les procédés qui font décrits à l'endroit cité ; mais fi

Planche
Fig. 5 &

I iv

l'on veut feulement faire voir le fait
en gros , comme il convient affez
dans une leçon publique, où l'on évi-
te les manipulations délicates , ou
qui demandent beaucoup de temps ,
on pourra fe fervir d'un tube de verre gros comme le doigt , fermé par
en-bas , & terminé par le haut en tube prefque capillaire , comme il eft
repréfenté par *A B* , *Fig.* 3. Avec un
petit chalumeau renflé, on y fera entrer de l'eau jufques en *A*; enfuite
on achévera de l'emplir jufques en *B*,
avec de l'efprit-de-vin , en le verfant
doucement & en tenant le tube un
peu incliné , afin que les deux liqueurs ne fe mêlent point : cela étant
fait , on mettra le doigt fur l'orifice
du tube , & on le renverfera deux ou
trois fois pour donner lieu au mêlange ; le tube étant redreffé, on verra que la liqueur compofée, fe tiendra d'une quantité très-remarquable ,
au-deffous du fil *B*.

Cette pénétration de l'eau dans
l'efprit-de-vin fe fait d'une maniere
très-curieufe, au travers d'un morceau
de veffie. Prenez un petit bocal , qui
ait environ quinze lignes d'ouvertu-

re, rempliffez-le d'efprit de vin. &
couvrez-le d'un morceau de veffie
mouillée, que vous lirez bien au col
du vaiffeau, après quoi vous le plongerez dans un autre vafe rempli d'eau,
comme on voit en *C*. Quelques heures
après, fi vous le retirez de l'eau, vous
verrez qu'il fera bien plus plein qu'-au
paravant; de forte que la liqueur
aura fait prendre à la veffie, une figure très-convexe, comme *D*, & qu'elle jaillira fort loin, fi vous y faites
un trou avec une épingle. Si l'on pro-
pofoit à quelque un de remplir un
vaiffeau au-deffus de fes bords avec
une liqueur, fans qu'elle pût fe répandre, l'expérience que je viens de
citer feroit la folution de ce problê-
me.

Sixieme Expérience.

AVANT d'en venir à cette expérience, qui fournit l'exemple curieux
d'une fermentation, capable de
produire de la flamme, on peut
en faire une qui tiendra le milieu entre cet extrême & la chaleur douce & à peine fenfible, que donne le
mélange de l'efprit-de-vin avec l'eau,

XIII.
LEÇON.
I. Section.
Pl. II. Fig.
8.

Mettez au fond d'un verre à boire un peu d'huile de tartre par défaillance, & verfez par deffus, en petite quantité à la fois & à plufieurs reprifes, de l'eau-forte ordinaire, ou de l'efprit de nitre un peu affoibli avec de l'eau : & vous ferez remarquer que chaque fois que ces deux liqueurs fe mêlent, il fe fait une ébullition bruyante, & que cet effet fe répete, jufqu'à ce que l'acide ait pénétré l'alkali fixe autant qu'il peut le faire.

Quand on enflammera les huiles effentielles avec un efprit de nitre bien déflegmé, il faut avoir les mains & le vifage loin du verre où fe fait le mêlange, car il peut fauter des éclabouffures qui feroient dangereufes. Il faut auffi manier la phiole qui contient l'acide, avec précaution : cette liqueur brûle la peau des doigts quand elle la touche, & les taches durent long-temps.

Septieme Expérience.

LA compofition du pyrophore eft fuffifamment détaillée, dans la *préparation* de cette expérience, on réuf-

fira sûrement en suivant exactement
le procédé que j'y ai d'écrit. J'aver-
tirai seulement ici, que dans le cas
où l'on n'en auroit pas pour faire
l'expérience dont il s'agit maintenant, on pourroit en quelque façon
y suppléer, en éteignant un morceau
de chaux vive avec de l'eau.

Prenez un morceau de chaux, la
plus nouvelle que vous pourez trouver, placez-la sur de la paille bien
seche & fine, & mouillez-la peu-à-
peu par de legeres aspersions ; cette
chaux s'ouvrira en s'échauffant de
plus en plus : quand elle est de bonne qualité & bien nouvelle, & que
cela est ménagé avec adresse, il peut
arriver qu'elle mette le feu à la paille. Il y a en Piémont & dans l'Ita-
lie, des especes de chaux bien plus
fortes que celles de France ; en les
éteignant comme je viens de le dire,
j'ai porté la chaleur jusqu'à fondre
des lames de plomb, que je faisois
entrer dans le morceau entr'ouvert.

Huitieme Expérience.

On n'a pas toujours huit ou dix
personnes qui s'accordent bien à jet-

XIII.
Leçon.
II. Section.
Pl. III. Fig.
2.

ter avec des miroirs, autant d'images du foleil, fur un même endroit; fi l'on veut employer pour cela une machine, on pourra l'exécuter de la maniere fuivante.

Choififfez un morceau de bois, d'aulne, de tilleul, ou de chêne, bien doux & bien fec, qui ait dix-huit pouces de longueur, fur 3 pouces & demi de largeur, comme *A B C D*, *Fig.* 4; dreffez en les faces, & que fon épaiffeur foit par-tout de quinze lignes.

Placez cette piece à plat fur le bout d'une table, & arrêtez-la d'une maniere quelconque: avec un compas à verge, ou avec une regle de bois garnie de deux pointes diftantes l'une de l'autre de trente pouces, décrivez la coube *A C B*, que vous rapportrez de même fur l'autre face à retour d'équerre, & vous couperez le bois en fuivant ces deux traits.

Vous chantournerez l'autre rive comme il vous plaira; mais vous laifferez plus de largeur au milieu, & vous y collerez une queue cylindrique de quelque bois dur, groffe comme le doigt, & longue de trois ou quatre pouces : il faut que cette queue foit dans la direction *E C*, c'est-à-dire, dans l'axe de la concavité *A C B*.

Vous aurez douze petits miroirs rectangles de glace au teint, qui auront chacun dix-huit lignes de longueur, & dont la largeur égalera l'épaisseur de la piece de bois. Vous les arrangerez bout-à-bout les uns des autres fur la face courbe *A C B*, & vous les y retiendrez avec des petites bandes de papier noir, que vous collerez fur leurs jonctions, & fous la partie du bois la plus prochaine de leurs bords.

Pour manier cette piece plus commodément, vous ferez tourner la queue dans un canon de métal, qui fera fendu pour faire reffort, & qui portera en deffous une lame de cuivre plate taillée en portion de cercle, qui fera reçue dans la tige d'un pied de bois refendu par le haut, & qui tournant fur fon angle, pourra s'arrêter où l'on voudra pa une vis de preffion *F*, au moyen de quoi la face qui porte les miroirs, pourra s'incli-

ner plus ou moins, & faire une révolution fur l'axe *C E.*

Pour la huitieme expérience dont
il s'agit ici, vous préfenterez la face
de l'inftrument au plein foleil,
en l'inclinant d'avant en arriere,
jufqu'à ce que les rayons de cet af-
re tombent parallelement à l'axe *C
E*; mais au lieu de tenir la fuite des
miroirs dans un plan vertical comme dans la figure, vous lui ferez faire un quart de révolution, pour mettre les deux extrémités *A & B*, dans
un même plan incliné à l'horifon :
alors, vous préfenterez un petit ther-
momometre à qninze pouces de diftance du point *C*, & dans la direction
de l'axe *E C*, ayant foin que cet inftrument foit garanti des rayons directs, par quelque corps opaque fur
qui il foit attaché ; car fans cela on
pourroit douter fi la chaleur dont
il donne des fignes, lui vient des
rayons réfléchis par les miroirs, ou
feulement des rayons directs.

Neuvieme Expérience.

JE fuppofe ici qu'on s'eft pourvu
d'un miroir concave, qu'on a trouvé

tout fait ; Il n'eſt pas beſoin qu'il ait deux pieds de diamétre ; quand il ſeroit de moitié plus petit, il fera voir ce qu'il y a d'eſſentiel dans cette expérience. J'ai dit ailleurs (a) comment on doit s'y prendre pour conſtruire, ſoit en métal, ſoit en verre, des miroirs concaves, convexes, cylindriques, &c.

L'inſtrument que j'ai décrit à l'occaſion de la huítieme expérience, étant expoſé, comme je l'ai dit, aux rayons ſolaires, ſi on lui fait faire une révolution ſur ſon axe, il fera très-bien entendre, qu'un miroir concave n'eſt autre choſe qu'un aſſemblage de petits miroirs plans, formant entr'eux une concavité ; car on pourra remarquer, que les douze miroirs rangés en arc de cercle, dans quelque endroit de leur révolution qu'on les arrête, produiſent toujours le même effet.

Dixieme Expérience,

JE renvoye pareillement à ce que j'ai dit ſur la maniere de tailler les verres lenticulaires, *Tome I*, *p.* 80,

XIII
LEÇON
II. Section
Pl. IV. Fig.
11,

(a) *Tome I. p.* 170. *& ſuiv.* 234 *&* 240. J'ai donné, *Ibid p.* 443, la compoſition du métal propre à faire ces ſortes de miroirs,

& *fuiv.* mais comme j'ai avancé, à l'occafion de cette expérience, que l'effet de la lentille de verre expofée aux rayons du foleil, ne dépend point effentiellement de la matiere dont elle eft faite, mais de fa figure & de fa tranfperance ; de même que le miroir ne produit point le fien, parce qu'il eft de métal, mais parce qu'il a une certaine concavité avec une furface capable de réfléchir la lumiere ; je crois qu'il eft à propos d'enfeigner ici comment on peut avec de l'eau liquide ou glacée, avec du carton ou du plâtre doré, raffembler les rayons folaires, fur des matieres combuftibles, en affez grande quantité pour y mettre le feu.

Les Horlogers fe font préparer pour les pendules, des cryftaux bien plus grands & bien plus épais, que ceux dont ils couvrent les cadrans des montres. Choififfez - en deux bien égaux, qui aient quatre à cinq pouces de diametre ; placez-les l'un après l'autre fur le revers d'une table de marbre, qui foit bien droite, ou fur un morceau de glace de miroir, de maniere que la concavité foit en deffous, ufez-en les bords à plat avec du fablon & de l'eau, que vous répandrez fur le marbre ou fur la glace, & quand ils feront bien dreffés, vous les doucirez fur l'autre face de la glace, ou fur un nouveau marbre, avec un peu d'émeril fin & de l'eau.

Ces bords étant bien dreffés & bien doucis, vous plongerez les deux pieces dans une cuvette un peu profonde & remplie d'eau claire, & vous les joindrez en appliquant bord fur bord; vous enleverez ces deux verres ainfi joints, avec l'eau qui fe trouvera prife dedans, & le poid de l'air extérieur, fuffira un demi-quart d'heure après, pour les tenir appliqués l'un à l'autre : Cette lentille d'eau expofée au foleil, mettra le feu à de l'amadou. (a).

Pour la manier plus commodément, vous pourez la monter fur un pied de bois G, *Fig. 5*, qui foit

(a) Si vous aviez peine à trouver ces calottes de verre toutes faites, ou qu'elles fuffent trop minces pour l'ufage que vous en voulez faire, vous en pourrez préparer vous-même de plus épaiffes, en fuivant ce que j'ai enfeigné fur cela. *Tome I*, *p.* 239 *& fuiv*

Tome III. K

percé suivant sa longueur, pour recevoir la tige de fer *H*, qui est fendue
pour faire ressort, & dont les deux
moitiés se rapprochent l'une de l'autre par le moyen d'un anneau *I*,
semblable à ceux des porte-crayons.
Ces deux parties de la tige ainsi réunies, forment un cylindre qui a
trois lignes de diametre ; elles sont
attachées l'une à l'autre par en - bas
avec deux clous rivés ; par le haut,
elles sont aplatties & tournées en
quart de cercle, portant chacune un
croissant de cuivre *i i*, propre à pincer la lentille : chacun de ces croiffants est garni d'un pivot qui traverfe la branche de fer, & sur lequel
il tourne à frottement dur. En baif-
fant donc l'anneau *I*, les deux branches & les croissants s'écartent ; on y
fait entrer la lentille ; on remonte
l'anneau, & on fait descendre la tige dans le pied *G*.

Si les deux verres ont resté appliqués l'un à l'autre pendant quelques heures, ou pendant quelques jours, on ne pourra les défu-
nir, qu'en les plongeant dans de
l'eau un peu plus que tiede ; il ne

faut pas même tenter de le faire autrement.

La lentille de glace ne se peut
bien faire qu'en hyver ; car si vous
faites geler l'eau artificiellement, cette congélation ne conservera pas la
transparence qu'il faut , pour faire
l'expérience avec succès.

Choisissez donc en hyver , & après
une longue & forte gelée, un morceau de glace bien diaphane, & bien
net, qui ait au moins deux pouces
d'épaisseur , arondissez-le en lui donnant la forme d'une petite meule de
quatre à cinq pouces de diametre.
Placez - le dans le moule que vous
chaufferez par-dessous, & quand vous
verrez que votre glaçon en aura pris
la forme en se fondant, vous le retournerez dans le même moule , jusqu'à ce que l'autre face ait pris aussi
la même figure.

Le moule sera fait d'une plaque
de cuivre ou de plomb, que le Chaudronnier ou le Ferblantier emboutira-
ra , suivant un calibre que vous lui
donnerez ; vous ferez ce calibre avec
une lame de bois mince ou de fer-
blanc , qui aura quatre pouces de

K ij

longueur, sur sept lignes $\frac{1}{2}$ de largeur, & que vous taillerez suivant un arc de cercle de trois pouces $\frac{1}{2}$ de rayon, voyez la *Fig. 6.*

Pour manier cette lentille commodément & promptement, vous la placerez dans la feuillure d'une lunette de bois qui aura un manche; & vous l'y retiendrez par deux ou trois petits tourniquets, faits avec des lames de fer-blanc, ou de cuivre, qui fassent ressort.

Si vous voulez construire des miroirs concaves, en cartons ou en plâtre doré, il faut commencer par faire un moule de la maniere suivante, à moins que vous n'en imaginiez une meilleure : celle-ci m'a bien réussi.

Le Menuisier m'a préparé une table ronde, *Fig. 7*, qui avoit quinze pouces de diametre, & un pouce d'épaisseur; il me l'a faite avec des planches, simplement collées à plat-joints; on fera encore mieux, si l'on assemble quatre chanteaux à onglet, qui renferment entr'eux un quarré, comme cela est désigné ici par des lignes ponctuées. J'ai fait

placer au milieu de cette table, un
morceau de bois cylindrique de trois
pouces $\frac{1}{2}$ de diametre, fur 20 lignes
de hauteur, avec un gros tenon col-
lé à demi-épaiſſeur, comme on le
peut voir en *e e*, figure qui repréſente la coupe diamétrale de cet
aſſemblage.

Enſuite j'ai fait aſſembler dans ce
noyau *E*, vingt-quatre demi fuſeaux
comme *F, F, F, F*, &c. donr on voit
la coupe ſuivant leur hauteur en *f, f*,
& je les y ai fait coller ainſi que ſur
la table. On a percé cet aſſemblage
au centre; & l'on y a joint une tige
G, de cinq à ſix pouces de hauteur,
& un plateau *H*, pour y former une
patte, & le tout enſemble a été tourné : ſçavoir, le contour *K k*, parallele à l'axe; & le deſſus *i f e, e f i*,
a été rendu convexe, ſuivant le calibre *L M N*, qu'on a tracé par un
rayon de trente pouces.

Un moule fait ainſi d'un grand
nombre de pieces bien collées,
n'eſt point ſujet à ſe déformer, ſur-
tout quand on a choiſi pour le faire,
du bois tendre, ſans nœuds & bien
ſec; je me ſuis toujours ſervi pour

pareils ouvrages de bois d'aulne, de tilleul, ou de noyer commun.

Le moule étant fait, j'ai divisé sa circonférence en douze parties égales ; & avec une régle à centre op, de laiton mince & fléxible, que j'ai attachée en E, j'ai tracé à l'encre des lignes comme, EQ, ER, ES, &c. tendantes à tous les points de la division. Ensuite j'ai subdivisé la largeur d'un de ces triangles QER, en deux parties égales, par une ligne droite ET, & sa hauteur en huit autres parties égales, par autant d'arcs de cercles concentriques ; enfin avec la régle & le compas, j'ai rapporté cette division sur une planche mince ; que j'ai taillée en suivant les lignes VX, Vx, & Xx & en laissant un pouce de bois au-delà de cette derniere ligne : sur le milieu, j'ai attaché une poignée pour la manier plus commodément ; cette espece de patron ma servi à couper à la fois avec un ganif ou quelque autre tranchant, douze ou quinze feuilles de papier, ou pour tracer des cartons, que j'ai coupés ensuite avec des ciseaux : car il faut commencer par avoir provifion de ces pieces toute-taillées , que j'appellerai *demi - fu-feaux.*

Le carton que j'ai employé étoit fort mince & flexible , on en trouve très aifément chezles M archands de Papier, fous le nom de carton *en trois & en cinq*; il eft fait entiérement avec du papier gris ; celui qui eft liffé & recouvert des deux côtés avec du papier fort blanc, n'eft pas bon pour cet ufage : le papier dont je me fuis fervi étoit de celui qui eft gris, & dont on fe fert pour envelopper des marchandifes. Pour coller l'un & l'autre, je me fuis fervi de la colle du Vitrier, c'eft-à-dire, de celle qu'on fait avec de la farine & de l'eau; il faut qu'elle foit bien cuite, fans être fort épaiffe.

Tout étant donc ainfi préparé , j'ai frotté le moule dans toute fa convexité avec du favon blanc que j'avois laiffé bien fécher, afin qu'il ne fût point pâteux ; je l'ai couvert entiérement avec douze demi-fufeaux de papier blanc , que javois tenus pendant une heure ou deux entre deux linges humides, c'eft-à-dire, entre deux linges qui avoient été mouillés, & dont on avoit exprimé la plus grande partie de l'eau : cette premiere couche étant appliquée sans colle, j'ai mis de même sur toutes les pointes des demi-fuseaux, un morceau de pareil papier, aussi humecté & coupé en rond ; & j'ai continué cette seonde couche, en mettant sur les premiers fuseaux, douze autres demi-fuseaux tronqués, afin qu'ils ne fissent que joindre le petit cercle *y*, sans le recouvrir ; & j'ai eu l'attention de placer ces nouvelles pieces, de maniere que le milieu de leur largeur, répondît toujours à l'endroit où se joignoient ceux de dessous : la partie de ces demi-fuseaux qui excédoit la circonférence du moule, je l'ai rabattue sur le pourtour *K k* parallele à l'axe, ayant soin d'y faire des échancrures, afin d'éviter les plis que le papier auroit fait sans cette précaution. Ces deux couches de demi fuseaux appliquées sans colle, empêchent que le miroir ne s'attache au moule.

Sur ces deux couches de papier non-collées, mais bien appliquées

sur

fur le moule à l'aide de leur moi-
teur ; j'ai pofé avec de la colle une
couche de carton, en fuivant le même procédé que pour la couche de
papier précédente ; c'eft-à-dire, en
commençant par placer un petit cercle comme *E y*, en continuant avec
des demi-fufeaux tronqués , & en
rabattant fur le bord *i k*, la partie
excédente entaillée par plufieurs
échancrures. Sur cette couche de carton récemment collée, j'en ai appliqué
une autre, ayant foin non-feulement
de faire répondre la moitié de la
largeur de celui de deffus , à la jonction de ceux de deffous , mais encore en faifant le cercle *E y* , plus
grand , & en tronquant davantage
les demi-fufeaux , afin que la jonction de ceux-ci au cercle , ne fe
rencontrât point fur celle de la couche de deffous.

J'ai toujours fuivi le même procédé, pour les autres couches de carton que j'ai mifes deux à deux, avec
une couche de papier gris par deffus ; & afin que le carton devint plus
fouple & s'appliquât plus exactement, j'avois foin de le mettre en

Tome III.   L

colle un bon quart-d'heure avant de l'employer, & d'enduire aussi d'une nouvelle touche de colle, l'endroit où j'allois appliquer chaque piece : pour donner encore plus de souplesse au carton, on peut, avec des ciseaux, entailler les bords de la piece comme la denture d'un peigne.

Quand les parties excédentes des demi-fuseaux étoient rabattues sur la partie *i k* du moule, je les y serrois avec une ficelle menue, à qui je faisois faire neuf à dix tours ; & pour contenir le reste sur la convexité du moule, je le renversois sur un cannevas ou une grosse toile, tendue sur un grand cerceau, ou sur un de ces cercles plats, dont on fait les roues des rouets à filer pour les gens de la campagne. Voyez la *Fig.* 7, & j'augmentois encore la pression, par un poids que je plaçois sur le revers du pied.

Quand j'avois lieu de croire que ce que j'avois mis sur le moule étoit bien sec, non-seulement en dessus, mais principalement en dessous, je l'enduisois d'une bonne couche de blanc détrempé à la colle, comme

celui des Doreurs, & j'attendois qu'il
fût fec avant d'appliquer de nouveaux cartons. En mettant ainfi des
couches de carton deux par deux &
par-deffus, une couche de papier gris,
avec un enduit de blanc bien collé,
j'ai augmenté l'épaiffeur du miroir,
jufqu'à ce qu'elle eût environ trois
lignes ; & quand j'ai jugé qu'il devoit être bien fec, tant en dedans
qu'en dehors, jai remis le moule fur
le tour, en faifant un trou au centre
du miroir, afin que la pointe pût atteindre jufqu'au bois ; & j'ai coupé à
un demi-pouce près, ce qui avoit
été replié fur la partie *i k* du moule ; ce petit bord prefque d'équerre
avec la face du miroir, lui donne
de la folidité, & empêche qu'il ne
fe déforme aifément.

Ayant ôté le miroir de deffus le
moule, j'en ai fait dorer la concavité,
en recommandant au Doreur, d'appliquer fon blanc avec précaution,
pour ne point rendre la furface ir-
réguliere ; & pour cet effet, je lui
ai fourni un gratoir, femblable à
ceux des Ebéniftes, hors que le tranchant, au lieu d'être droit, avoit

Lij

une courbure conforme à la concavité du miroir : on pourroit aussi
tourner une molette de bois un peu
convéxe, & coller dessus un morceau de peau de chien de mer, qu'on
auroit ramollie & réparée pour la
bien étendre ; en frottant sur le blanc
avec un tel outil, on rendroit la surface unie, sans en altérer la figure.
Le miroir en sortant des mains du
doreur a été collé sur un plateau *D*
porté par un pied à mouvement ;
comme celui qui est représenté par
la *Fig.* 8.

On peut faire des miroirs de plâtre sur le même moule, avec lequel
on fait ceux de carton ; il faut pour
cela appliquer sur ce moule, deux
couches de papier blanc, non collé, mais humecté, comme je l'ai dit
ci-devant ; puis, poser dessus un
cercle de fer-blanc, ou de laiton,
comme *A* , *Fig.* 9, qui ait deux bons
pouces de hauteur, avec deux viroles diamétralement opposées, &
l'y attacher avec un cordon de cire
molle, & pour plus de sûreté encore,
avec une ficelle, qui aille de chacune des deux viroles *B,C*, à la tige

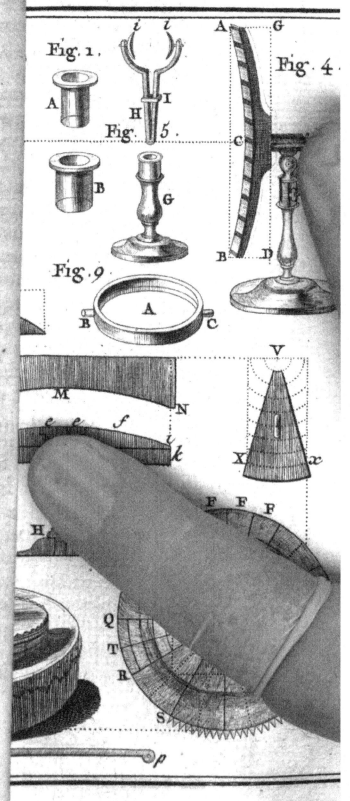

Fig. 1.

Fig. 4.

Fig. 5.

Fig. 9.

du pied. Les bords de ce cercle, doivent être rabattus à angles droits, du dehors au dedans, afin que ce cercle qui contiendra le miroir, ne puisse point s'en séparer.

Cette préparation étant faite, on gâchera du plâtre fin en suffisante quantité : celui qui se fait avec cette pierre transparente, qu'on nomme faussement du talk, & qui est un véritable gyps, doit être préferé : on en versera sur le moule, tant que le cercle de métal en soit rempli jusqu'à son bord supérieur, on l'étendra, on l'unira avec une truelle, ou avec quelque outil équivalent, & on le laissera bien prendre consistance avant de l'enlever.

Ce plâtre ainsi moulé & bien seché, sera doré comme le miroir de carton ; & au moyen des deux viroles B & C, on le suspendra dans un demi-cercle de métal garni d'une tige, avec un pied d'une force & d'une hauteur convenables ; en tournant sur les deux pivots, il prendra telle inclinaison qu'on voudra.

Les miroirs de plâtre ou de carton, sont meilleurs étant dorés, que s'ils étoient argentés ; j'en ai fait l'épreuve ; l'argent se noircit en peu de temps , & quand il conserveroit tout son brillant, il ne réfléchit pas les rayons solaires avec autant de force, que l'autre métal. La dorure même ne se conserve long-temps en bon état, que quand on a soin de la couvrir d'une flanelle, & de la tenir dans un lieu sec.

AVIS

Concernant la QUATORZIEME LEÇON.

Premiere Expérience.

XIV.
LEÇON.
III. Section.
Pl. I. Fig. 1
& 3.

L'EFFET de cette expérience n'est bien sensible, que quand la boule *A*, est assez grosse, relativement au diametre intérieur du tube ; elle ne l'est point suffisamment aux verres de thermometres qu'on trouve communément chez les Emailleurs ; ils peuvent en souffler exprès pour cet usage , ou bien , on en tirera de la Verrerie, si l'on en a la commodité ; au défaut de tout cela, on joindra un tube à une de ces bouteilles minces, dont les Apoticaires se servent pour envoyer des médecines & autres pòtions chez les malades : on commencera par y ajuster un bouchon de liége, qui bouche bien ; on l'ôtera pour le percer d'un bout à l'autre au milieu, & l'on fera passer au travers, un tube de verre qu'on attachera avec de la cire molle en dessus & en dessous, de maniere, que l'eau ne puisse point passer entre le liége & lui. On emplira la bouteille avec une forte teinture d'orseille, & l'on fera entrer le bout du tube & le bouchon, de sorte que l'eau colorée, soit forcée de monter dans le tube, ne pouvant s'échaper, que par-là : en ne plongeant que le corps de la bouteille dans l'eau bouillante, & ne l'y laissant que l'espace d'une seconde à chaque immersion, on n'aura point à craindre, que la cire molle se fonde.

On joindra de même le tube recourbé de la *Fig.* 3, & l'on choisira une bouteille dont le cul soit fort enfoncé.

Seconde Expérience.

QUOIQUE le *pyrometre* dont je fais ufage dans cette expérience, foit une machine affez fimple, il eft pourtant néceffaire qu'elle foit exécutée par une main adroite, & exercée aux ouvrages d'horlogerie ; les pivots des pieces tournantes, doivent être d'acier, fort menus, bien centrés ; ils ne doivent avoir dans les trous qui les reçoivent, que le jeu qui eft néceffaire pour les rendres libres ; il en eft de même de l'engrénage qui ne doit être, ni ferré ni trop libre ; en un mot, un ouvrier commun aura bien de la peine à rendre cet inftrument tel qu'il faut qu'il foit : je vous confeille donc de le faire conftruire par un bon horloger, qui pourra fuivre la defcription fuivante, à moins qu'il n'imagine quelque chofe de mieux.

La principale partie du pyrometre, eft celle qui fert à multiplier ou amplifier l'alongement que le feu fait prendre immédiatement à un barreau de métal fur lequel on le fait agir. C'eft un affemblage de pieces, qui

eſt contenu entre deux platines de
cuivre rondes , qui ont quatre pouces de diametre , outre une bordure
de deux lignes & demie de largeur ,
tournée en forme de moulure,qui ſert
à orner celle d'en-bas. Ces deux platines ſont aſſemblées parallelement
entr'elles, & à deux pouces de diſtance l'une de l'autre , par trois piliers
tournés & placés aux endroits marqués *A , B , C , Pl. 6 , Fig.* 1. Comme toutes ces pieces ne ſont point
à la même hauteur , & que pluſieurs
d'entr'elles recouvrent celles qui ſont
au deſſous , je prends le parti de les
faire paroître dans deux plans ſépa-
rés , en avertiſſant que celui de la
Fig. 2 , eſt environ un pouce au deſſus de la platine d'en-bas, comme on
le peut voir encore par la *Fig.* 3 ,
qui repréſente le profil de la machine. Dans ces 3 figures, tout eſt deſſi-
né en proportion , ſuivant l'échelle
de quatre pouces qui eſt au deſſus.

D E , Fig. 1 , eſt une regle de cuivre qui a une ligne d'épaiſſeur , &
qui peut gliſſer d'environ trois lignes
ſur la platine, y étant retenue par deux
vis à repos & à têtes plates , qui tra-

verfent deux rainures à jour, pratiquées en *D* & en *E*. Sur le milieu de cette regle eft attachée la piece *F*, par une vis qui la ferre, & un petit pied de chaque côté pour l'empêcher de tourner, de forte quelle fait corps & fe meut avec elle : & afin qu'elle fe contienne toujours dans le même plan, elle a une petite queue *G*, qui paffe fous une bride *H*, qui l'empêche de s'élever de bas en haut.

En *I*, eft un petit pilier d'acier tourné, qui s'eleve perpendiculairement, & qui eft terminé par un pivot fort menu, de deux lignes de longueur. Ce pivot paffe dans la fourchette *L*, *Fig.* 2, pratiquée à la piece *K*, & la peut faire tourner, parce que cette piece eft mobile avec un arbre d'acier *m*, *Fig.* 3, dont les pivots ont leurs trous dans les platines ; & pour faciliter ce mouvement, la piece *F*, eft ouverte autant qu'il le faut, pour aller & venir d'une certaine quantité, fans toucher à cet arbre.

La piece *K*, encore ouverte en fourchette par fon autre extrémité,

mene le rateau N, qui porte en deffous une cheville, fort près de
l'arbre p, avec lequel il tourne,
& dont les pivots font reçus dans
les deux platines. Le rateau engrene un pignon fort menu, porté par
un coq o, qui eft attaché avec une vis
fur la platine d'en-bas, & qui eft contenu par un autre coq r, attaché de
même fous la platine d'en-haut ; fon
pivot excede de deux bonnes lignes
pour porter une aiguille fort légere,
femblable par la figure, à celles des
pendules. La piece K, eft ouverte
au milieu autant qu'il le faut, pour
fe mouvoir, fans que le pignon lui
faffe obftacle.

L'aiguille eft montée fur un petit
canon de cuivre, qui entre à frottement fur le pivot du pignon, afin
qu'on ait la commodité de la placer
avant l'expérience, fur tel point qu'on
voudra du cadran : ce cadran fera
un cercle ou une platine ronde qu'on
rapportera fur la cage de la machine,
& qu'on y attachera avec des vis ;
fa divifion eft fort arbitraire ; celui
de mon pyrometre, eft divifé en
deux cents parties égales, diftinguées

par dixaines & numérotées de cinq en cinq.

L'arbre du rateau porte par en-bas un petit levier *q*, ayant à son extrémité & en deſſous, une cheville qui eſt pouſſée d'arriere en avant, par un reſſort *S*, de ſorte que le rateau tend toujours à venir ſur le devant de la cage ; mais au moyen de deux autres chevilles *t t*, qui s'élévent des deux côtés pour ſervir de *retentum* au petit levier, l'excurſion du rateau eſt limitée, & il ne déſengrene jamais : l'action du reſſort qui le pouſſe toujours de même, ſauve auſſi le jeu de l'engrenage, qui détruiroit en partie l'effet du pyrometre.

Si·l'on a bien entendu cette conſtruction, il eſt aiſé de voir que la regle *D E* venant à gliſſer ſuivant ſa longueur, & avec elle la piece *F*, le mouvement ſe communique par le pilier *I* à la piece *K*, laquelle étant conſidérée comme un levier qui a ſon centre de mouvement en *M*, doit communiquer à la cheville du rateau une vîteſſe proportionelle à la quantité, dont le grand bras ſurpaſſe en longueur le petit *M L*. On doit voir de même que la cheville placée près de l'arbre qui porte le rateau, ne peut se mouvoir avec un certain dé-gré de vîtesse, que la dent qui ter-mine le rayon ne se meuve plus vîte encore, & cela en raison de la dis-tance respective au centre de mou-vement: d'où il arrive que la regle *D E*, en faisant très-peu de chemin, en fait faire beaucoup à l'aiguille qui est le dernier mobile. Il suit de-là que si l'on joint un barreau de métal à le regle *DE*, & qu'on appuye ce barreau par l'autre bout, de maniere qu'il ne puisse pas reculer, la chaleur à laquelle on l'exposera, ne le fera point alonger de la plus petite quan-tité, qu'on ne s'en apperçoive par le mouvement de l'aiguille.

Pour joindre un barreau de métal à la regle *DE*, je le termine par une vis comme *v*; mais de crainte qu'y étant joint ainsi immédiatement, il ne la contraigne, & qu'il ne gêne son mou-vement, je mets entre les deux une double attache *V u*, composée de deux especes d'étriers, dont l'un em-brasse la regle *D* par deux petites pointes à vis, qui lui donnent la li-

berté de tourner de haut en bas; tandis qu'un femblable étrier, auquel
fe joint le barreau, embraffant la
piece *V* par des pointes verticales,
peut fe mouvoir de droite à gauche.
Il n'eft plus queftion maintenant que
d'arrêter le barreau par l'autre bout;
mais avant que d'en venir là, il faut
décrire le pied de la machine.

La cage du pyrometre eft montée fur
un vafe *A, Fig.* 4, qui a prefque 2 pouces
$\frac{1}{2}$ de hauteur, & qui s'établit fur le
bout d'une platine, dont *B C*, *Fig.* 5,
repréfentent le plan : cette piece eft
élevée de 4 lignes par un bord incliné qui l'entoure, comme on le peut
voir par la *Fig.* 6, qui en repréfente
la coupe, fuivant fa longueur; de
forte qu'il y a un vuide entre elle &
la tablette de bois *FG*, qui fait le
deffus du pied *H I*.

La platine inférieure *K* de la cage,
percée au centre, eft traverfée par
une forte vis, dont la tête fe noye
dans l'épaiffeur, pour ne pas nuire à la
regle *D E*, *Fig.* 1, qui la recouvre.
Cette vis traverfe de même le vafe *A*,
la platine longue *bc*, & la tablette *f g*,
fous laquelle eft un écrou à pans,

que l'on place & que l'on ferre par
une ouverture fuffifamment large ,
qu'on a fait au fond du pied *H I.* Sur
l'extrêmité de la platine longue vers
c , eft élevé perpendiculairement un
pilier *M* , dont le tenon formé en
vis , traverfe auffi la tablette de bois
bc , & dont l'écrou fe ferre encore par
un trou pratiqué vis-à-vis de lui , au
fond du pied. Voyez la coupe *B C,*
F G ,Fig. 6.

Les pieces de métal que j'applique
au pyrometre , & que j'ai nommées
jufqu'ici, *Barreaux* , font des cylindres
paffés à la filiere, qui ont 5 pouces
$\frac{1}{2}$ de longueur, fur 2 lignes de diametre ; ils ont par un bout, comme
je l'ai déja dit, quelques pas de vis ,
& fur l'autre on a formé un quarré
qu'on fait entrer dans un manche *L* ,
& qu'on y retient par une vis de preffion , pour les enlever quand ils font
trop chauds , & qu'on ne peut point
les manier avec les doigts nuds.

La tête du pilier *M* eft percée , &
c'eft par-là qu'on fait paffer le cylindre qu'on veut mettre en expérience,
pour le viffer aux attaches, après quoi
on l'arrête en ferrant la vis *N* , dont

le bouton eſt ſurmonté d'un quarré
ſemblable à celui du cylindre, pour
être ſaiſi par le même outil. Le cylindre ainſi placé doit être parallele à
la platine *b c* ; l'intervalle de l'un à
l'autre eſt de 2 pouces ½, & c'eſt dans
cet eſpace que la lampe eſt placée.

La lampe *O P* a la forme d'un caiſ-
ſon ; elle a 18 lignes de hauteur ſur
5 pouces & demi de longueur, en y
comprenant la queue *o* qui eſt traverſée par le pivot d'un pilier *Q*, ſur
lequel elle tourne horiſontalement ;
le tenon de ce pilier eſt une vis qui
traverſe la platine *B C*, & qui eſt ſerré
par-deſſous avec un écrou.

Le deſſus de la lampe eſt creuſé
en forme de gouttiere, comme on le
peut voir par la coupe *p p*, & ſur ſa
longueur ſont diſtribués à diſtances
égales quatre porte-meches, comme *R*,
évaſés par le haut avec une petite
portée au-deſſous ; le reſte eſt un canon de 3 lignes de longueur & d'une
ligne & demie de diametre intérieur.
En *S* eſt un bouchon à vis, qu'on ôte
pour vuider la lampe après l'expérience, & qui ſert lorſqu'il eſt en
place à la retenir dans une ſituation

qui mette les mêches allumées précifément fous le cylindre qu'on veut
chauffer. Ce bouton monte fur un
plan incliné, qui raverfe une partie
de la largeur de la platine *b c*, & qui
eft terminé par un arrêt qui empêche
le bouton de paffer outre, comme
on le peut voir en *s*.

La lampe & toutes les autres pieces
que j'ai décrites auparavant, font de
cuivre, & peuvent être façonnées
au tour & à la lime ; mais on rendra
cette machine beaucoup plus élégante en, faifant modeler avec de
la cire fur du bois, des ornements à
peu près femblables à ceux qui font
deffinés dans les figures. Quand ces
piéces feront fondues fur ces modeles,
qu'elles auront été reparées par un
Cifeleur, & mifes en couleur d'or,
elles ne feront pas beaucoup plus
cheres, que fi elles étoient en cuivre
poli, & elles feront bien moins fujettes à fe ternir & à fe rouiller.
Si l'on prend ce parti, il faudra que
la bordure de la platine *K* foit ornée
de même, & pour défendre de la
pouffiere les pieces qui font dans la
cage & le cadran, on fera bien de

couvrir le tout avec un verre femblable à ceux des montres, encadré
d'une lunette affortie au refte, & qui
foit jointe par trois ou quatre petites
vis à une virole de cuivre poli, dont
le bord inférieur foit reçu dans une
rainure circulaire creufée autour de la
platine K.

J'ai fait plus, pour conferver aux
yeux l'agrément des pieces qui font
dans la cage, & en laiffer voir le jeu,
j'ai fait la virole T T de criftal, en la
prenant fur un récipient de mefure
que j'ai fait couper, & auquel j'ai fait
par en-bas une échancrure pour donner paffage à la regle D E.

Le pied H I eft de bois, comme je
l'ai déja dit; il a 3 pouces ½ de large
fur 11 pouces ½ de longueur, avec
un tiroir fur le petit côté g I, pour
renfermer les cylindres & le manche L
qui fert à les manier quand ils font
chauds. Ce pied, s'il eft fait de bois
commun, fera orné par le Verniffeur;
mais comme ce qui peut tomber de
la lampe, ne manqueroit pas d'y
faire des taches, il vaudroit beaucoup mieux que l'Ebénifte le fît en
bois de couleur plaqué.

SUR LES EXPÉRIENCES. 139

Mes pyrometres sont assortis de cylindres, d'argent, de cuivre rouge, de laiton, de fer doux, d'acier, d'étain & de plomb : je ne fais pas la dépense d'en avoir en or, parce que quoique cet instrument soit très-joli, & très-propre à montrer que les métaux s'alongent quand on les chauffe, & qu'ils s'alongent plus les uns que les autres quand on les chauffe également & pendant un même espace de temps, je ne dissimulerai pas qu'il faut employer d'autres moyens, si l'ont veut sçavoir avec une grande précision, les rapports qu'il y a entre ces différentes quantités: & ces moyens ne sont pas de nature à etre employés devant des commençants, & dans une école publique.

Dans la lampe du pyrometre il ne faut brûler que de l'esprit-de-vin avec des meches de fil de coton fin, qu'on tiendra courtes 6 lignes au-dessous du cylindre : pour préparer la lampe on la tirera à soi en la faisant tourner un quart de tour sur son pivot; on enlevera un des porte-meches, & par le trou qu'il aura laissé vuide, on fera entrer environ plein deux cuil-

liers à bouche de bon esprit-de-vin,
on remettra le porte-meche; & l'on
allumera; après quoi on pouffera la
lampe dans la place qu'elle doit oc-
cuper. Vous pourez laiffer agir le
feu autant de temps que vous voudrez
fur les cylindres d'argent, de cuivre, de
fer & d'acier; mais celui de plomb,
& encore plutôt celui d'étain, tomberoit en fufion, fi vous ne modériez
l'action du feu en allumant moins
de meches, & en les laiffant brûler
moins de temps fous ces deux métaux.

Quand vous voudrez mettre un
des cylindres en expérience, vous
commencerez par le joindre à la regle
DE; puis vous tirerez l'autre bout qui
dépaffe la tête du pillier *M*, pour
faire venir le rateau en-devant, &
vous ferrerez la vis *N*; apès cela, vous
enleverez l'aiguille du cadran de deffus
fon pivot, pour la remettre de maniere qu'elle réponde à zéro de la
graduation; & ayant recouvert la
cage, vous poufferez les meches
allumées fous le cylindre; & fi vous
vous appercevez quel'air trop agité
jette les flammes de côté, vous lui

oppoſerez un carreau de verre, qui arrête ſes impulſions, ſans cacher la machine aux ſpectateurs.

Dans le cas où l'on ne pourroit pas ſe procurer un pyrometre tel que celui que je viens de décrire, en voici un qu'on pourra conſtruire à peu de frais, & qui n'exige pas une main ſi habile. Prenez un morceau d'ardoiſe qui ait environ un pied de longueur ſur ſix à ſept poucesde largeur, chantournez-la comme *A B C D*, *Pl.* 7, *Fig.* 1, faites-y une ouverture *a b c d* de 6 pouces de longueur ſur 2 de largeur, & uniſſez une de ſes faces d'abord avec la lime, & enſuite, en la frottant avec du ſablon & de l'eau ſur une pierre dure qui ſoit droite, ou ſur le revers d'une table de marbre, couvrez la partie *BCD* d'un demi cercle de cuivre diviſé en autant de parties qu'il vous plaira ; placez au centre, ſousun petit coq, un cylindre d'acier, d'une ligne de diametre, dont les pivots ſoient très-fins,& que celui d'en haut excede de quelques lignes, pour recevoir une aiguille très-légere. Attachez encore une autre piece de cuivre *a d A*, au bord de la quelle il y ait une petite virole garnie d'un fond. Pour loger le bout du cylindre E : limez quarrément l'autre bout de ce cylindre sur une longueur de 4 lignes, de maniere que cette partie puisse s'appliquer bien exactement sur le cylindre d'acier tournant ; & afin qu'elle puisse le faire tourner en cheminant suivant sa longueur, vous y laisserez les traits d'une lime bâtarde dans une direction qui soit à angle droit avec sa longueur ; & vous rendrez rude la surface du petit cylindre d'acier en le faisant rouler deux ou trois fois entre deux limes neuves qui ne soient pas tout à fait douces. On voit bien que mon intention est de faire tourner cette derniere piece avec l'aiguille qu'elle porte, par le seul frottement du cuivre contre l'acier, & pour rendre cet effet encore plus sûr, il faut que la partie frottante du cuivre soit poussée par un ressort F, qu'on attachera avec une vis, en retenant la queue avec une petite goupile.

Quand vous aurez ainsi préparé cet instrument, vous le monterez sur une tablette de bois, chantournée comme lui, en l'élevant fur 4 piliers de cuivre tournés de 2 pouces & ½ de longueur chacun, que vous placerez en *A*, en *B*, en *D* & vers *C*. Celui-ci fera viſſé dans le bois par en bas, & il fera arrêté en haut avec une vis qui traverfera le cuivre & l'ardoife. Les trois autres feront fixés de même par en haut ; mais ils auront à l'autre bout un tenon à vis qui traverfera la tablette, & qui fera retenu en-deſſous par un écrou tourné en bouton, deforte que toute la machine portera fur ces trois derniers pieds.

Vous ferez la lampe de ferblanc, en imitant le plus que vous pourrez la conftruction de celle que j'ai décrite ci-deſſus, & ayant foin de regler la hauteur & les porte-meches de telle forte, que les flammes puiſſent atteindre au cylindre *E*. Voyez la figure 2 qui repréfente la machine vue de profil.

On fent bien que plus cette machine fera grande, plus fes effets feront fenfibles ; mais fi l'aiguille devient lourde, alors le fimple frottement ne fuffira plus pour mener le cylindre d'acier ; il faudra y fubſtituer un pignon fort menu, & faire une denture à la partie frottante du cuivre.

A l'occasion des expériences du pyrometre, j'ai dit que le froid & le chaud causant plus de changement à la densité de certains métaux, qu'à celle des autres, on devoit s'attendre qu'un clavecin se désaccorderoit dès que la température du lieu viendroit à changer considérablement; parce qu'une partie des cordes étant de fer & l'autre de cuivre, les unes au même degré de chaleur se dilateroient plus que les autres, & se trouveroient proportionnellement moins tendues entre les chevillettes auxquelles elles font attachées; on peut prouver cela par une expérience qui ne coûtera pas beaucoup à faire.

Sur une regle de bois d'un pouce d'épaisseur & de quatorze à quinze pouces de longueur, ayant à chaque bout un chevalet, tendez deux cordes, l'une de fer, l'autre de cuivre jaune, par le moyen de deux chevilles semblables à celles d'un violon; mettez-les à l'unisson l'une de l'autre; si vous les faites passer un instant au-dessus

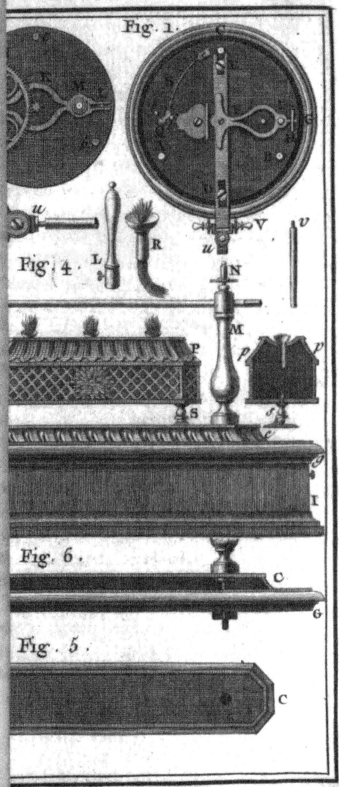

Fig. 1.

Fig. 4.

Fig. 6.

Fig. 5.

dessus d'un réchaud plein de charbon allumé, & que vous les pinciez aussi-tôt , vous remarquerez infaillible-ment qu'elles ne sont plus d'accord ; elles s'y remettront en se refroidissant, à moins qu'elles n'ayent souffert une trop grandre chaleur.

Troisieme Expérience.

Suivez exactement ce qui est mar-qué dans la *préparation* de cette expé-rience ; lisez de plus les *Avis* que j'ai ajoutés dans une note qui commence au bas de la page 376, du Tome IV des *Leçons de Physique*, à laquelle j'ajoute ici, qu'au lieu d'étalonner un seul verre pour y éprouver successi-vement la dilatabilité du mercure & celle des trois autres liqueurs, vous ferez mieux d'en préparer quatre, & de laisser dans chacun d'eux la liqueur dont il aura d'abord été rempli ; l'ex-périence alors se pourra faire aisé-ment & en peu de temps, puisqu'il ne s'agira plus que de tenir pendant un bon quart d'heure les quatre verres dans de la glace pilée, & de les plonger l'un après l'autre dans l'eau bouillante.

XIV.
LEÇON.
III. Section.
Pl. III. Fig. 9, 10, 11, 12, 13 & 14.

Tome III.   N

En parlant par occafion des thermometres comparables, j'ai infifté
davantage fur celui de Mr. de
Reaumur, parce que c'eft celui dont
on fait le plus d'ufage aujourd'hui ;
mais je me fuis contenté d'en indiquer
les principes, en renvoyant pour la
conftruction au Mémoire de l'Auteur,
qu'on trouve dans le volume de
l'Académie Royale des Sciences pour
l'année 1730 ; je renvoie encore à
la même fource le lecteur qui voudra
s'inftruire bien complétement fur ce
fujet ; il y trouvera des détails curieux
& fort inftructifs pour un homme qui
s'applique à la Phyfique expérimentale, mais que je ne puis faire entrer
ici ; je me bornerai à quelques remarques dont on pourra s'aider, fi
l'on n'eft point à portée de confulter
l'ouvrage de M. de Reaumur ; je les
offre même à ceux qui l'auront lu,
parce qu'elles contiennent quelques
changements utiles & quelques abré-
viations dans les procédés auxquels
l'expérience nous a conduits.

M. de Reaumur a choifi le degré de
froid par lequel l'eau commune commence à fe geler, comme un point fixe,

au-deſſus duquel il compte les degrés
de dilatation de la liqueur dont le
thermometre eſt rempli, & au-deſſous,
ceux de la condenſation de cette
même liqueur. Nous avons reconnu
depuis, lui & moi, qu'il étoit plus
commode & plus ſûr de prendre ce
degré dans de la glace pilée qui
commence à ſe fondre ; car quand
on fait geler l'eau dans un labora-
toire, il faut employer un froid artificiel produit par un mélange de
glace & de quelque matiere ſaline :
cette opération demande du temps &
des ſoins : le vaſe qui contient l'eau
étant ſaiſi alors par un froid plus
grand que celui de la ſimple congélation, il eſt à craindre que les couches de glace, qui ſe forment aux
parois intérieures, ne ſe reſſentent de
cet excès, & que le refroidiſſement
ne ſoit point uniforme dans toutes
les parties du bain dans lequel on
tient le thermometre plongé : on
ſait que quand l'eau eſt devenue
glace, elle eſt encore ſuſceptible
de ſe refroidir beaucoup au-delà ; &
l'expérience nous a fait connoître
que la glace pilée, qu'on tient dans

un baquet en ſuffiſante quantité, retient la liqueur du thermometre au même point, juſqu'à ce qu'il y en ait une grande quantité, comme le tiers ou même la moitié tournée en eau.

Si l'on ſe ſert de glace de neige, ou de grêle ramaſſée dans un jardin ou dans la rue, pendant qu'il gele fortement, il faut lui donner le temps de perdre ſon excès de froid, & de revenir au degré de la ſimple congélation ; ce qui ſera fort prompt dans un lieu où il ne gele pas, & ce qu'on appercevra aiſément par un commencement de liquéfaction.

Si l'on fait un vaiſſeau exprès pour tenir des thermometres à la glace, il eſt à propos qu'il y ait près du fond un robinet, ou quelque choſe d'équivalent pour faire écouler l'eau, quand on s'apperçoit qu'elle devient trop abondante.

Quand on met un thermometre à la glace pour y marquer le terme que M de Reaumur appelle *la congélation de l'eau*, il faut lier ſur le tube un fil très-fin que l'on fait gliſſer à l'endroit où ſe fixe la liqueur, & qu'on y arrête un quart-d'heure après &, avant de l'ôter de la glace, en paſſant deſſus, un peu de colle de poiſſon ou de vernis, avec un petit pinceau.

Dans le Mémoire cité ci-deſſus, M. de Reaumur a expliqué comment, en ſuivant ſes principes, on peut conſtruire des thermometres compa-rables avec toute autre liqueur que celle qu'il a employée, pourvu qu'on ait ſoin de déterminer & de faire con-noître ſon degré de dilatibilité ; ceux qui en voudront faire avec du mercure ou de l'huile de lin, pour les plonger dans des matieres plus chaudes que l'eau bouillante, trouveront dans cet ouvrage les inſtructions néceſſaires ſur cet article : je ne parlerai ici que de l'eſprit-de-vin teint en rouge, qui eſt la liqueur ordinaire de ces ther-mometres.

On peut y employer l'eſprit-de-vin le plus rectifié ; mais comme il ne s'en trouve point partout, il vaut mieux ſe ſervir de celui qui eſt plus commun. En ſuivant M. de Reaumur, nous affoibliſſons encore celui-ci avec un quart d'eau, c'eſt-à-dire, que nous mêlons une partie d'eau bien

N iij

pure avec trois parties d'esprit-de-vin, tel qu'il se trouve communément chez les Droguistes; cette liqueur fait un peu moins de chemin dans le tube du thermometre, que n'en feroit de l'esprit-de-vin plus pur; mais elle a sur lui un avantage considérable, c'est qu'elle souffre un plus grand degré de chaleur avant de bouillir, ce qui fait qu'on risque moins de casser le thermometre en le plongeant dans l'eau bouillante, ou prête à bouillir.

Après avoir mêlé ensemble l'esprit de vin & l'eau, il faut y ajouter peu-à-peu de l'orseille, jusqu'à ce que la liqueur paroisse suffisamment teinte, & la laisser reposer pendant vingt-quatre heures pour la tirer au clair, soit avec un siphon, soit en inclinant le vaisseau doucement. Pour teindre la liqueur des thermometres, l'orseille vaut mieux que le bois de Brésil, qui donne une teinture grasse, & qui s'attache aux parois intérieures du tube : elle a pourtant un défaut, sa couleur disparoît au bout d'un certain temps; mais on la rétablit dans une minute, en descellant le tube &

en donnant de l'air à la liqueur.

Quand on a composé & teint la liqueur destinée à la construction des thermometres, il faut éprouver son degré de dilatabilité; il faut qu'en s'échauffant depuis le froid de la glace, jusqu'au degré de chaleur qui fait bouillir l'eau commune, son volume augmente de $\frac{80}{1000}$, & je dis qu'il faut s'en assûrer par une épreuve; car, comme tous les esprits-de-vin ne sont pas de la même force, un quart d'eau qu'on y mêle, peut être trop ou trop peu, pour donner justement ce degré de dilatibilité à la liqueur.

On choisira donc un matras dont la boule soit grosse comme une orange, le col gros comme le petit doigt extérieurement, & long d'environ 15 pouces, *Fig.* 2. On y fera entrer 400 mesures connues de la liqueur qu'on veut éprouver, & ces mesures seront de telle grandeur, que la derniere n'arrive qu'à un pouce ou deux au-dessus de la naissance du col. Voilà sans doute le plus difficile de l'opération; mais avec un peu de patience & d'attention on en viendra à bout, en s'y prenant comme je vais le dire.

Il faut faire fouffler, ou fouffler foi-même à la lampe d'Emailleur, une cinquantaine de ces petits chalumeaux capillaires & renflés du milieu, (*A, Fig* 3) dont j'ai déja parlé en plufieurs endroits & fpécialement dans la premiere partie de cet ouvrage, *Tome* I, *page* 214. Il faut en avoir de différentes grandeurs, depuis celle d'un petit œuf de poule, jufqu'à celle d'une petite aveline ou d'une olive, & que les tubes de part & d'autre foient affez longs pour qu'on en puiffe retrancher une grande partie, fans préjudice à la commodité de l'inftrument ; on en prendra un des plus petits, on l'emplira de mercure en fuçant par un bout avec la bouche, & on le vuidera 10 ou 20 ou 30 fois dans un verre à boire *B*, dont le fond foit fort étroit ; apès quoi l'on en cherchera un autre dans les plus gros, qui puiffe fe remplir exactement avec ces 10 ou 20 ou 30 mefures : & s'il fe trouvoit feulement un peu trop petit pour contenir le tout, on dimi-

nuera un peu la capacité du petit,
en retranchant une partie de son
tube, & l'on recommencera la premiere opération; il eſt aiſé de voir
que par ce moyen, on parviendra à
ſe procurer des meſures, qui ſeront
des unités, des dixaines, des ving-
taines, des trentaines, &c.

A l'aide de ces inſtruments, on
fera couler 400 meſures de liqueur
dans le matras, & ſi cette quantité
le rempliſſoit ou beaucoup plus ou
beaucoup moins que je ne l'ai preſcrit ci-deſſus, on en choiſira un autre
d'une capacité plus convenable, on
en trouve à choiſir chez les marchands de Verreries. Vous mettrez le
matras C, _Fig._ 4 avec la liqueur qu'il
contient dans un ſeau rempli de glace
pilée; & quand la liqueur ſera condenſée autant qu'elle peut l'être par
ce degré de froid, vous marquerez
avec un fil menu _d_, lié & collé
autour du col du matras, l'endroit
préciſément où elle s'eſt fixée,& pour
en être plus ſûr, vous la laiſſerez une
bonne demi-heure dans cet état.

Le matras étant tiré de la glace,
vous le plongerez dans une grande

caffetiere de ferblanc *E*, *fig.*3 ou dans quelqu'autre vafe équivalent, rempli d'eau, pofé fur un réchaud plein de charbons allumés, jufqu'à ce que l'eau foit fort chaude, mais non pas bouillante; alors vous ôterez le matras, vous lierez un fil menu *e* vers le haut du col, &vous le plongerez de temps en temps dans l'eau, à mefure qu'elle continuera de s'échauffer. Lorfqu'elle bouillira tout-à-fait, vous ferez encore plufieurs immerfions de peu de durée, pour éviter que la liqueur venant à bouillir brufquement elle-même, ne s'élance au-dehors; enfin, quand elle aura monté vers le haut du tube, & qu'après quelques petits bouillonnements, elle fera retombée, vous ferez glifler le fil à l'endroit où elle fe fera arrêtée, & vous éprouverez encore fi, après quelques immerfions promptes dans l'eau bouillante, elle retombe toujours au même endroit, après quoi vous fixerez le fil en le collant avec un peu de vernis. Il faut favoir que le degré de chaleur qui fait bouillir l'eau eft plus ou moins grand, felon que la furface eft plus ou moins preffée par le poids de l'air de l'athmofphere; ainfi pour faire cette opération avec exactitude, il faut choifir un temps & un lieu où le barometre foit, par exemple, à 28 pouces.

Ayant donc ainfi pris le terme de l'eau bouillante, vous laifferez refroidir le matras & ce qu'il contient, & vous le remettrez dans la glace, autant de temps qu'il faudra pour que la liqueur defcende jufqu'au fil d'en bas; alors vous y-ferez couler 32 mefures de mercure, qui, tombant dans la boule, feront monter dans le col 32 mefures de liqueur colorée, qu'elles auront déplacées; & fi cette quantité de liqueur ainfi foulevée monte juftement au fil d'en-haut, vous ferez fûr que l'efprit-de-vin ainfi préparé, a le degré de dilatibilité que vous cherchez, c'eft-à-dire, que depuis le froid de la glace jufqu'au degré de chaleur qui fait bouillir l'eau, il fe dilate de 80 milliemes; car fi fur 400 mefures il y a une dilatation de 32, fur 1000 mefures qui contiennent deux fois & demi le nombre de 400, il y aura par le même degré de chaleur, une dilatation qui égalera deux fois & demi 32, ce qui fera 80. Au cas que les 32 mesures de mercure ne fissent pas monter la liqueur jusqu'au fil d'en-haut, il faudra augmenter la dilatabilité de la liqueur composée, en y mettant un peu d'esprit-de-vin pur, ou faire le contraire avec de l'eau, si la liqueur montoit plus haut que ce même fil; de sorte qu'après quelques épreuves conduites comme je viens de le dire, on auroit un esprit-de-vin affoibli, & propre aux thermometres de M. de Reaumur. Le Physicien qui prévoira devoir construire de ces instruments dans la suite du temps, fera bien de préparer tout d'un coup une certaine quantité de cette liqueur, qu'il aura soin de tenir dans des bouteilles bien bouchées.

Les petits thermometres, ceux dont la boule est grosse comme une cerise, avec un tube qui a une demi-ligne de diametre intérieurement sur dix à douze pouces de longeur, ces thermometres, dis-je, sont préférables aux grands; 1°, parce qu'ayant une moindre masse de liqueur à échauffer ou à refroidir, ils prennent plus promptement, & indiquent plus sûrement la température actuelle du

lieu où on les a placés, ou de la matiere dans laquelle on les a plongés ;
2°. parce qu'ils font plus portatifs,
plus maniables, & qu'ils entrent plus
facilement dans la plupart des endroits où l'on veut les placer ; 3°. parce
qu'ils se font avec moins de dépense ;
mais on ne peut guere compter sur
leur exactitude, que l'on n'ait com-
mencé par en faire de très-grands :
la quantité de liqueur contenue dans
le tube, d'une division à l'autre de
l'échelle, doit être la millieme partie
de la masse totale, & c'est par une
mesure qu'il faut s'en assûrer ; si une
telle portion de la liqueur est extrêmement petite, il ne sera pas possible de
la saisir exactement, ni de la rendre
sans déchet sensible. Voilà pourquoi
la boule aux premiers thermometres
de M. de Reaumur avoit trois à quatre
pouces de diametre, le tube quatre
à cinq pieds de hauteur, avec un
diametre de trois à quatre lignes
intérieurement, afin qu'on pût saisir les milliemes de la liqueur, avec
un de ces petits chalumeaux de verre
dont j'ai parlé plus haut. Choisissez
donc à la Verrerie, si vous en avez la
commodité, trois ou quatre tubes de

la groffeur à-peu-près & de la longueur dont je viens de faire mention ;
faites fouffler au bout de chacun
d'eux, une boule d'environ trois pou-
ces $\frac{1}{2}$ de diametre : ou bien, fi vous ne
pouvez mieux faire, un Emailleur
vous foudera des tubes à des boules
de matras, que vous aurez choifis
dans le magafin d'un Fayancier. En
procédant comme je l'ai enfeigné ci-
deffus, au fujet du matras propre à
éprouver le degré de dilatabilité de
la liqueur à thermometre, vous mettrez dans chacun de vos verres 1000
mefures d'eau commune, qui rempliffent la boule & environ le quart
ou le tiers du tube. Si vous avez la
patience d'approprier vos mefures
de telle forte, que la millieme arrive
juftement à cette hauteur dans le
tube, ce fera le mieux; mais quand
les 1000 mefures d'eau fuffiroient à
peine pour emplir la boule, ou qu'elle
ne la rempliroient pas même tout
à fait, vous pourez aifément remédier
à ce défaut, & faire monter l'eau à tel
endroit qu'il vous plaira dans le tube,
en diminuant la capacité de la boule

avec des petits tronçons de verre ou d'émail, solides, & non creux, que vous y ferez entrer par le tube : tous les Emailleurs ont du verre & des émaux tirés en baguettes, qui se coupent à telle longueur que l'on veut, quand on les a marquées avec le tranchant d'une lime douce, ou avec celui d'une pierre à fusil.

Je suppose donc que les 1000 mesures d'eau se terminent au quart ou au tiers de la hauteur du tube, vous ferez en cet endroit un fil menu que vous arrêterez avec un peu de vernis ; ensuite vous ôterez du tube 25 mesures de l'eau qu'il contient, & vous attacherez le verre sur une planche couverte d'un papier blanc, & ouverte en bas par un trou rond dans lequel la moitié de la boule puisse se loger, *Fig.* 4.

Le verre ainsi préparé sera placé debout & d'une manière solide, dans un lieu dont la température ne soit point sujette à changer beaucoup pendant l'opération qui va suivre. Vous ferez un trait sur la planche vis-à-vis le niveau de l'eau ; ensuite vous prendrez la mesure qui contient un millieme, vous la remplirez de mercure que vous ferez couler dans la boule ; l'eau montera d'autant dans le tube, & vis-à-vis de fa furface vous marquerez un fecond trait ; vous continuerez ainfi toutes les divifions de l'échelle jufqu'en haut ; vous les diftinguerez de 10 en 10, & même de 5 en 5, par des lignes un peu plus longues.

Cette divifion étant achevée, vous ôterez le verre de deffus fa planche pour le vuider, le bien égoutter & le remplir avec la liqueur qui a été préparée & éprouvée, de forte qu'il y en ait dans le tube jufqu'environ un pouce au-deffus du fil marqué *o*; après quoi, vous plongerez la boule & une partie du tube dans un feau un peu profond & rempli de glace pilée, comme *F*; la liqueur alors condenfée par le froid, defcendra dans le tube, & quand elle fera fixée, fi elle fe trouve au-deffus du fil, il faudra ôter l'excédent avec un tube capilaire en fuçant ou en y plongeant à plufieurs reprifes une petite lame de plomb fufpendue au bout d'un fil de foie; fi au contraire elle fe trouve au-deffous

fous du fil, il faudra en ajouter ce qui fera néceffaire pour la mettre de niveau à cette marque.

Il eft à propos que la liqueur de ces gros thermometres foit purgée d'une partie de l'air qu'elle contient ou qui pourroit s'être attaché aux parois intérieures du verre, & aux morceaux d'émail, s'il en eft entré dans la boule; pour cet effet on chauffera l'inftrument dans un bain d'eau chaude, jufqu'à ce que la liqueur foit montée prefque jufqu'au haut du tube, que l'on bouchera alors avec une boulette de cire molle; fi l'on couche enfuite le thermometre fur une table, de maniere que le bout du tube foit feulement de quelques pouces plus haut que la boule, il fe dégagera de la liqueur des bulles d'air que l'on fera fortir en remettant l'inftrument dans une fituation verticale, & en débouchant le haut du tube; en répétant trois ou quatre fois cette petite manœuvre, on purgera fuffifamment la liqueur de l'air qui pourroit être nuifible : mais il arrive prefque toujours que cette opération diminue d'un demi degré ou

Tome III.   O

environ le volume de la liqueur ; il
est à propos de remettre le thermo-
mettre à la glace, pour s'assurer de
ce qui lui manque, & remettre la
liqueur au niveau du fil qui marque
le terme de la congélation. On peut
alors sceller le thermometre par en
haut. Vous commencerez par amollir
au feu de lampe le bout du tube,
pour le tirer en capillaire, que vous
ne scellerez pas encore ; vous chaufferez la boule dans dans un bain
d'eau chaude, pour faire monter la
liqueur à cinq ou six pouces près du
bout ; c'est dans ce moment-là qu'il
faut chauffer le bout du tube pour
le sceller à demeure, & laisser refroidir l'instrument pour empêcher qu'il
ne se dégage de nouvel air.

Avant d'attacher le thermometre
sur sa planche, il seroit bon de l'é-
prouver à l'eau bouillante : si l'on en
a construit trois ou quatre, il est à
présumer qu'il s'en trouvera quelqu'un dont le tube, plus large que
les autres, relativement à la capacité
de sa boule, aura un plus grand
nombre de degrés, tant au-dessous
qu'au-dessus du terme de la congéla-

tion; fi ces derniers vont jufqu'à 80
ou un peu au-delà, il faudra chauffer
la boule dans de l'eau qu'on fera
bouillir, & prenant les précautions
que j'ai preſcrites, pour l'épreuve de
la liqueur dans le matras: fi là liqueur, ayant reçu dans l'eau bouillante toute la chaleur que celle-ci
peut lui donner, reſte au-deſſous du
chiffre 80, ou s'éleve au-deſſus, c'eſt
une marque qu'il y a erreur dans la
graduation, & il faudra la recommencer; fi au contraire la liqueur s'arrête juſtement à ce terme, on ſera
ſûr d'avoir un thermometre bien gradué, & auquel on pourra avoir recours pour en régler d'autres.

M. de Reaumur, pour ne point
laiſſer oublier les principes qu'il avoit
ſuivis dans la conſtruction de ſes
thermometres, vouloit qu'on écrivît
dans le haut de la planche, le degré
de dilatibilité de la liqueur contenue
dans le verre; & qu'on avertît que
chaque portion de tube, répondant
à un degré de l'échelle, renfermoit
un millieme du volume total de la
liqueur condenſée par le degré de
froid qui commence à faire geler

l'eau commune, ou qui fuffit à peine pour la contenir dans l'état de glace.

Il faifoit écrire, *terme de la glace*, ou *congélation de l'eau*, à l'endroit où répondoit le fil attaché fur le tube, pour marquer où la liqueur s'étoit fixée, quand on avoit tenu le thermo-metre à la glace.

Au-deffus de ce terme, il comptoit en montant à droite, les degrés de dilatation ou de chaleur avec des chiffres de 5 en 5 jufqu'à 80, & au-deffous du même terme & du même côté, les degrés de condenfation ou de froid, marqués de même jufqu'à 25 ou 30.

A gauche il marquoit auffi de 5 en 5 de combien le volume de la liqueur, en partant du terme de la glace, étoit augmenté par la dilatation, ou diminué par fa condenfa-tion ; ainfi vis-à-vis le chiffre 5 en montant, il écrivoit 1005, & vis-à-vis le pareil chiffre en defcendant, il marquoit 995, &c. pour faire entendre qu'au premier de ces deux termes le volume de la liqueur étoit augmenté de $\frac{5}{1000}$ par la raréfaction, & qu'au deuxieme il étoit diminué d'autant par la condenfation.

Outre cela son intention étoit qu'on marquât la température des souterrains profonds, qu'il rapportoit à 10 ½ au-dessus du terme de la glace, celui de la chaleur animale qu'il avoit estimé 32 ½ d'après ses propres observations ; enfin en tenant son thermometre dans un froid artificiel, avec un ancien thermometre de M. de la Hyre, où est marqué le froid de 1709, il avoit trouvé qu'il falloit le rapporter au quinzieme du sien, au-dessous du terme de la congélation. M. de Reaumur a continué d'enrichir la planche de son thermometre, de pareilles observations sur le froid & sur le chaud ; on y voit qu'en 1740 le plus grand froid de l'hyver à Paris a fait descendre la liqueur à 10 degrés ½, celui de 1742 à 13 degrés ½, on voit aussi que la plus grande chaleur des années 1706, 1724, 1738 a été de 29 degrés ½, &c. Voyez la *figure* 5, qui représente un de ces grands thermometres achevé.

Avec un thermometre construit comme je viens de l'enseigner, on pourra s'en procurer fort aisément de bien plus petits, & qui feront auffi jufles, en fuivant les procédés que je vais expofer.

. Choififfez, ou dans une Verrerie, ou chez un Emailleur, le nombre qu'il vous plaira de tubes de verre blanc, qui ayent chacun douze à quatorze pouces de longueur, qui foient bien cylindriques, & dont le diametre intérieur ait une demi ligne ou deux tiers de ligne ; faites-y fouf-fler des boules, ou foufflez-les vous-même fi vous favez travailler à la lampe. Comme les tubes feront in-failliblement un peu plus étroits les uns que les autres, il faudra de même que les boules foient inégalement groffes. Vous leur donnerez depuis 7 jufqu'à 9 lignes de diametre ; & s'il s'en trouve quelques-unes un peu plus groffes, il ne les faut rebuter qu'après les avoir toutes éprouvées de la maniere fuivante.

Vous commencerez par remplir tous vos verres avec la même liqueur qui a été préparée pour les grands thermometres ; cette opération fe fait ainfi : on met une certaine quan-tité de cette liqueur dans un gobelet, on chauffe légérement la boule du verre, & on plonge un inftant le bout du tube dans la liqueur, afin que la preffion de l'air y en faffe entrer la longueur de deux pouces ou envi- ron, qu'on chaffe jufque dans la boule en foufflant avec la bouche. Tous les verres étant ainfi chargés de quelques gouttes de liqueur, on les reprend les uns après les autres, & l'on chauffe la boule en la tournant au-deffus d'un réchaud plein de charbons bien allu- més, jufqu'à ce que la liqueur, con- vertie en vapeur dilatée, ait rendu le tube fort chaud, alors on en plonge le bout dans le gobelet, & dans l'inftant le verre fe remplit.

Il refte ordinairement dans la boule, quelques bulles d'air qu'il en faut faire fortir ; on en vient bien-tôt à bout en prenant le tube d'une main par le bout, & en le faifant tourner rapidement trois ou quatre tours au bout du bras étendu, de maniere que la boule fe trouve dans la cir- conférence d'un grand cercle, *Fig.* 6 ; car alors la force centrifuge fait avan- cer la liqueur qui eft dans le tube vers la boule, & oblige le peu d'air

qui fe trouve devant elle à lui céder
fa place ; vous emplirez ainfi tous
vos verres, de forte que la liqueur
occupe toute la boule, & environ
la moitié du tube, fur lequel vous
lierez deux fils très-menus,qui puiffent
gliffer fuivant fa longueur.

Vous placerez les verres debout
dans de la glace pilée avec un de vos
grands thermometres, *Fig.* 3, fur le
tube duquel vous aurez marqué les
degrés de l'échelle de 10 en 10, ou
de 5 en 5, avec autant de fils cirés,
& vous attendrez que la liqueur de
celui-ci foit fixée vis-à-vis le fil qui
marque le terme de la congélation;
alors, avec un chalumeau capillaire,
vous ôterez ou vous ajouterez de la
liqueur dans tous vos verres, jufqu'à
ce qu'il y en ait jufqu'au tiers de la
hauteur du tube , & vous arrêterez
en cet endroit, l'un des fils qui gliffent
deffus.

Cela étant fait, vous tranfporte-
rez & le gros thermometre & les
petits verres dans un bain d'eau, que
vous échaufferez ou réfroidirez en
y mêlant de l'eau plus chaude ou plus
froide, jufqu'à ce que la liqueur du
grand

grand thermometre soit bien fixée à dix degrés au-deſſus du fil de la congélation : alors vous amenerez le ſecond fil au niveau de la liqueur des petits verres & vous l'y arrêterez. Si vous voyez que l'eſpace compris entre les deux fils, puiſſe ſe trouver deux ou trois fois au-deſſous du premier, & ſept à huit fois au-deſſus, vous continuerez de marquer ainſi les dixaines avec des fils bien arrêtés ſur les tubes, en échauffant le bain de plus en plus juſqu'à quarante ou cinquante, ayant attention à chaque terme, d'entretenir le même dégré de chaleur dans le bain pendant un bon quart d'heure ou même plus, avant de fixer les fils.

Vous prendrez de même la premiere dixaine au-deſſous du terme de la congélation, par un mélange de glace pilée & de ſel marin, dans lequel vous tranſporterez le grand & les petits thermometres enſemble : cette derniere opération demande plus d'adreſſe & d'attention que la précédente ; trois parties de glace pilée avec une de ſel de cuiſine, produiront un refroidiſſement qui, avec

un peu de temps & en renouvellant
deux fois le mêlange, fera descendre
la liqueur du grand thermometre de
quinze degrés au-dessous du terme
de la congélation ; attendez quelle y
soit, & entretenez-là un bon quart
d'heure à ce terme ; marquez alors
avec un fil sur chacun des petits thermometres l'endroit où se termine la
liqueur ; l'espace compris entre ce fil
& celui qui marque le froid de la
glace sans mêlange , étant partagé
en trois parties égales , les deux premieres en descendant vous donneront la dixaine que vous cherchez.

Il faut que le mêlange de glace &
de sel soit proportionné par la quantité , à la grandeur & au nombre des
verres qu'on y plonge , afin qu'il
puisse leur communiquer complète-
ment le degré de refroidissement
dont-il est capable , & c'est pour en
être plus sûr que je conseille de le renouveller ; il faut aussi remuer avec
une cuillier à bouche ou quelque autre instrument la superficie du mêlange , qui , sans cela , se durciroit ,
& mettroit les verres en risque d'être
cassés.

Quand vous aurez pris ainſi les termes de froid & de chaud de 10 en 10 avec des fils bien fins & collés ſur les tubes, vous appliquerez chaque thermometre, ſur la planche qui doit porter l'échelle de diviſion, & vous y tracerez les dixaines par autant de traits qui répondent à ces fils, après quoi vous diviſerez tous ces eſpaces en dix parties égales, & vous mettrez des chiffres de 5 en 5, comme je l'ai dit pour le grand thermometre : ſi les tubes ſont à-peu-près cylindriques, comme je l'ai recommandé d'abord, la marche de ces petits thermometres ſera ſenſiblement conforme à celle des grands ; & l'on pourra, ſans craindre aucune erreur de conſéquence, prolonger de quelques dixaines la diviſion d'en-bas , en les faiſant égales à celle qu'on s'eſt procurée par le moyen du refroidiſſement artificiel.

Si l'on fait enſemble un certain nombre de ces petits thermometres, de la maniere que je viens de le dire, les uns aůront immanquablement les dégrés plus grands ou plus petits que les autres, parce qu'il n'eſt guere

P ij

poffible qu'il y ait dans tous un même rapport de capacité entre la boule & le tube. Cela n'empêchera pas qu'ils n'aient tous la même marche ; mais d'un côté, il faut que chaque degré ait une certaine étendue, afin qu'on puiffe tenir compte, au moins par eftimation, d'un $\frac{1}{2}$ d'un $\frac{1}{3}$ d'un $\frac{1}{4}$. D'un autre côté fi les dégrés font grands, il y en aura moins fur l'échelle, & le thermometre alors pourroit bien n'avoir pas affez d'étendue, pour mefurer en certains cas les dégrés de froid & de chaud auxquels on auroit affaire ; c'eft pourquoi quand vous aurez marqué les dixaines avec des fils, comme je l'ai enfeigné ci-deffus, vous mettrez à part pour les ufages communs, ceux qui, avec dix à douze pouces de longueur, fe trouveront avoir quatre à cinq dixaines au-deffus & deux ou trois au-deffous du terme de la congélation ; les dégrés auront chacun une ligne d'étendue pour le moins, & cela eft fuffifant, pour fuivre les variations de la température de l'air libre, d'un appartement, d'une ferre, &c. vous en réferverez quelques-uns de ceux

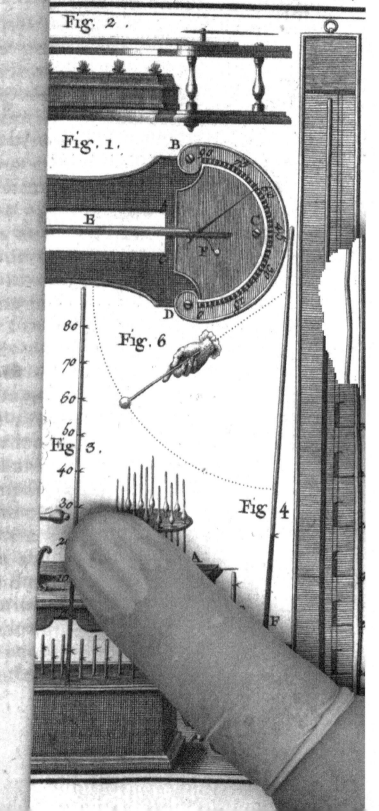

Fig. 2 .

Fig . 1 .

Fig . 6

Fig 3 .

Fig 4

qui auront un peu plus que huit dixaines par en-haut, pour certaines expériences, où il s'agira de connoître
des dégrés de chaleur qui approchent de celle de l'eau bouillante ;
& vous rebuterez les autres, dont
vous casserez les boules pour vuider
la liqueur, & en souffler d'autres un
peu plus petites ou un peu plus grandes au bout des mêmes tubes ; c'est
pour cela que je donne d'abord à
ceux-ci douze à quatorze pouces de
longueur.

Tous ces thermometres étant ré-
glés & finis quant à la graduation,
vous approprierez leur monture à
l'usage que vous en voudrez faire.
Le plus commun de tous, c'est celui
par lequel on observe les variations
qui arrivent d'un jour à l'autre à la
température de l'air extérieur : il faut
pour cela que le thermometre soit ex-
posé en dehors des appartements, il
faut aussi qu'il puisse souffrir les injures du temps : les ornements y sont
inutiles, mais il est nécessaire que la
graduation & les chiffres puissent tenir pendant un long espace de temps
contre la pluie & les autres influen-

ces de l'air. Vous attacherez donc l'instrument sur une petite planche *A*, *Pl. VIII. Fig.* 1. de $\frac{1}{2}$ pouce d'épaisseur avec une petite moulure tout autour, si vous le voulez; vous ferez dans le bas, un creux hémisphérique pour loger la moitié de la boule, & vous la couvrirez d'un papier blanc bien collé. Vous vous servirez pour cela de colle de farine nouvellement faite, bien blanche & bien nette, & quand ce papier sera appliqué ainsi sur le bois, vous l'encolerez par-dessus; c'est-à-dire, que vous y passerez une couche de la même colle que vous laisserez bien sécher, avant d'y tracer la graduation & les remarques propres aux différents termes: vous finirez par y mettre trois ou quatre couches de verni blanc & bien transparent, qui empêcheront l'eau & le broüillard de détremper le papier; voyez l'emploi du vernis, *Tome I. page* 498. Ce n'est point assez de mettre du vernis sur le papier, on doit encore couvrir d'une peinture détrempée à l'huile ou au vernis, les bords & le derriere de la planche, afin que l'humidité ne pénetre point dans le bois.

Il faut de plus sur la planche, & à côté du tube, un petit index qui glisse sur un fil de laiton, & qui fasse ressort dessus pour s'arrêter où l'on veut ; les Emailleurs préparent pour cela des petites mains d'émail dont le doigt *index* s'alonge vers le tube ; au défaut de cela, on peut découper une petite piece de laiton fort mince comme *B*, un peu repliée des deux bouts avec deux trous par lesquels on fait passer le fil de métal qui est tendu d'un bout à l'autre de la planche, & arrêté par l'autre côté. Cette planche doit aussi avoir par en-haut un anneau pour l'accrocher, & en bas par derriere, un petit tasseau qui empêche la boule de toucher la muraille, supposé, qu'elle excede l'épaisseur du bois.

Les thermometres qui sont destinés à être plongés dans le bain, ou dans des liqueurs dont on a intérêt de connoître le dégré de chaud ou de froid, peuvent être attachés sur une petite planche très-mince & très-légere, qui soit brisée comme *C*, avec une charniere, vis-à-vis le terme de la congélation ou ailleurs ; par

ce moyen, la partie inférieure fe
releve & s'applique contre la partie
d'en-haut où elle s'arrête avec un
petit crochet ; la boule alors & une
partie du tube reftent ifolés, & peuvent fe plonger fans que la graduation courre rifque d'être gâtée ; les
thermometres qui font ainfi montés,
fe rangent dans une boîte longue,
dont le fond eft percé pour laiffer
paffer le piton, qui reçoit le crochet
dont je viens de parler, & il y en a
un femblable fous le fond de la boîte, qui le reçoit de même & qui empêche, que le thermometre, ne remue dans fa boîte.

D'autres renferment ces thermometres, avec la planche qui eft fort
étroite, dans des tubes de verre fcellés par les deux bouts, ou fermés par
en-haut avec un couvercle de métal
maftiqué, comme D. Il faut un peu
plus de temps pour connoître avec
ces derniers inftruments, le jufte dégré de froid ou de chaud des matieres dans lefquelles on les plonge,
& par cette raifon, il y a des cas où
ils feroient d'un mauvais fervice.

Quand il ne s'agit que de rendre

le thermometre portatif, & qu'on ne prévoit point devoir le plong.. dans des liqueurs & autres matieres , on peut le renfermer dans un étui compofé de deux pieces qui font jointes par deux charnieres , & qui ont par en-bas chacune un renflement dans lequel on creufe de quoi loger la moitié de la boule avec une rainure fur toute la longueur, pour recevoir la moitié de l'épaiffeur du tube *E* , *Fig.* 2.

On peut faire les charnieres de cet étui d'une maniere très-fimple , & fuffifamment folide, avec un fil de laiton tourné en tire-bourre par le milieu, & un autre fil paffé dedans, & plié d'équerre par les deux bouts comme *F* ou *f*; les deux bouts *d d* , limés en pointe traverfent l'un des bords de la piece *G*, les deux autres *i i* , traverfent de même la piece *H*, & tous les quatre fe rabattent par derriere, de maniere que leurs pointes pliées en crochets, font pouffées dans le bois à petits coups de marteau ; & de cet affemblage il réfulte l'étui *E* , qui s'ouvre & fe ferme quand on veut avec deux petits crochets, & au moyen duquel on peut porter le thermometre sans aucun risque.

Comme cet étui n'a guere qu'un pouce $\frac{1}{2}$ de largeur, on couvre de papier blanc, collé comme je l'ai dit ci-deffus, les faces intérieures des deux pieces qui le compofent ; fur celle qui porte le thermometre, on fe contente de tracer la graduation avec les chiffres, & l'on écrit fur l'autre, les principes de la conftruction, & les remarques qui appartiennent aux différents termes. On peut fe difpenfer d'en vernir le papier, & par conféquent de l'encoller pardeffus ; mais quand on l'expofera à l'air libre, il faudra prendre garde qu'il ne foit mouillé ; il fuffira qu'il y foit expofé un quart-d'heure, pour indiquer le dégré actuel de froid ou de chaud.

Quoique ce dernier thermometre ne foit pas monté pour être plongé dans des liqueurs, on peut aifément lui procurer cette propriété ; au lieu de l'attacher fur fa planche avec des fils de laiton, comme les autres, on peut l'y retenir avec deux petits tourni-

quets de cuivre au moyen de quoi,
il s'enlévera très-aifément ; & l'on
fuivra le mouvement de la liqueur,
quand on la verra monter ou defcendre, avec un fil qu'on fera gliffer fur
le tube, ou avec un petit tronçon
de plume à écrire enfilé fur le tube,
fendu pour faire reffort, & taillé en
pointe par un bout, pour marquer
exactement où s'arrête la liqueur du
thermometre.

Il eft prefqu'inutile de dire, qu'il
faut attacher en-haut de l'étui, un
petit bout de fil de métal tourné en
boucle pour recevoir un ruban, qui
ferve à fufpendre l'inftrument : mais
fi l'on veut qu'il fe tienne droit &
fans pencher, ce n'eft point au milieu de l'une des deux pieces de l'é-
tui, qu'il faut placer cette fufpenfion, c'eft en *E*, c'eft-à-dire fur la
piece qui porte le thermometre, &
vers les trois quarts de fa largeur.

Cet étui eft fufceptible d'ornements, on peut le faire paffer par les
mains du Verniffeur, qui l'enjolivera
de différentes couleurs, & de deffeins
en or ou en argent, le tout avec peu
de dépenfe.

Comme les petits thermometres ,
& fur-tout celui dont je viens de parler en dernier lieu, font faits pour être
tranfportés au loin & fujets à fouffrir
les fecouffes des voitures , il arrivera
fouvent , que la liqueur fera parta-
gée en plufieurs parties dans le tube ; pour la réunir vers la boule , il
faudra emplóyer le moyen que j'ai
indiqué ci-deffus *page 167*, en parlant
de la maniere dont il faut s'y prendre pour emplir les verres.

On ne peut plonger les thermometres à efprit-de-vin dans des matieres fort chaudes , qu'avec beaucoup de précaution , & toujours au
rifque de les caffer ; ceux de mercure
réfiftent mieux à de pareilles épreuves & ils ont encore l'avantage de
prendre plus promptement le dégré
de chaud ou de froid qu'ils doivent
indiquer, avantage précieux dans bien
des occafions : on fera bien de s'en
procurer de cette efpece, en les gra-
duant fur un bon étalon, comme je
l'ai enfeigné ci-deffus ; mais je dois
avertir, que fi l'on ne fuit pas l'étalon
de dix en dix dégrés jufqu'à foixante-
quinze ou quatre-vingtce qui eft affez

difficile , on doit s'attendre que le
mercure dans les matieres fort chaudes , devancera l'esprit-de-vin de
plusieurs dégrés ; de sorte qu'en s'ac-
cordant bien avec les petits thermometres à esprit-de-vin jusqu'au quarante ou quarante-cinquieme dégrés,
l'eau bouillante le fera monter à quatre-vingt-cinq ou quatre-vingt-six ,
au lieu de quatre-vingt.

Comme le mercure se dilate & se
condense bien moins que l'esprit-de-
vin employé par M. de Reaumur ; on
n'en peut avoir les dégrés un peu
grands qu'en faisant la boule plus
grosse ou le tube plus étroit; mais une
grosse boule remplie de mercure devient fort lourde, & rend l'instrument
trop casuel ; il est plus à propos de
retrécir le tube , & communément on
le prend très-capillaire : ce qui rend
le verre du thermometre plus difficile
à remplir , comme il faut qu'il le
soit : car il ne faut pas qu'il y reste
la moindre petite bulle d'air qui in-
terrompe la continuité du mercure,
soit dans la boule soit dans le tube;
on en vient cependant à bout avec
un peu d'adresse & de la patience ,

en s'y prenant de la maniere fuivante

Ayez dans un vafe de verre , de
porcelaine ou de grés, du mercure
bien purifié, qui n'ait aucune humidité, & qui foit entretenu, un peu
plus que tiede ; faites-en entrer quelques gouttes dans la boule du verre,
comme vous avez fait avec l'efprit-
de-vin ; chauffez cette petite quantité de mercure affez fortement, pour
la convertir en vapeur dilatée , &
plongez le bout du tube dans le vafe
qui contient celui qui eft de beaucoup
moins chaud ; celui-ci, l'inftant d'a-
près s'élancera dans la boule qu'il
remplira, ainfi qu'une partie du tube ;
mais il reftera le plus fouvent quelque peu d'air qu'il faudra faire fortir.

Pour cet effet, liez au bout du tube
un petit cornet de papier *K* , *Fig. 2*.
que vous remplirez de mercure; tenez
l'inftrument droit, & chauffez la boule du thermometre fur des charbons
ardents jufqu'à ce que vous voyiez
bouillir le mercure qu'elle contient;
alors ôtez le verre de deffus le feu ,
& laiffez-le refroidir , en le tenant

toujours debout ; par ce moyen , sinon du premier coup, au moins en
le réitérant , vous viendrez à bout de
purger le mercure de toutes les mo-
lécules d'air , qui pourroient inter-
rompre sa continuité ; mais vous n'en
serez bien sûr que quand il sera scellé.

Vous ôterez le cornet de papier ,
vous chaufferez la boule dans de l'eau
bouillante, pour faire monter le mercure fort haut dans le tube , vous
continuerez de la chauffer à feu crud ,
sans faire bouillir le mercure, mais
seulement pour le faire monter de
quelques pouces plus haut ; s'il ne se
trouve point alors à l'extrêmité du
tube , vous couperez celui-ci à cet
endroit-là & vous le boucherez avec
une boulette de cire avant que le
mercure commence à descendre.

Cette opération étant faite , laissez
un peu refroidir le verre & ce qu'il
contient ; plongez le ensuite debout
pendant cinq à six minutes, dans de
la glace pilée, & examinez, 1°. s'il y
a du mercure au-dessus de la boule
environ jusqu'au quart de la longueur
du tube : 2°. si en renversant l'ins-

trument bout pour bout, & le fe-
couant légérement, vous ferez tomber une colonne de mercure qui remplisse tout le tube sans aucune interruption ni dans sa longueur, ni au
collet de la boule, & si la quantité
de mercure, qui est ainsi tombée
procure dans la boule un vuide, qui
se remplisse entiérement quand vous
redressez l'instrument. A ces deux
conditions le thermometre méritera
d'être gradué quand vous l'aurez
scellé.

Vous ôterez la boulette de cire;
vous chaufferez au feu de lampe le
bout du tube pour le tirer en pointe,
sans le boucher; vous ferez monter
le mercure tout en-haut comme pré-
cédemment, & sans lui donner le
temps de descendre, vous ferez fondre le bout du tube soit à la lampe
soit à la flamme d'une grosse chandelle soufflée avec un chalumeau : &
vous rendrez ensuite le scellement
plus solide, ayant soin seulement
que l'air ne rentre pas dans le tube.

Si le mercure rappellé au froid de
la glace, remplit le tuyau beaucoup
plus ou beaucoup moins, que ce que
j'ai

j'ai exigé par la premiere condition,
c'eft une marque que la boule n'eft
point en bonne proportion avec le
tube ; ou il n'y auroit point affez de
marche au-deffous du terme de la
congélation, ou les dégrés feroient
trop petits : il faut vuider le verre,
& fouffler une autre boule au tube.
Si la feconde condition n'eft point
remplie & que la premiere le foit,
il fuffira de remetre le cornet de papier au bout du tube, & de faire
bouillir de nouveau le mercure dans
le verre.

Des thermometres de mercure d'un
pied de longueur, peuvent avoir
une étendue fuffifante, & des dégrés
qu'on puiffe compter aifément, leur
boule étant de la groffeur d'une
petite cerife : & alors ils font très-
fenfibles ; pour leur donner les mêmes qualités avec des tubes moins
capillaires, qui exigent une boule
plus groffe, on y fubftituera, une
chambre cylindrique L, dans laquelle le mercure s'échauffera ou fe
refroidira plus vîte que s'il étoit renfermé dans une fphére de même capacité.

Tome III. Q

Quelques Auteurs, pour faire valoir davantage les thermometres de mercure, ont dit que l'efprit-de-vin par fucceffion de temps, perdoit une partie de fa dilabilité ; je puis répondre que cet effet n'a pas lieu au bout de trente-cinq ans ; car je garde avec foin un grand thermométre, que j'ai conftruit avec M. de Reaumur en 1732, & que je remets de temps en temps à l'épreuve de la glace : la liqueur revient toujours au terme de la congélation ; & le refroidiffement artificiel, produit par trois parties de glace pilée avec un peu plus d'une partie de fel marin ; la ramene auffi à quinze dégrés au-deffous du précédent.

Les thermometres de mercure , étant gradués & fcellés s'appliquent & s'attachent comme ceux d'efprit-de-vin fur des planches, brifées ou non , ou fe renferment comme eux dans des étuis pour être portés au loin.

XIV.
LEÇON
III. Section.
Pl. IV. & V.

IVᵉ. Vᵉ. VIᵉ. VIIᵉ. & VIIIᵉ. Expériences.

JE n'apperçois rien dans les cinq

dernieres expériences de cette troifieme fection qui puiffe caufer aucun
embarras : il n'y a qu'à fuivre la manipulation qui eft indiquée pour chacune : la compofition des deux pou-
dres qui s'employent dans la quatrieme & dans la feptieme fe retrouve
encore plus détaillée, dans la partie
de cet ouvrge, où il eft parlé des
drogues, *Tome I. pag.* 287. 288, &
437.

    Dans la cinquieme expérience, j'ai
indiqué un bocal ou vafe cylindrique de verre contenant de l'eau , &
un petit matras plongé dedans, parce que ce font des vaiffeaux qu'on
trouve aifément, mais le bocal qui
eft ordinairement épais par le fond,
eft fujet à fe caffer quand on le
chauffe fortement dans cette partie ;
il vaudroit mieux prendre un matras,
dont on fupprimeroit prefque tout
le col ; on en rabatteroit un peu les
bords en dehors, pour le fufpendre
plus facilement, & au lieu d'y plonger un petit matras, on y feroit entrer
un tube gros comme le doigt, qu'on
tiendroit fufpendu avec un fil.

    En faifant la fixieme expérience ;

on fe difpenfera fi l'on veut, de chauffer le mercure dans un bain de fable; on pourra fans difficulté le faire bouillir, en tenant le verre qui le contient, à la diftance d'un pouce au-deffus d'un réchaud plein de charbons biens allumés.

La cuiller dans laquelle on place la poudre fulminante doit être de fer forgé, mais plus épaiffe, que celles qu'on trouve communément chez les Quinquaillers; il ne faut pas qu'elle ait moins de deux lignes d'épaiffeur; elle fera affez grande, fi elle eft large comme la paume de la main, avec trois quarts de pouces de profondeur au milieu.

Premiere Expérience.

XIV. LEÇON. IV. Section. Pl. VI. Fig 24.

LE vaiffeau répréfenté par la *Fig.* 24. citéé en marge, faifant partie du petit alambic dont il eft fait mention à la fuite de cette expérience, & qu'on fera fans doute bien aife de fe procurer, j'invite le Lecteur à confulter les figures des deux planches 6 & 7, de la quatorzieme Leçon, qui lui mettront fous les yeux toutes les parties de cet inftrument; &

je vais ajouter ici quelques éclair-
ciffements dont il pourroit avoir befoin, pour la conftruction.

C'eft à un Ferblantier intelligent
& adroit, qu'il faut confier cet ouvrage ; il fera le corps du fourneau
avec de la tôle de moyenne épaiffeur & la plus unie qu'il aura ; ou
bien avec une feuille de laiton gratté, plané, & étamé fur la face qui
doit être en dedans. S'il le fait de
laiton, les deux bords qui fe joignent
feront non-feulement foudés, mais
il ajoutera deux ou trois rivures, de
peur que la chaleur de la lampe ne
les défuniffe : par la même raifon le
fond fera agraffé tout autour, avec
le bord inférieur du fourneau.

La lampe eft compofée, d'un réfervoir A, Fig. 3, d'un canal C, &
d'un porte-meches F.

Le réfervoir eft une phiole de
verre qui a neuf à dix pouces
de hauteur, & trois ou quatre
pouces de diametre dans fa partie la
plus renflée, avec un goulot dans lequel on peut aifément faire entrer le
pouce. Ce goulot eft maftiqué dans
une virole de ferblanc ou de laiton,

qui a deux pouces de longueur, &
dont le bout n'eſt fermé qu'à moitié
par une piece demi-circulaire, comme on le voit en *B*. Cette virole attachée au verre, tourne librement
dans une autre, qui eſt de même
preſque à moitié ouverte par le bout,
de ſorte qu'en faiſant tourner les deux
viroles l'une ſur l'autre, on peut ouvrir & fermer l'orifice du réſervoir à
volonté. Mais afin que la virole de
deſſus ne puiſſe que tourner ſur celle
de deſſous, & qu'on ne l'en ſépare
point en la tirant ſelon ſa longueur,
voici le petit artifice dont il faut ſe
ſervir.

Faites la virole de deſſous de deux
pieces *g, h*, que vous maſtiquerez ſur
le verre, laiſſant entr'elles un intervalle de trois lignes; rempliſſez cet
eſpace, par un petit cercle plat de
ferblanc, qui tourne aiſément ſur le
verre; percez ſur la virole extérieure
deux trous diamétralement oppoſés,
qui répondent à ce cercle mobile,
& avec une goutte de ſoudure, faites-
le tenir à la virole; alors celle-ci ne
pourra plus ni monter ni deſcendre,
mais ſeulement tourner, ſur la virole
de deſſous.

Le canal *C*, qui eft de laiton ou de ferblanc a environ onze pouces de longueur, vingt lignes de largeur, fur un pouce de hauteur; la partie circulaire *D*, eft un peu plus haute & plus large, elle a trois pouces de diametre; elle eft ouverte au milieu & furmontée d'une virole qui reçoit celle dans laquelle tourne le goulot du réfervoir; & afin que celle-ci ne puiffe point tourner, quand elle eft entrée, elle a dans fa partie fupérieure, un bouton quarré, qui defcend dans une échancrure pratiquée au bord de la virole du canal. Ce bouton, avec un anneau *g* qui eft foudé au bord fupérieur de a premiere virole, contient le réfervoir à telle hauteur, que fon orifice fe trouve toujours élevé de trois quarts de pouces au-deffus du fond du canal.

Vers le milieu de fa longueur le canal n'eft fermé que par une piece à charniere, qui peut s'ouvrir & dont le bout va s'appuyer fur le porte-meches: la partie du canal qui reçoit le porte-meches, eft plus large que celle du milieu, c'eft un ovale dont

le grand diametre a deux pouces &
demi.

Le porte-meches *F*, eft garni tout
autour en-deffous, d'une bande de
ferblanc, qui le tient élevé à deux
lignes près du bord du canal. Il eft
percé & garni de trois petits tuyaux *f*
qui excedent fon plan de deux lignes
& demie tant en-deffous qu'en deffus.
Chaque tuyau a deux lignes & demie
de diametre, & les trois difpofés en
triangle, font à un pouce de diftance
l'un de l'autre : afin que la lampe
porte bien fur la table, & qu'elle
foit moins en danger de fe renverfer, on fera bien de tenir le milieu
du canal un peu plus élevé que les
deux parties extrêmes, afin qu'il n'y
ait que celles-ci qui portent.

Le Potier d'étain fournira une cucurbite *I*, & fon chapiteau *K*, qui
s'emboîte exactement, ayant un bord
bien dreffé qui s'applique fur la plate-
forme d'une cordon *i i*, pratiqué au
col de la cucurbite. Il doit encore y
avoir à cette piece un autre cordon
ou une moulure une peu faillante à
laquelle on puiffe fouder le bord fupérieur du bain-marie. Le Ferblantier

tier foudera auffi au bas du chapiteau, une virole évafée comme M,
un peu échancrée pour embraffer la
naiffance du bec, & garnie d'un robinet dans la partie oppofée ; il faut
que ce vafe qui doit fervir de réfri-
gerant, s'éleve d'un pouce & demi
ou même de deux pouces au-deffus du
chapiteau.

La bouilloire, ou bain-marie L, a
cinq pouces de hauteur; elle entre de
trois pouces dans le corps du fourneau, & s'arrête par un cordon qui
regne fur fon pourtour ; le deffus eft
un peu convexe, il eft foudé d'une
part à la cucurbite & de l'autre au
bord de la cuvette ; il n'y a de communication du dehors au dedans,
que par une virole l, d'un pouce &
demi de hauteur, par laquelle on fait
entrer l'eau, & dont le bout fe ferme
enfuite avec un couvercle percé
de quelques trous, pour donner iffue
à la vapeur.

Si l'on n'a pas la commodité de
fe procurer une cucurbite d'étain,
on en choifira une de verre avec fon
chapiteau, & l'on employera l'une
& l'autre de la maniere fuivante.

Tome III. R

Vous ferez faire la bouilloire de deux pieces qui pourront se séparer; l'une sera une cuvette comme *N.* L'autre sera un couvercle *O* qui s'em-boîtera dessus, & qui sera percé au milieu, pour laisser passer le col de la cucurbite; celle-ci sera retenue à ce couvercle par deux petites ban-des de fer-blanc croisées sous le vais-seau, & soudées au couvercle par leurs extrêmités.

Le refrigérant ne pouvant être sou-dé au chapiteau qui est de verre, le Ferblantier y fera un fond *k*, de plomb laminé, qu'il emboutira, & qu'il ajustera à la forme du chapiteau avant de le souder.

La cuvette au bain de sable, se fait également, avec de la tôle, avec du laiton, ou avec du ferblanc; mais comme elle peut recevoir un dégré de chaleur plus grand que celui de l'eau bouillante, & tel que la sou-dure d'étain ne pourroit pas soute-nir, il ne faut point oublier de river ou d'agraffer ensemble les bords des pieces, qui se joignent; cette cu-vette doit avoir une échancrure, pour donner passage au col d'une cornue, & son couvercle un peu bombé doit être surmonté d'un rebord qui ait environ un pouce, pour retenir le sable qu'on met dessus, lorsque cette piece doit servir de réverbere.

Quand vous voudrez faire usage de ce petit alembic, vous vous y prendrez de la maniere suivante.

Vous mettrez dans la cucurbite les matieres que vous voudrez distiller, si ce sont des plantes ou des fleurs aromatiques, vous ferez bien de les mettre tremper dans l'eau-de-vie, quelques jours avant la distillation ; vous mettrez, par exemple, une pinte de liqueur avec autant de fleurs de lavande qu'il en peut tenir dans les deux mains réunies ; & vous tiendrez le vaisseau bouché, jusqu'au moment où vous voudrez mettre le feu à l'alembic : vous commencerez alors par accommoder la lampe.

Prenez de l'huile d'olives à bas prix, versez-en dans le canal jusqu'à la hauteur d'un demi pouce, & remplissez-en le réservoir, dont vous fermerez ensuite l'orifice en tournant la virole de dessus. Mettez ce réser-

voir en place, en engageant le bouton quarré dans son échancrure ;
faites tourner la phiole un quart de
tour, pour ouvrir son orifice, afin
qu'il puisse se noyer dans l'huile qui
tombera dans le canal.

Garnissez le porte-meches avec des
fils de coton qui ne soient pas trop
gros, de maniere qu'ils remplissent
bien les petits tuyaux, sans cependant y être trop serrés ; il faut qu'on
puisse à peine tirer chaque meche,
avec la pointe des ciseaux : vous
mettrez le porte-meches en place,
ayant soin que les fils de coton qui
passent en en-bas soient bien plongés dans l'huile, & vous allumerez
les bouts qui passent par en-haut hors
des tuyaux, les laissant brûler ainsi
pendant quelques minutes sans y toucher.

Pendant ce temps-là, vous remplirez
la bouilloire avec de l'eau bouillante ; vous placerez le chapiteau sur la
cucurbite, avec son refrigérant, dans
lequel vous verserez de l'eau froide,
jusqu'à ce qu'il en soit presque plein,
& vous ferez entrer le bec du chapiteau dans le col d'un matras, dont

vous foutiendrez la boule avec un petit fuport qui fe hauffe & fe baiffe ; cet enfemble eft repréfenté, dans la planche VI. de la quatorzieme Le-çon, *Fig 26.*

Si la cucurbite eft de verre, il ne faut pas la faire plonger brufquement & à demeure dans l'eau bouillante, de peur qu'elle ne fe caffe ; il fau-dra par plufieurs immerfions très-promptes & dans de l'eau un peu plus que tiéde, la difpofer à fouffrir fans accident la chaleur de celle qu'on mettra dans la bouilloire.

L'alembic étant donc ainfi pré-paré & placé fur une table, ou fur une tablette de cheminée, où il puiffe refter pendant tout le temps de la diftillation, il n'y aura plus qu'à faire avancer le bout du canal qui porte les meches vers le centre du fourneau ; mais auparavant, on fera prendre aux meches la forme d'un pinceau fort court, comme *f*, en coupant avec des cifeaux les fla-méches tout autour, & en appuyant un peu avec une des lames, pour réunir toutes les parties vers un axe commun , & former la pointe : les meches ainfi rangées auront une flamme blanche , & brûleront pendant cinq à fix heures , fans produire ni mauvaife odeur ni fumée : on pourra s'en affurer en préfentant au deffus , une carte à jouer , car elle ne fera point noircie ; après cet efpace de temps , il fe formera à chaque meche , un petit champignon qu'il faut enlever avec la pointe des cifeaux , & s'il en eft befoin , vous la tirerez un peu hors de fon tuyau , & vous lui referez la pointe comme ci-devant.

Il faut avoir foin auffi de renouveller de temps en temps l'eau du refrigérant , après avoir vuidé par le robinet celle qui s'eft échauffée.

On ne doit jamais remplir la cucurbite que jufqu'à la naiffance du col ; une pinte de liqueur avec les feuilles , ou les fleurs qu'on y mêle, fuffit pour cela ; & l'on n'en doit tirér que chopine, fi l'on veut que la liqueur diftillée , foit bien fpiritueufe & bien claire. Tout ce qu'on diftille à l'eau-de-vie, peut auffi fe dif-

tiller avec du vin blanc , mais on
tire moins de liqueur , & elle est
moins forte en esprit.

La rose , la fleur d'orange , & tout
ce qui se distille à l'eau, va beaucoup
plus lentement si l'on se sert du bain-
marie ; on hâte davantage la distillation, en la faisant au bain de sable,
avec une cucurbite de verre ; mais
on risque de lui faire prendre un
goût de feu, qui est désagréable. On
ne doit mettre qu'un verre d'eau
dans la cucurbite, avec une quantité
de fleurs qui la remplisse aux deux
tiers , ou aux trois quarts.

Il ne faut jamais se servir de la
cucurbite d'étain pour distiller des
matieres acides, ou grasses, qui pou-
roient mordre sur le métal , ou in-
fecter le vaisseau, on doit avoir pour
cela des cucurbites de verre qu'on
met sur le bain de sable.

On fait usage de la cornue pour
les matieres qui sont fort pésantes &
qui auroient peine à s'élever dans le
chapiteau d'une cucurbite : on fait
entrer le gros du vaisseau dans le sable, on couvre la cuvette qui le contient & l'on ajoute un doigt de sa-

ble fur ce couvercle, qui fait alors l'office d'un reverbere & qui augmente la chaleur fur la cornue.

Quand les liqueurs qu'on diftille, font très-volatiles, & fur-tout quand les vapeurs qu'elles peuvent répandre font dangereufes, il faut luter le bec du chapiteau ou le bout de la cornue au col du matras dans lequel il entre, & qui fert de récipient : le plus fouvent il fuffit de coller une ou deux bandes de papier fur la jonction, dans certains cas, & pour plus grande fureté, on peut enduire le papier d'un lut fait avec le blanc d'œuf & de la chaux mife en poudre : on doit luter de même le chapiteau à la cucurbite.

Quand la diftillation eft finie, il faut vuider les vaiffeaux les nétoyer, & les bien effuyer : pour ôter l'huile de la lampe, il faut tourner le réfervoir dans fa virole mobile, en fens contraire, & autant qu'on l'a fait tourner pour ouvrir l'orifice ; & pour cela, il eft à propos qu'il y ait une marque fur l'anneau qui borde la partie fupérieure de la virole maftiquée fur le verre. L'orifice étant ainfi

fermé , on peut enlever la phiole
fans que l'huile fe répande , & on la
peut garder l'orifice en-haut, fans la
vuider : mais il faut ôter l'huile du
canal , à moins qu'on n'ait deffein de
recommencer une nouvelle diftillation fous peu de temps : il faudroit
même preffer les meches , de peur
que l'huile dont elles font imbibées,
ne s'épaiffiffe en y féjournant.

Seconde Expérience.

A la fuite de cette expérience, fur
laquelle je me fuis fuffifamment expliqué , il eft parlé de l'Emailleur
qui travaille au feu de lampe ; fon
art eft d'un grand fecours dans la
Phyfique Expérimentale , voyez ce
que j'en ai dit dans la partie de cet
ouvrage où il eft queftion du verre ;
Tome I. pag. 200. J'y ai fait mention
auffi d'un petit appareil nouveau,
qu'on peut fe procurer à peu de frais ;
& avec lequel il eft aifé d'amollir le
verre, de fceller des tubes, de fouffler des boules de thermometres ,
&c.

XIV.
LEÇON.
IV. Section.
Pl. VIII.
Fig. 30
31.

Troisieme Expérience.

XIV.
Leçon.
IV. Section.
Pl. *VIII.*
Fig. 32 &
33.

CETTE expérience & celles qu'on peut faire par des mélanges semblables, prouvent que la chaleur se perd par communication, & montrent dans quelles proportions cela se fait ; on doit y ajouter maintenant celles qui font voir qu'un corps se refroidit, par l'évaporation d'une liqueur dont il a été mouillé extérieurement, & que le refroidissement est d'autant plus grand , que l'évaporation est plus prompte : c'est une découverte qui a encore tout le mérite de la nouveauté.

Otez un petit thermometre de dessus sa planche , prenez-le par le haut du tube , trempez la boule dans un vaisseau qui contienne de l'esprit-de-vin , qui ait la température du lieu où se fait l'expérience ; tant qu'il sera ainsi plongé , sa liqueur ne fera aucun mouvement dans le tube, ce qu'il sera aisé de reconnoître par un fil que vous lierez à l'endroit où elle s'est fixée avant l'immersion. Mais quand vous l'aurez enlevé & que

vous l'aurez balancé pendant une
demi minute dans l'air, vous verrez
que sa liqueur est abaissée au-dessous
du fil , & vous la ferez descendre
encore davantage, si vous réitérez de
suite les immersions & les évapora-
tions ; de sorte que s'il n'y a pas plus
de dix à douze dégrés de chaleur
dans le lieu où se fait l'expérience, &
que vous vous serviez d'une liqueur
plus volatile que l'esprit-de-vin commun, vous parviendrez à faire descendre la liqueur du thermometre
au-dessous du fil qui marque le terme
de la congélation.

Au lieu d'esprit de vin, servez-vous
d'*Ether*, & au lieu de thermometre,
prenez un petit tube , au bout duquel il y ait une olive creuse , mince , & pleine d'eau commune , couvrez cette derniere partie d'une enveloppe de linge fin ; & procédez
comme ci-devant dans un lieu où il
ne fasse pas trop chaud , vous ferez
infailliblement géler l'eau , qui est
au bout de votre tube.

Cette derniere expérience réussit,
encore plus sûrement & plus promptement dans le vuide ; si vous vou-

lez la faire, vous attacherez le tube
à la tige d'une boîte à cuirs, pour le
pouvoir plonger, & enlever de la
liqueur; & vous mettrez l'éther dans
un vase un peu profond, afin que
l'ébullition que le vuide occasion-
nera, ne donne point lieu à sa dif-
persion.

Ce que j'ai dit à l'occasion des
larmes de verre, pourroit vous donner envie d'en faire l'épreuve dans
le vuide ; auquel cas vous pourez
faire ce qui suit.

Donnez au Fondeur un modele
en bois, pour avoir une piece de
cuivre, que vous tournerez & limerez conformément à la *Fig.* 4. réservant à la plate-forme d'en haut, deux
oreilles *P*, *p*, avec un trou taraudé
en *R*, pour visser la piece au centre
de la platine d'une machine pneumatique; & deux autres petits trous
q, *q*, par où l'air du récipient puisse
être pompé.

Vous préparerez une platine ronde
de la grandeur de la plate-forme,
ayant comme elle deux oreilles percées pour recevoir deux vis, dont les
écrous seront taraudés en *P* & en *p*.

Fig. 2.

Fig. 3.

Avec un ciſelet, vous creuſerez ſur la plate forme une cavité dans laquelle puiſſe ſe loger preſqu'entiérement le gros bout d'une larme de verre que vous aurez choiſie pour l'expérience ; vous creuſerez de même, mais moins profondément le deſſous de la piece S ; de ſorte que la larme de verre enveloppée d'une petite bande de linge ou de papier gris, & placée entre la plate-forme & la piece S, y ſera aſſujettie par la preſſion des deux ꝛc, comme on le peut voir en R, où l'enſemble eſt repréſenté. Pour caſſer la queue de la larme, on ſe ſervira d'un récipient avec une boîte à cuirs, en mettant au bout de la tige, un bouchon de liege échancré en-deſſous, pour appuyer ſur cette partie, ſans qu'elle puiſſe échapper en gliſſant.

AVIS

Concernant la QUINZIEME Leçon.

Premiere, seconde & troisieme Expériences.

XV.
Leçon.
1. Section.

JE crois n'avoir rien laissé à désirer sur les procédés qu'il faut suivre dans ces trois premieres expériences: quant à la préparation du phosphere d'urine, & à la calcination des pierres qui peuvent devenir lumineuses, ce n'est point ici le lieu d'en parler. Voyez ce que j'en ai dit *Tome I. pag.* 378. *& suiv. & pag.* 439.

Après avoir rapporté le sentiment de Descartes sur la propagation de la lumiere, qu'il attribue à un mouvement de pression & de vibration communiqué de proche en proche aux globules de cet élément, j'ai dit que cette opinion avoit ses difficultés, & j'ai fait mention de celles qui m'ont paru les plus spécieuses ; j'ai dit au sujet de la premiere objection, *Leçons de Physique Tome, V. page* 51, que si l'on a peine à comprendre

comment la petite portion de lumiere qui gît dans un trou d'épingle,
qu'on fait à une carte à jouer, peut
servir à tranfmetre à l'œil fans confufion, les mouvements qu'elle reçoit
en même-temps d'une infinité de
rayons qui viennent y aboutir avec
des directions différentes, on comprend encore moins comment un fi
petit trou, feroit le paffage commun de ces mêmes rayons, confidé-
rés comme des jets dont le mouvement confifteroit dans un tranfport
très-rapide de leurs parties. On peut
ajouter à cette réflexion, que la nature ne nous fournit d'ailleurs aucun
exemple de liqueurs ou de fluides
qui coulent avec rapidité par le même pertuis, & qui s'y croifent fans
fe confondre ; au lieu qu'on peut
faire voir plufieurs files de boules
élaftiques qui fe croifent fur un corps
femblable, & qui tranfmettent au-delà, leurs mouvements de vibration,
fans que l'une nuife à l'autre.

Prenez les fept billes dont j'ai fait
mention dans les *Avis* fur la quatrieme Leçon, *Tome II. page* 140. fufpen-
dez-les avec des fils de foie, de ma-

niere qu'elles foient bien contiguës les unes aux autres fur deux rangs qui fe croifent, & que leurs centres foient tous dans un même plan horizontal, comme dans la *Fig.* 1. *Pl. IX.*

Vous vous fervirez pour cela de la machine que j'ai décrite à l'endroit même que je viens de citer. Vous percerez dans les deux traverfes croifées, fept petits trous efpacés entr'eux fuivant le diametre des boules ; vous y ferez paffer les fils de fufpenfion, & vous les arrêterez avec des petites chevilles de bois qui les preffent, quand chaque bille fera à la hauteur convenable.

Si vous tirez de leur àplomb, les deux premieres billes *A, B*, & qu'après les avoir élevées de trois ou quatre pouces dans des plans dirigés, comme *A C* & *B D*, vous les laiffiez tomber en même-temps, contre celle au centre de laquelle fe croifent ces deux lignes, vous verrez les deux dernieres partir après le double choc, & fe porter l'une vers *C*, l'autre vers *D*, comme fi vous aviez frappé en deux temps différents,

celle

celle qui à communiqué le mouvement.

Premiere Expérience.

POUR faire commodément des
expériences avec les rayons du foleil, il faut les introduire dans une
chambre où l'on puiſſe faire aiſément
& promptement l'obſcurité en plein
jour : cette chambre doit avoir une
fenêtre au midi ou à-peu-près, avec
une ouverture de la figure d'un quarré long, dont les petits côtés ayent
quatorze pouces de hauteur & les
grands vingt pouces.

Je n'ai rien trouvé juſqu'à préſent
de plus ſûr ni de plus expéditif pour
ôter le jour des fenêtres, que des
chaſſis faits en bois de ſapin ou de
tilleul, & couverts des deux côtés
d'une groſſe toile bien tendue avec
des broquettes, qu'on peint enſuite
en couleur d'ardoiſe avec du blanc
d'eſpagne & du noir de fumée dé-
trempés à la colle. On peut encore
pour plus de ſûreté coller en dedans,
ſur la premiere toile qui aura été
tendue, une ou deux couches de
gros papier gris, qu'on peindra en

noir, & qu'on laiſſera bien ſécher
avant de clouer la ſeconde toile.

Si les chaſſis ſont grands , il eſt
néceſſaire d'y mettre une ou pluſieurs traverſes, pour les maintenir
droits ; & s'il en faut pluſieurs pour
couvrir la même fenêtre , on aura
ſoin d'y pratiquer des feuillures , afin
que le bord de l'un recouvre celui
de l'autre. Ils ſeront poſés par en-bas
ſur un taſſeau, ou ſur l'appui de la fe-
tre, & par les côtés , ils ſeront retenus par des tourniquets ou par des
broches de fer fichées dans le mur.

L'ouverture que doit avoir le chaſſis qui fermera la fenêtre du midi, ne
ſera élevée que de trois ou quatre
pieds au-deſſus du plancher carrelé
ou parqueté de la chambre : elle ſera
formée par une traverſe *A A*, **Fig. 2.**
parallele au côté *B B*, & par deux
montans paralléles à *A B*, ſi le chaſſis eſt trop large. Tous les bois de ces
chaſſis ne doivent point avoir moins
de deux pouces de largeur , ſur cinq
à ſix lignes d'épaiſſeur.

La caiſſe dont je me ſers maintenant eſt plus ſimple & plus commode, que celle que j'ai décrite dans la

Préparation de la premiere expérience ; elle a la longueur & la largeur qu'il lui faut pour entrer juſte dans l'ouverture du chaſſis ; elle eſt retenue par un taſſeau qui regne ſur ſes quatre côtés à un pouce près du bord , & qu'on arrête par des tourniquets attachés avec des vis , en C, C, C, C. Le devant de la caiſſe eſt tout ouvert , & le fond d'en-bas D, *Fig.* 3, prolongé d'un pied , avec un rebord de ſept à huit lignes de hauteur, & des gouſſets qui font partie des deux petits côtés, s'avance en dehors de la fenêtre ; cela ſuppoſe, comme l'on voit, qu'on a enlevé le chaſſis vîtré, ou qu'on l'a diſpoſé de maniere à pouvoir s'ouvrir en dehors.

Sur le côté de la caiſſe , qui eſt à gauche quand on eſt tourné vers la fenêtre, étant dans la chambre, il y a un petit volet qui s'ouvre de gauche & à droite, quand on a quelque choſe à faire en dedans, & qui ſe ferme en entrant dans une feuillure ; avec un bouton tournant qui l'arrête.

Le derriere de la caiſſe repréſenté ſéparément par la *Fig.* 4. eſt fait avec des planches de bois d'aulne ou de

chêne doux , collées à plats joints ;
avec deux emboîtures *E E* , *F F*. Il
faut choisir pour cette piece, du bois
bien fec & qui n'ait point de nœuds.
Au milieu eft une ouverture *G* plus
haute que large , un peu arrondie
par en haut & par en bas. Elle eft
faite pour recevoir certaines pieces
dont je parlerai par la fuite ; dans les
autres temps on la tient fermée avec
une planche , qui entre à feuillure ,
& qui s'arrête avec deux tourniquets
placés en *g* , *g*.

A droite & à gauche de cette ouverture, il y en a deux autres *H* , *H* ,
de quatre pouces de hauteur fur
quatorze lignes de largeur, arrondies
par en haut & par en bas , & évafées
du côté qui répond à l'extérieur de la
caiffe. Chacune de ces ouvertures eft
bordée de deux taffeaux qui forment
une couliffe en queue d'arronde, dans
laquelle gliffe une regle *I* qui a huit
pouces de longueur, & qui eft garnie en deffous de deux petites lames
de cuivre *i,i*, battues à froid, & faifant
reffort, au moyen defquelles , elle
demeure à l'endroit où on l'arrête.
Chaque regle eft percée à jour au mi-

lieu de fa longueur, & porte une petite lunette *K* garnie de deux verres ; l'un qui répond à l'intérieur de la caiffe, eft une lentille de quinze lignes de diametre & d'un pouce ou treize lignes de foyer ; l'autre qui eft en *K*, & qui répond à la chambre obfcure, eft large comme une piece de douze fols, plan des deux côtés, & il eft coloré ; à l'une des deux lunettes, il eft bleu, à l'autre il eft rouge ou jaune.

La lunette peut fe faire de cuivre, de buis, ou de quelqu'autre bois dur, & capable de porter des filets de vis ; la lentille *L* fe place en *m* avec un petit cercle *n* qui fe viffe deffus & qui la retient ; la partie *o* qui porte le verre de couleur, traverfe l'épaiffeur de la regle, & reçoit la piece *p* qui l'empêche d'en fortir. *Voyez* à la lettre *Q*, cette lunette jointe à la regle *I*. Quand ces deux lunettes font en place, il y a environ dix pouces de de diftance d'un verre coloré à l'autre ; & chacun deux, quand on ne s'en fert pas, fe couvre avec une lame de cuivre *q* pliée en forme de coq

& qui tourne fur une vis *r*, par un bout.

L'ouverture G eſt faite pour recevoir un tuyau cylindrique qui a huit à neuf pouces de longueur ſur environ deux pouces de diametre: à l'une de ſes extrêmités, il porte une boule renfermée entre deux coquilles ouvertes en lunettes, au moyen de quoi il ſe meut dans tous les ſens à la maniere d'un *genouil* : les deux coquilles font parties d'une piece *T* qui ſe place entre les deux taſſeaux *g* , *g* , & qui s'y arrête par les tourniquets : cette piece doit être aſſez longue pour monter & deſcendre de deux ou trois pouces ſans découvrir l'ouverture G , ni par en haut ni par en bas.

On peut faire le tuyau avec du carton, & le coller dans une boule de bois percée à jour pour le recevoir ; mais ſi l'on peut ſe procurer de ces feuilles de bois de hêtre dont les Guainiers ſe ſervent, & qu'on achete chez les Boiſſeliers, ſous le nom de *Copeau*, on fera beaucoup mieux, en s'y prenant de la maniere ſuivante.

Ayez un cylindre de bois tour-

né, d'un pied de longueur, & du diametre que vous voulez donner à
votre tuyau ; frottez-le suivant sa
longueur avec un morceau de peau
de chien de mer pour le rendre bien
lissé , & ensuite avec un morceau de
savon blanc bien sec. Couvrez-le
d'une feuille de papier blanc & fin
dont vous collerez l'un des bords sur
l'autre avec un peu d'amidon ou
avec ce qu'on nomme *colle à bouche*,
ayant bien soin qu'il ne s'attache
point au bois. Mettez de même par-
dessus une feuille de papier noir dont
l'envers légérement humecté avec
une petite éponge, se présente en
dehors.

Préparez un morceau de copeau
de neuf pouces de longueur, & de
telle largeur, qu'en couvrant votre
cylindre, l'un de ses bords recouvre
l'autre d'environ deux lignes. Amin-
cissez celui qui doit se trouver dessous, & mettez la piece tremper
dans l'eau pendant quelques minutes; mettez une couche de colle de
farine sur le papier qui enveloppe le
cylindre, & une autre sur le côté lisse
du copeau ; appliquez celui-ci sur

le cylindre en mettant un peu de colle forte bien chaude entre les deux bords qui se joignent , & en serrant le tout avec un ruban de fil dont vous envelopperez le cylindre d'un bout à l'autre , & vous laisserez le tout bien sécher.

Ayant ôté le ruban , vous amincirez avec une lime batarde , le bord qui recouvre , & vous emporterez doucement toutes les inégalités qui pourroient se trouver sur le copeau , ayant attention de limer le bois suivant son fil , & non à rebrousse poil.

Vous préparerez une autre piece de copeau , de grandeur convenable , pour couvrir la premiere ; vous en amincirez les bords avec la lime , & vous la tremperez dans l'eau chaude , pendant quelques inftants ; vous l'essuierez promptement avec un linge ou avec une éponge , vous mettrez une couche de colle - forte sur le côté lisse , & une autre sur le copeau qui est sur le cylindre ; vous appliquerez l'un sur l'autre , ayant attention que la jonction des bords de celui-ci , se fasse à la partie diamétralement opposée , à celle du copeau

copeau de deſſous : vous ſerrerez le
tout avec le ruban de fil ſur toute
la longueur , & vous laiſſerez ſécher :
vous unirez avec la lime , le ſecond
copeau, comme vous avez uni le
premier , & vous le couvrirez d'une
feuille de papier collée. Vous mettrez votre cylindre ſur le tour pour
couper le tuyau de longueur ; & vous
ôterez celui-ci de deſſus ſon moule ,
en l'empoignant d'une main , & en
frappant le bout du moule ſur quelque corps dur & qui réſiſte.

Quand on prévoit qu'on aura deux
tuyaux à faire couler l'un ſur l'autre comme aux lunettes d'approche ,
il faut commencer par faire le plus
menu ; & quand il ſera fini, vous
vous réglerez ſur ſa groſſeur pour préparer le cylindre qui doit ſervir de
moule à celui de deſſus.

Quand vous aurez un tuyau tel
qu'il le faut pour la machine dont il
eſt ici queſtion, vous le remettrez
ſur le cylindre qui lui a ſervi de
moule ; vous collerez tout autour
ſur une de ſes extrémités, des morceaux de bois d'aulne ou de tilleul,
qni étant tournés ſur le tuyau même

puiſſent faire avec lui une boule de quatre pouces ou environ de diametre, comme *S, Fig.* 5. ce qui ſe fera aiſément & régulierement ſi vous aſſujettiſſez la courbe *a b c* au calibre de ferblanc ou de carton *R* découpé ſuivant un trait de compas, dont le centre ſeroit en *d*.

Pour former les deux coquilles qui doivent embraſſer la boule *S*, prenez un bout de planche *T*, de ſix lignes d'épaiſſeur, d'un pied de longueur & large comme l'eſpace *g g, Fig.* 4, afin qu'elle puiſſe y être retenue par les deux tourniquets : collez derriere cette phanche, un autre morceau de bois plat, & arrondi ſur le tour, qui puiſſe entrer de toute ſon épaiſſeur (laquelle doit être au moins de ſix lignes) dans l'ouverture *G* : mettez cette piece ainſi préparée, ſur le tour ; percez-la à jour comme *V* ; évaſez le trou, du côté de la face antérieure, ſuivant la convexité de la boule,& de maniere quelle puiſſe y entrer juſqu'à ſon équateur : enlevez encore dans toute cette cavité une demi ligne de bois, que vous remplirez avec une bande de drap collée, pour rendre le mouvement de la boule plus doux.

Préparez une autre planche *X*, de même épaiſſeur que la premiere, avec une molette de bois *x* de cinq pouces & demi de diametre, collée par-deſſus ; mettez la piece ſur le tour, percez-la comme *Y* : formez l'épaiſſeur de cette ouverture en coquille comme à l'autre piece *V*; tournez-la par l'autre face, pour former en douſſine le bord extérieur de·la molette, dont il ne ſera reſté qu'un anneau, & garniſſez le dedans de la coquille, d'une bande de drap, comme vous avec fait à l'autre.

La boule ayant été noircie avec de l'encre, lorſqu'elle ſera bien ſéche, vous la frotterez avec un morceau de ſavon qui ne ſoit point trop gras ; vous la ferez entrer entre les deux coquilles, de façon que le tuyau paſſe par *Y*, & vous attacherez les deux pieces *T, X* l'une ſur l'autre, avec trois vis en bois que vous mettrez en haut, & que vous ne ſerrerez que médiocrement, afin de ne point trop gêner le mouvement de la boule.

Voyez en *Z* la coupe de tout cet assemblage.

Dans certaines expériences le tuyau reste ouvert de toute sa largeur ; dans d'autres, on place dans le bout du côté de la chambre un autre tuyau *z* de quelques pouces de longueur, dont le bout est retréci par une lunette de bois, ou qui est garni de quelque verre, comme je le dirai, quand l'occasion s'en présentera.

Il faut encore vous munir de deux miroirs plans, de neuf pouces de longueur, sur trois pouces & demi de largeur, montés chacun sur une planche de quatre lignes d'épaisseur, & retenue dans un cadre ; le tout sur un pied garni d'un genouil, comme il est représenté à la lettre *M*.

Il seroit mieux que ces miroirs fussent de métal blanc, comme celui des télescopes ; parce que n'ayant qu'une surface réfléchissante, ils ne donnent jamais qu'une image du soleil, au lieu que les miroirs ordinaires de glace, la font double ; ce qui est incommode dans bien des tas ; mais les ouvriers ont beaucoup de peine à les fondre fans défaut, & à les travailler bien droits, & de plus ces fortes de métaux fe terniffent aifément : fi par ces raifons on fe trouve obligé de fe contenter de miroir de glace , il faut avoir foin qu'ils foient bien plans , qu'il n'y ait point de défauts au teint, & qu'ils foient polis parfaitement.

On trouve des genouils tout faits, chez les ouvriers qui font des inftruments de Mathématiques : mais fi l'on n'étoit point à portée d'eux, on pourra fuppléer à cet inftrument , en montant le miroir, de maniere qu'il puiffe s'incliner à volonté de haut en bas & de côté ; ces deux mouvements s'exécuteront partout avec une lame de cuivre pliée d'équerre par les deux bouts, comme N ; fes deux parties relevées *t*, *t*, feront refendues pour recevoir des languettes attachées à la planche du miroir , & feront traverfées par des clous rivés comme les têtes de compas : par ce moyen le miroir s'inclinera à droite & à gauche ; & par un pareil mouvement pratiqué en *v*, on pourra le faire pencher de haut en bas : & dans les cas où il faudra que ces miroirs foyent peu élevés, on fupprimera la tige, & l'on attachera la piece à mouvement fur une plaque de plomb.

Ces miroirs fe placent fur le fond *D* de la caiffe, & fervent à réfléchir les rayons du foleil, pour les faire paffer dans la chambre obfcure en traverfant le tuyau *Z*, placé en *G*, ou les lunettes *K* portées par les pieces à couliffe qui couvrent les ouvertures *H, H*. On fera bien de mettre des femelles de plomb fous les pieds de ces miroirs, afin qu'ils fe tiennent plus fermes, dans leur fituation, & que le vent ne les faffe point vaciller.

Enfin, il faut avoir une table à neuf ou dix pouces au-deffous de la caiffe ; elle fera affez large, fi elle a dix huit à vingt pouces, mais il faut lui donner au moins cinq pieds de longueur ; cette table n'aura point de parclofe, il vaudra mieux qu'elle ait à un pied de diftance au-deffous d'elle, une tablette couverte de flanelle avec un rebord, pour y pou-

me III. *Pl.* 9.

Fig. 2

Fig. 3

voir placer les verres, & autres inftruments dont on a befoin, fans qu'on
ait à craindre qu'ils fe rayent, ou
qu'ils tombent. *Voyez* la *Fig.* 1 *Pl.*
X. qui repréfente une partie de cette
table.

Avec l'apareil que je viens de
décrire, & avec les différentes pieces dont je ferai mention, pour chaque expérience, on pourra fe procurer commodément & facilement tous
les effets de lumiere, dont j'ai fait
ufage en traitant de l'optique, de
la génération des couleurs & de la
vifion des objets : revenons à la premiere expérience.

Placez la caiffe dans l'ouverture
du chaffis, & retenez-la avec les quatre tourniquets ; couvrez les deux
verres colorés des pieces à couliffes.
Mettez en *G*, & dans une direction
horifontale le tuyau Z garni d'une
lunette portant un verre lenticulaire
de dix-huit lignes de diametre, &
de douze à treize lignes de foyer ;
établiffez dans la caiffe un miroir, incliné de maniere qu'il dirige les
rayons du foleil dans le tuyau. *Voyez*
la *Fig.* 2. qui repréfente la coupe de

T IV

toutes ces pieces enfemble. Tout
étant ainfi difpofé, ceux qui feront
dans le fond de la chambre, verront en *A*, ce qu'on appelle un *point
radieux*.

Vous ferez voir que toutes les portions de cette lumiere, font compo-
fées de rayons divergents, en oppofant à fept ou huit pouces de diftance
du point *A*, une feuille de ferblanc
ou de carton percée, de fept à huit
trous ronds, de cinq à fix lignes de
diametre chacun; car les jets qui
paſſeront par ces trous, iront vers le
fond de la chambre, en s'écartant les
uns des autres, & chacun d'eux tombant perpendiculairement fur quelque plan qu'on lui préfente, formera un cercle de lumiere dont le
diametre augmentera à mefure, qu'on
s'écartera du point *A*.

Seconde Expérience.

FAITES la grande platine verticale
dont il eſt parlé dans la préparation
de cette expérience, de la maniere
fuivante; elle vous fera commode
dans pluſieurs autres cas. *B*, *Fig.* 3. eſt
un chaſſis quarré dont chaque côté

XV.
LEÇON.
II. Section.
Art. I. *Pl.*
II. Fig. 7.

a dix-huit à vingt pouces, avec deux
traverses croisées B b, C c, comme le
désignent les lignes ponctuées. Il est
couvert de toile des deux côtés, &
l'on doit coller du papier noir en
dedans & en dehors. Vous percerez
au milieu un trou rond de quatorze
à quinze lignes de diametre, que
vous évaserez du côté qui se présentera au rayon solaire ; sur l'autre
face, vous attacherez avec quatre petites vis à têtes perdues, une platine
de cuivre, comme D, *Fig.* 4. de deux
pouces & demi en quarré, & qui ait
au milieu un trou rond & ébiselé
de huit lignes de diametre. Au haut
de cette platine , vous attacherez
avec une vis sous laquelle vous mettrez une petite rosette de cuivre
tournée , une double lunette E d'é-
caille ou de corne, qui porte d'un
côté un verre plan-convexe de neuf
à dix pouces de foyer, & de l'autre
un verre plan des deux côtés, &
dont on ait dépoli une face en le
douciffant avec de l'émeril fin : il faut
faire préparer cette piece par un Lunetier ; mais en cas de besoin, on feroit la monture en bois, en carton,

ou en cuir, &c. que l'on garniroit
avec un verre de lunette à mettre sur
le nez, & avec un petit morceau de
vître arrondi & dépoli, ou avec un
morceau de papier huilé : de quelque
maniere que cette double lunette
soit faite, il faut la mesurer & l'attacher de façon qu'en tournant sur sa
vis, elle porte chaque verre à son
tour sur le trou *D*, qui est au centre
de la platine.

Vous monterez le chassis ainsi préparé, à-peu-près comme les écrans
qu'on met devant les cheminées,
c'est-à-dire entre deux montants à
coulisses élevés sur une base, qui sera
une planche de six pouces de largeur; & afin que vous puissiez l'arrêter à telle hauteur que vous voudrez, vous ferez faire à chacun des
montants, une rainure à jour, pour
laisser passer les vis *F*, *F*, qui entre-
ront dans le bois du chassis, & qui
presseront un peu contre les montants, une rosette de cuivre mince &
faisant ressort.

Au-dessous de *b*, vous ferez faire
encore une mortaise quarrée un peu
plus longue que large, pour recevoir

une piece dont il fera parlé ci-après;
je reviens à la feconde expérience.

Placez votre table de maniere,
qu'elle réponde par un bout à une
ligne d'àplomb venant du point lumineux, comme *A G*, & dirigez fa
longueur parallélement au rayon qui
paffe par l'axe du tuyau *Z*. Tirez
d'un bout à l'autre, une ligne de
crayon que vous diviferez par pieds,
demi-pieds, &c. en commençant en
G. Mettez le chaffis *B* à la diftance
du premier pied; de tous les rayons,
qui partent du point *A*, & qui s'é-
tendent fur l'efpace *B b*, il n'y aura
que le faifceau *D H*, qui paffera au
delà du chaffis; & vous ferez voir
que cette portion de lumiere qui
n'occupe qu'un trou rond de huit lignes de diametre, à la diftance d'un
pied du point de fa divergence, forme un cercle de feize lignes de diametre à la diftance de deux pieds,
un autre de vingt-quatre lignes de
diametre à la diftance de trois pieds,
&c.

Voùs placerez pour cet effet à ces
différentes diftances l'inftrument repréfenté par la *Fig. 5. G*, eft un ca-

dre formé d'un fil de fer un peu moins gros qu'une plume à écrire, dont les deux bouts pliés d'équerre sur la longueur d'un pouce, se joignent en *g*, sont brasés l'un avec l'autre, & limés en pointe pour entrer dans une tige platte de bois *h*, qui se meut à coulisse dans le montant du pied à trois consoles *H*.

Le cadre a dix pouces de longueur sur quatre pouces de largeur, & il porte un morceau de taffetas blanc fort clair qui est tendu, & cousu tout autour, sur lequel vous tracerez avec de l'encre bien gommée trois cercles, le premier de seize lignes de diamètre, c'est-à-dire, une fois plus grand suivant cette dimension, que le trou *D* de la platine de cuivre par où passe le faisceau de lumiere. Le second de vingt-quatre lignes, & le troisieme de trente-deux.

La tige *h*, qui porte le cadre, est une regle de bois qui a trois quarts de pouce de largeur ; ses deux bords font taillés en pente, pour glisser dans une coulisse en queue d'aronde pratiquée dans l'épaisseur du montant ; & afin qu'elle faſſe reſſort , & qu'elle s'arrête d'elle-même à la hauteur où vous l'aurez miſe, vous la refendrez d'un trait de ſcie ſur le milieu de ſa largeur , & vous collerez dans le haut, un petit coin qui tende à faire ouvrir les deux parties.

Le taffetas qui porte les trois cercles , la face antérieure du montant & les deux conſoles *I, I*, doivent être dans un même plan vertical; & afin que cette machine ne ſoit point ſujette à tomber en devant, vous chargerez la troiſieme conſole *i* , qui eſt par derriere , avec une lame de plomb , que vous cacherez dans ſon épaiſſeur. Le ſupport doit avoir un pied de hauteur , afin que par le moyen de la tige à couliſſe, le cadre puiſſe s'élever juſqu'à dix-huit ou vingt pouces au-deſſus de la table.

Vous placerez donc cette piece d'abord à un pied de diſtance plus loin que le chaſſis *B b* , & vous ferez voir que la portion de lumiere qui a paſſé par le trou *D* , occupe toute l'étendue du premier cercle dont le diametre eſt double ; vous ferez voir

pareillement qu'à la troisieme diftance, cette même portion de lumiere remplit le second cercle dont le
diametre eft triple, &c. d'où vous
conc'urez que la lumiere, qui part
d'un point radieux, en vertu de la
divergence de fes rayons, diminue
de force ou s'étend en raifon du
quarré de la diftance ; car les aires des
cercles font comme les quarrés de
leurs diametres.

Au lieu de tracer les cercles fur
un chaffis garni de taffetas blanc, on
pourroit les avoir fur un carton,
mais alors on ne verroit l'effet dont
il s'agit, que fur le côté qui reçoit
la lumiere ; au lieu qu'en oppofant
un tranfparent, on peut voir en même-temps par-devant & par-derriere,
& je trouve cela fort commode,
quand j'ai un grand nombre de fpec-
tateurs : le papier huilé, fera auffi
bon que le taffetas ; mais celui-ci eft
moins fujet à fe déchirer.

Troifieme Expérience.

XV.
Leçon.
II Section.
Art. I. Pl.
VII. Fig. 9.
Par le moyen de deux miroirs
inclinés, faites paffer des rayons fo-
laires par les deux lunettes des pieces

à coulisses, & dirigez-les horisontale-
ment : vous aurez dans la chambre
obscure, deux points de lumiere,
dont l'un sera bleu & l'autre rouge ;
couvrez celui-ci, & opposez à l'autre
à un pied de distance, le trou *D* du
chassis, sur lequel vous aurez fait descendre le verre douci de la double
lunette *E* : ce verre sera toujours illuminé en bleu, quoique le trou *D*
change de place, en passant de droite à gauche, ou de haut en bas : vous
ferez la même chose avec le point
de lumiere rouge quand vous aurez
couvert le bleu ; & si vous laissez les
deux points de lumiere découverts,
le verre douci illuminé en même-
temps par les deux couleurs, prendra une teinte violette, ou purpuri-
ne. Cela fera comprendre, 1°. comment chaque point d'un objet éclairé, peut-être vû en même-temps par
plusieurs yeux, ou successivement
par le même, quoiqu'il change de
place ; 2°. que de tous les points d'un
objet éclairé, il vient à l'œil du
spectateur des pyramides de lumiere,
dont la base est mesurée par l'ouverture de la prunelle.

Quatrieme Expérience.

VOUS laifferez l'appareil , tel que je viens de le prefcrire pour l'expérience précédente ; mais vous ferez tourner la double lunette *e Fig.* 6. de forte que, le trou *d* demeure entiérement découvert, & vous lui oppoferez un tranfparent *L* , à neuf à dix pouces de diftance , en tirant vers le fond de la chambre. Il y parroîtra deux taches rondes , l'une bleue l'autre rouge, formées par deux pinceaux de lumiere croifés dans le trou *d*, ce qui mettra les deux cercles colorés en fens renverfé des deux points lumineux qui les produifent ; fecondement, ces deux taches s'approcheront l'une de l'autre, fi l'on met le tranfparent plus près du trou *d*; mais la lumiere y fera plus vive, & le contraire arrivera , fi vous éloignez davantage le tranfparent ; troifiémement, le tranfparent étant fixé à neuf ou dix pouces de diftance du trou *d*, fi l'un & l'autre s'avancent enfemble de trois ou quatre pouces vers la caiffe où font les points lumineux, vous ferez voir que les deux

cercles

cercles colorés du tranſparent s'approchent l'un de l'autre, & que leurs couleurs deviennent plus vives.

Pour tranſporter ainſi d'arriére en avant, ou d'avant en arriere le trou *d* & le tranſparent *L*, ſans changer leur diſtance reſpective, vous placerez dans la mortaiſe *b*, *Fig.* 3. qui eſt au bas du chaſſis, le bout de la regle *M*, *Fig.* 6. que vous retiendrez par derriere avec un écrou ; cette regle longue d'un pied & large de quinze lignes ou à-peu-près, aura une rainure à jour, dans laquelle vous ferez gliſſer le tenon plat d'un petit pilier de bois tourné *N*, qui portera le tranſparent *l* ; & afin que le mouvement ſoit doux, & que ce pillier s'arrête de lui-même à l'endroit où on l'aura amené, ſur le tenon excédant l'épaiſſeur de la regle en-deſſous, vous enfilerez une lame de cuivre mince, battue à froid pour qu'elle faſſe reſſort, & vous la retiendrez par une ou deux goupilles.

L'expérïence étant faite ainſi ; vous fournira les faits dont j'ai fait uſage dans les *applications*, par rapport à la viſion des objets ; j'y ai fait mention d'un œil de veau appliqué à un trou fait au volet d'une chambre bien fermée d'ailleurs, pour faire voir que les objets se peignent renversés au fond de cet organe ; si l'on trouve trop de difficulté à préparer cet œil comme il faut, on fera l'équivalent en bouchant l'ouverture qui reçoit la caisse (*Pl. IX. Fig. 2.*) avec une planche, au milieu de laquelle on fera un trou rond de deux pouces de diametre, pour y placer un verre objectif de trois pieds de foyer ; car ce verre faisant l'office d'un œil représentera les objets renversés, sur un transparent de taffetas blanc, ou sur un carton qu'on opposera dans une situation verticale, & à trois pieds de distance. Si l'on ne peut pas se procurer un verre fait exprès, on pourra se servir avec assez de succès, d'un verre de lunettes à mettre sur le nez, en le choisissant d'un foyer un peu long.

Cette expérience fera plus de plaisir à voir, si le soleil éclaire les objets du côté par lequel ils se présentent au verre objectif ; & si la chambre est bien obscure.

Le verre plan-convexe de la double lunette *E*, qui n'a point servi dans les expériences précédentes, sera employé pour celles où il s'agira de la vision diſtincte.

AVIS

Concernant la SEIZIEME Leçon.

LE cercle dont il eſt ici queſtion eſt plûtôt un chaſſis rond, couvert de part & d'autre d'une toile bien tendue, & par-deſſus, d'une feuille de papier bleu proprement collée avec de l'amidon ou avec de la colle de farine : ce chaſſis ſe contiendra mieux & ſera plus ſolide, s'il eſt fait avec un cercle de fer plat, ſoutenu par une croix de même métal ; mais on le peut faire auſſi avec du bois léger & bien choiſi, de ſept à huit lignes d'épaiſſeur, en aſſemblant quatre chanteaux dans les extrêmités de deux barres, qui ayent deux pouces de largeur, entaillées à demi-bois & croiſées l'une ſur l'autre, comme on le peut voir par la *Fig.* 1. *Pl. XI.*

XVI.
Leçon.
Suite de la
II Sea. Art.
II. Pl. I. Fig.
2.

V ij

De quelque maniere qu'on conf-
truife ce chaffis , il faut qu'au centre
de fa face poftérieure, il porte une
tige de métal bien ronde qui ait au
moins un pouce de longueur fur cinq
à fix lignes de diametre , & allant un
peu en dépouille comme la clef d'un
robinet : le plus gros bout de cette
tige fera rivé ou foudé fur une plaque de cuivre pour être attaché au
chaffis avec des vis : l'autre bout fera
quarré fur la longueur de trois lignes, & terminé enfuite par une
partie ronde de même longueur, fur
laquelle il y aura des filets de vis.

A eft une tige de fer terminée en
pointe par en bas pour entrer un
peu à force dans la tige du pied qui
hauffe & baiffe. La partie *A B* doit
être un peu plus longue que le demi-
diametre du chaffis ; elle eft plate
par en-haut, percée & garnie d'une
virole de cuivre de fix lignes de longueur, épaiffe pour fournir des portées qui fervent à la river ; cette virole eft alaifée en dedans fuivant
la groffeur & la figure de la tige *C*
qui doit y entrer. Et l'on ajufte
celle-ci avec du fable & de l'eau de

savon, comme une clef de robinet ;
mais il ne faut pas qu'elle entre de
toute sa longueur, afin que le quarré
qui est au bout, ne se trouve pas
entiérement dehors. Ce quarré ,
quand la tige est dans sa virole, reçoit une rondelle de cuivre , assez
épaisse pour couvrir une partie des
filets de la vis sur laquelle on fait
entrer un écrou à oreilles ; en serrant
cet écrou, on augmente le frottement à volonté ; & si l'on a soin de
mettre un peu de suif à la tige, le
chassis tourne d'un mouvement doux,
& s'arrête de lui-même dans la situation où on le met.

La circonférence divisée en dégrés & qui est élevée parallelement
de trois lignes au-dessus de la face
antérieure du chassis, peut également
se faire ou de fer forgé, ou de cuivre coulé ; c'est assez que ce cercle
ait quatre lignes de largeur, sur deux
lignes d'épaisseur ; mais après qu'on
aura réglé la premiere de ces deux
dimensions , par deux traits concentriques de compas, il faudra assujettir l'autre, c'est-à-dire, l'épaisseur, à un calibre, afin de procurer

aux curſeurs, des mouvements doux, avec un frottement uniforme.

Comme le cercle de métal dont il eſt ici queſtion, ne ſert qu'à porter les curſeurs, qui ne parcourent jamais toute la circonférence du chaſſis, on peut mettre toute la diviſion ſur le bord de celui ci, & ſupprimer une partie du cercle de métal, pour avoir la facilité d'enfiler les curſeurs deſſus ou de les ôter quand on voudra. Alors il faudra coller une bande circualire de papier blanc, ſur le bleu qui ſert de fond au chaſſis.

Les curſeurs ſont des boëtes de de cuivre, ou plutòt deux brides de laiton qui embraſſent le cercle de métal, & qui ſont attachées avec des clous rivés, on avec des vis au bord de la platine quarrée, & à celui du petit chaſſis garni de papier huilé : chacun de ces curſeurs traîne avec ſoi une petite lame à reſſort, qui frotte contre une des faces du cercle, & qui maintient la piece mobile, à l'endroit où on la met.

Chacun des deux piliers deſtinés à porter les miroirs eſt fait de trois lames de cuivre rivées l'une ſur l'autre ; celle du milieu auſſi épaiſſe que le miroir, n'a que la moitié de la largeur des deux autres ; celles ci battues à froid, beaucoup plus minces, & un peu inclinées entre elles, forment une couliſſe qui pince le miroir, quand on l'y fait entrer & le retient de maniere qu'il ne peut pas tomber : ces piliers à couliſſe, ont chacun un tenon quarré qui traverſe l'épaiſſeur du chaſſis, le bout qui excéde par derriere, eſt une vis qu'on ſerre avec un écrou.

J'ai enſeigné dans la premiere & dans la ſeconde partie de cet ouvrage, *Tome I. pag.* 1 0 & 4 3, comment il faut compoſer le métal des miroirs, les fondre, & les travailler; ainſi je n'en dirai rien ici. Si l'on n'eſt point à portée de faire ces miroirs avec du métal blanc, on pourra mettre en leur place, des lames de laiton dreſſées, ou courbées convenablement, douciés enſuite, & polies le plus parfaitement qu'il ſera poſſible.

Dans l'expérience dont il s'agit maintenant, il faut obſcurcir la chambre comme je l'ai dit, pour

celles de la premiere section, & y
introduire un gros faisceau de rayons
solaires, par le moyen des machines
dont j'ai donné la discription : le dia-
phragne de cuivre dont il est parlé,
est une platine ronde & mince de
deux pouces de diametre, ayant en
son centre un trou rond de six lignes? & qui se place dans le dragoir,
de la platine quarrée.

Seconde, troisieme & quatrieme Expériences.

XVI.
LEÇON
II. Section.
Pl. I. Art.
II. Fig. 2.

DANS ces trois expériences, vous
suivrez exactement ce qui est prescrit dans leurs *préparations*. Vous observerez seulement que dans la figure
citée en marge, le graveur n'a point
fait descendre, comme il le devoit,
le cercle qui porte les curseurs, jusques en *F*; c'est une omission qu'il
ne faut point imiter en construisant
cette machine.

A la suite de ces expériences, il
faut rendre raison des principaux effets du miroir plan, & pour cela,
il faut être muni 1°. d'un morceau
de glace fort épais, & mis au teint
comme les miroirs ordinaires, pour
faire

faire obferver que limage eft double :
2°. de deux miroirs plans élevés perpendiculairement fur, deux lignes
qui forment entre elles un angle
droit, pour montrer qu'un quart de
cercle placé dans cet angle, produit
l'image d'un cercle entier : 3°.
D'un miroir prifmatique de métal,
pour faire voir que les images pro-
duites par fes différentes faces, laiffent
entre elles des efpaces ou des objets
vifibles, que l'œil du fpectateur n'a-
perçoit pas, ou qu'il n'apperçoit que
fucceffivement&en changeant de place : 4°. d'un miroir pyramidal à quatre faces, pour faire remarquer, que
l'œil placé au-deffus de la pointe voit
à la bafe, les objets d'alentour raffem-
blés, quoiqu'ils foient féparés par des
intervalles confidérables, & qu'il les
voit dans un ordre oppofé à celui dans
lequel ils fe préfentent au miroir.

Quand vous voudrez faire voir
que l'image eft double avec un miroir de glace, vous le couvrirez d'un
carton mince ou d'une feuille de papier noir, percée au milieu d'un trou
rond de douze à quinze lignes de
diametre ; vous le préfenterez obli-

Tome III.   X

quement au foleil, & vous réfléchi-
rez la portion de rayons qui tou-
chera le miroir, fur une muraille
blanche & unie, fur un plafond, ou
contre un carton : l'effet de cette
expérience fera plus fenfible, fi on
la fait dans la chambre obfcure ,
deftinée aux expériences fur la lumiere. Si vous avez un miroir plan
de métal, vous ferez obferver dans
une pareille expérience, que le rayon
folaire qu'il réfléchit, ne produit
qu'une image.

Faites préparer par un Menuifier
un plateau de bois arrondi circulairement, & qui ait un pied de
diametre, divifez-le en quatre quarts
par deux lignes qui fe croifent à angles droits, comme AD, BE, *Fig.*
2; fur les deux rayons AC, BC,
élevez perpendiculairement deux miroirs plans qui aient chacun cinq à
fix pouces de hauteur, & foutenez-
les par derriere avec deux morceaux
de planche affemblés à tenons dans
le plateau ; fi les miroirs font de glace, avant de les faire mettre au teint,
vous ferez tailler en ongléts les deux.
bords qui doivent fe joindre en C.

Tous les objets, soit en deffein, soit en reliefs, qui feront placés & éclairés dans le quart de cercle *A C B*, se répéteront dans les trois autres. Car, fuppofons que vous mettiez en *O* une petite bougie allumée, ou une petite piece d'argent fur un fond noir, cet objet jettant des rayons de lumiere fur tous les points de la furface de chaque miroir, ne manquera pas d'en envoyer un jet en *f,* qui fera avec le miroir un certain angle comme *O f g*, & qui étant réfléchi fous un pareil angle *B f h* vers l'œil, que je fuppofe placé en *K*, lui fera voir l'image de l'objet en *i*, & par la même raifon, il l'appercevra auffi en *l*.

Si l'objet *O* étoit infiniment petit, l'œil placé en *K* ou dans une ligne qui tomberoit d'àplomb fur le point défigné par cette lettre, ne pouroit point le voir en *m*, mais pour le peu qu'il ait d'étendue, ou que l'œil fe jette de côté, comme s'il fe plaçoit en *k*, alors il l'appercevra par le rayon *O n p k*, qui fouffrira deux réflexions, l'une en *n*, l'autre en *p*.

Ce que je viens de dire d'un objet placé en O, doit s'entendre pareillement, de tous les points visibles qu'on pourra imaginer dans l'espace qu'embraffent les deux miroirs; ainfi en plaçant trois bougies comme ooo, on aura un cercle compofé de douze lumieres, & avec deux lignes difpofées comme Of & Or, on aura un octogone : enfin le quart d'une fortification réguliere, deffinée ou en relief, fuffira entre les deux miroirs pour faire voir l'ouvrage tout entier.

Le miroir prifmatique, ainfi que le miroir pyramidal, ne peut fe faire comme il faut qu'en métal blanc : fi on les faifoit avec des morceaux de glace au teint, on auroit beau les joindre en onglet, il y auroit toujours aux angles quelques interruptions, qui nuiroient à la continuité & à la régularité de l'image ; on fera donc fondre ces miroirs fur des modeles de bois, de cuivre, ou de plomb, à qui l'on donnera environ deux lignes & demie d'épaiffeur, afin que ces pieces travaillées après la fonte confervent encore une folidité fuffifante ;

car cette espece de métal composé,
se casse aisément, comme je l'ai assez
dit ailleurs.

On peut donner à ces miroirs autant de faces que l'on veut; mais
en les travaillant, il faut s'appliquer
à les rendre bien droites, régulieres,
égales entre elles, & que les angles
qu'elles forment en se joignant soient
bien vifs: on y parviendra en les ré-
glant sur un calibre. Quant aux dimensions, elles sont arbitraires aussi;
cependant pour nous fixer à quelque
chose, je vais supposer que ces deux
miroirs ont chacun quatre faces, que
le miroir prismatique a six pouces
de haut, que ses faces égales entre
elles font partie d'un décagone pris
dans un cylindre de deux pouces un
quart de diametre. Je suppose encore
que le miroir pyramidal a pour base
un quarré parfait inscrit dans un cercle de trois pouces de diametre, &
que chacune de ses faces est un triangle de vingt à vingt - une lignes
de hauteur.

Le miroir prismatique se monte
sur un prisme, ou sur un cylindre
de bois noirci, qui a deux tenons à

vis, l'un en haut l'autre en bas, fur lefquels entrent une bafe & un chapiteau , qui emboîtent de part & d'autre le métal , & le bois fur lequel il eft appliqué : bien entendu qu'on a ravallé ce bois d'environ deux lignes , afin que le miroir s'y loge & ne faffe point une nouvelle épaiffeur. Voyez la *Fig.* 3.

On fait auffi au miroir pyramidal une bafe de bois peint en noir , haute de trois ou quatre lignes , fur laquelle on réferve une maffe qui entre dans le creux de la piece , & qui fert à l'arrêter avec un peu de maftic. C'eft par ces montures de bois , qu'il faut toucher ces miroirs , & non avec les doigs nuds , qui ne manqueroient pas de ternir & de tacher le métal. Voyez la *Fig.* 4.

Dans les grandes villes telles que Paris, Londres, &c. On trouve aifément & à bon marché des cartons peints pour ces fortes de miroirs, ainfi que pour les miroirs cylindriques & coniques dont je parlerai ci-après : mais fi l'on n'eft point à portée de s'en procurer, ou qu'on foit bien aife d'en faire foi-même qui repréfentent des fujets moins communs, que ceux qu'on trouve chez les ouvriers qui les vendent, je vais dire comment il s'y faut prendre pour les deffiner, en commençant par le miroir prif-matique.

Il s'agit de placer fur une feuille de papier ou fur un carton les diffé-rentes parties d'un deffein, de ma-niere que le miroir avec fes faces inclinées les unes aux autres, les ré-préfente raffemblées dans un ordre naturel. Quelles dimenfions faut-il donner au carton, & quelles font les places où il faut deffiner l'objet ?

Soit *A B*, *Fig.* 5. une ligne prife de bas en haut fur une des faces du miroir, l'œil étant fuppofé en *C*, à quinze ou dix-huit pouces de dif-tance devant le miroir, & élevé d'autant, au-deffus de la table fur laquelle il eft pofé ; tracez la ligne *C B* que vous prolongerez comme *B b*, jufqu'à ce quelle rencontre la ligne *b H* qui repréfente le carton fur lequel fera pofé le miroir. Tirez enfuite la ligne *C A*, que vous pro-longerez de même jufqu'en *a*; divi-fez l'efpace compris entre *A* & *B* en

X iv

autant de parties égales qu'il vous plaî-
ra, en quatre, par exemple, comme
A 1, 1 *d*, *d* 3, & 3 *B*. Menez du
point *C* trois lignes, fur ces points
de divifion, comme *C* 3, *C d*, *C* 1,
que vous prolongerez comme les
précédentes.

Cela étant ainfi, vous ferez *f i* égal
à *f a*, & *i H* égal à *a b*; vous partagerez cet efpace en quatre parties
inégales, par des lignes venant des
points 3, *d*, 1, & efpacées entre
elles comme les lignes ponctuées
qui tombent entre *a* & *b*.

Après cette opération vous en
ferez une autre que voici. Décrivez
le cercle *a d F t* (*Fig.* 6.) dont le
diametre ait deux pouces un quart;
divifez fa circonférence en dix parties
égales, en commençant au point *a*,
tracez quatre côtés du décagone qui
repréfenteront les quatre faces du
miroir prifmatique; prolongez de
part & d'autre chacun de ces côtés
par des lignes de crayon, comme *f g*.
Menez du point *C*, à l'extrêmité de
chacun des côtés, des lignes droites,
comme *C a*, *C k*, *C d*, &c. mefurez
les angles que font ces lignes avec les

côtés du décagone fur lefquels elles tombent; par exemple, l'angle *h a g*, par l'arc de cercle *g h*; faies de l'autre côté un pareil arc *f i*, & du point *a*, faites pafler par *i* la ligne *a l*; fi vous faites la même chofe à l'égard des lignes *C k*, *C d*, & leurs pareilles que vous aurez fait tomber fur les deux autres côtés, vous aurez huit lignes femblables à *a l*, & *k m*, qui formeront quatre bandes *n o*, *m l*, *p q*, *r s*; dont vous déterminerez la longueur de la maniere fuivante.

Divifez le rayon *c a*, du décagone en trois parties égales; de ces treis points de divifion, celui qui eft le plus près du point *a*, fera le centre d'un cercle d'environ quatre pouces de diametre, que vous tracerez avec du crayon, & qui marquera à qu'elle diftance du miroir vous devez terminer vos bandes par ce côté-là; du même centre, décrivez un auntre cercle qui foit diftant du premier, comme *i H* de la *Fig.* 5. Ces quatre bandes ainfi placées contiendront ce que l'œil difpofées en *C*, pourra voir dans les quatre faces du miroir.

C'eſt donc dans de pareilles bandes tracées légérement au crayon ſur
le papier ou ſur le carton, qu'il faut
deſſiner toutes les parties du tableau,
& pour le faire facilement & avec
plus d'exactitude, il faut en diviſer
la longueur & la largeur en un certain
nombre de parties ; tracer des divi-
ſions en même nombre, ſur le tableau
original, & rapporter les différentes
parties de celui-ci dans les caſes reſ-
pectives des quatre bandes.

Suppoſons que vous ayez diviſé
la hauteur du tableau en quatre parties égales, vous les diſtinguerez par
les chiffres 1, 2, 3, 4, *Fig.* 7. &
vous diviſerez auſſi la longueur de
vos bandes en quatre parties, mais
inégales, dont les proportions vous
ſe ont données par les eſpaces que
laiſſent entr'elles les lignes qui tombent entre *i H*, *Fig.* 5.

Vous diviſerez enſuite la largeur
du tableau en huit parties égales,
chacune de vos quatre bandes
deux parties égales ſuivant ſa largeur, ce qui vous donnera auſſi huit
parties, & vous déſignerez les unes
& les autres par les mêmes lettres.

Ces deux divisions étant faites, il ne restera plus, qu'à dessiner dans chaque case des bandes, la partie du tableau que vous trouverez dans la case correspondante : & quand tout sera dessiné au trait , vous finirez par le peindre avec des couleurs vives & tranchantes.

Il est à propos d'observer ici que ces sortes de miroirs en sortant des mains des ouvriers, ne sont pas ordinairement bien réguliers ; on fera bien de leur présenter le carton à mesure qu'on tracera les bandes , & qu'on les divisera, pour voir si ces quatre bandes remplissent bien les faces du miroir , & si leurs divisions se rapportent ; car si elles ne se rapportent pas , il faut déroger à la regle, pour les conformer à l'état du miroir : & alors les cartons peints , ne seront bons que pour celui pour lequel on les aura préparés.

Une autre observation , qui n'est pas moins importante que la précédente , c'est que j'ai supposé jusqu'ici qu'on n'employoit qu'un œil pour regarder dans le miroir , & qu'il étoit fixé à un certain point ; mais le plus

souvent on regarde ces sortes de curiosités avec les deux yeux , & l'on
ne s'assujétit pas à regarder fixement,
à la même distance : ainsi il ne faut
pas renfermer strictement les parties
du tableau, dans les bandes , telles
que je viens de les décrire , on peut
& l'on doit même , les augmenter
d'un quart en largeur.

Puisque le spectateur n'apperçoit
que ce qui est peint dans les bandes,
on peut dessiner tout ce qu'on voudra dans les intervalles qui les sépa-
rent ; c'est pourquoi les cartons préparés pour ce miroir, offrent aux
yeux des mêlanges d'objets qui empêchent qu'on ne reconnoisse à la
vûe simple, celui que le miroir fera
voir. L'art consiste à éviter ceux qui
ont de petites parties qui les carac-
térisent, & à lier ce qui est sur les
bandes, avec quelque chose qui lui
donne une ressemblance très-diffé-
rente de ce qu'on verra dans le miroir.

Tout ce qui se peut voir dans un
miroir pyramidal quarré, quand l'œil
est placé au-dessus de la pointe, doit
être dessiné ou peint dans quatre

riangles dont les bases soient égales
& paralléles au côté d'un quarré qui
est couvert par ce miroir; quant à la
hauteur de chacun de ces triangles,
vous l'aurez, en déterminant à-peu-
près la hauteur de l'œil, & en faisant
l'opération qui suit.

Formez le triangle *A B D*, Fig. 8,
dont la base *A D* ait deux pouces &
une ligne, & dont la hauteur *B E*,
soit de vingt ou vingt & une lignes,
comme je l'ai dit ci-dessus ; de sorte
que *A B*, représente une des faces
du miroir. Prolongez cette derniere
ligne d'une quantité indéfinie, comme
B F. Abaissez du point *C* éloigné de
la pointe du triangle d'environ huit
à neuf pouces où l'on suppose l'œil,
une ligne sur le point *B*, que vous
prendrez très-près de l'angle ; placez
la pointe du compas sur *B*, & tracez
l'arc de cercle indéfini *C F G*. Faites
F G égal à *F C*, & du point *G* me-
nez-les lignes *G B*, *G A*, que vous
prolongerez jusques en *H* & en *I*.
L'intervalle compris entre ces deux
lettres, sera la hauteur des triangles que vous cherchez, & l'espace
I a, sera la distance qu'il faudra ob-

ferver entre vos triangles & le miroir.

Vous prendrez donc une feuille
de papier fort , qui ait à-peu-près
huit pouces en quarré, *Fig.* 1. *Pl. XII.*
vous marquerez au milieu , la place
du miroir avec celle du bois fur lequel il eft monté *A B C D* : à la diftance *a I* , donnée par l'opération
précédente *Pl. XI. Fig.* 8 , vous placerez les quatre triangles , dont la
hauteur fera comme *I H* , & vous les
diviferez en quatre parties , tant en
largeur qu'en hauteur ; celles de la
largeur feront égales entr'elles ; mais
celles de la hauteur feront inégales ,
& vous en aurez les proportions en
faifant ce qui fuit.

Divifez la ligne *A B* , de la *Fig.*
8. que je viens de citer en quatre
parties égales ; du point *G* menez fur
chacun des points de divifion , une
ligne droite que vous prolongerez
en *k* , en *l* , & en *m* ; alors les quatre efpaces compris entre *I k* , *k l* ,
l m , *m H* , feront ceux qu'il faudra
obferver, en divifant les triangles fuivant leur hauteur. Voyez la *Fig.* 2.
Pl. XII. qui repréfente un de ces

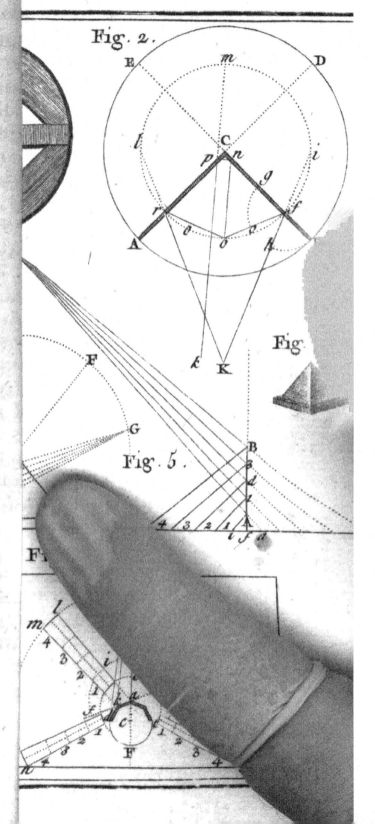

Fig. 2.

Fig.

Fig. 5.

triangles deffiné avec de plus grandes proportions.

.Les triangles étant ainfi formés & divifés fur un carton avec des lignes qu'on puiffe effacer enfuite, il ne s'agira plus que d'y tranfporter, les parties du tableau, dont chacun d'eux doit être chargé; pour cet effet, vous tracerez fur le tableau un quarré qui le comprenne entiérement, comme *E F G H*, *Fig.* 3. Vous diviferez enfuite ce quarré en quatre triangles par deux diagonales *E G*, *F H*; enfuite vous partagerez la hauteur d'un de ces triangles en quatre parties égales par des lignes paralléles à la bafe, & la largeur en quatre autres parties égales par des lignes perpendiculaires à cette même bafe; vous diftinguerez les efpaces de la premiere divifion par des lettres, comme *k*, *l*, *m*, *n*, que vous aurez auffi employées pour marquer celles des triangles en allant de la bafe au fommet: & les parties de la feconde par des chiffres 1, 2, 3, 4, en allant de la gauche à la droite. Alors tout ce qui fe trouvera compris dans le premier triangle, vous le rapporterez place pour place dans le premier de ceux qui font tracés fur le carton. Vous procéderez de même pour le deuxieme, le troifieme & le quatrieme ; mais pour éviter la confufion, je vous confeille de ne divifer les quatre parties du tableau que l'une après l'autre ; ou fi vous les divifez toutes les quatre, avant de les tranfporter fur les triangles du carton, vous ferez bien d'en couvrir trois, afin de n'avoir fous les yeux que celui dont vous devez être occupé.

Je répete ici ce que j'ai dit au fujet du miroir prifmatique ; ces miroirs ne font pas toujours bien réguliers ; il faut accommoder le deffein aux petites inégalités qui peuvent s'y trouver, & repairer une des faces pour un des triangles, afin que le tableau deffiné fuivant l'état du miroir, préfente toujours les mêmes parties aux mêmes faces.

Les objets les plus fimples, font ceux qui conviennent le mieux pour le miroir pyramidal ; il faut commencer par ceux qui ont les parties fymmétriques, parce qu'ils font plus faciles à tranfporter fur le carton ; mais

mais quand on sera un peu exercé, il faudra préférer ceux dont les contours seront le plus variés. Les grands intervalles que les triangles laissent entr'eux, peuvent se remplir de tout ce qu'on voudra, comme aux cartons du miroir prismatique ; si l'on y met des objets étrangers à ceux du tableau, & qui puissent cependant se lier avec lui pour rappeller d'autres idées, le tout ensemble à la vûe simple n'en sera que plus propre à dépayser le spectateur. Mais il faut que tout cela soit dessiné au simple trait avant que d'en venir à la peinture, qui doit être exécutée avec des couleurs vives & tranchantes.

Joignez à ces instructions, ce que j'ai écrit, *Leçons de Physique*, *Tome V.* depuis la *page* 178, jusqu'à la *page* 196.

Cinquieme, sixieme & septieme Expériences.

LA manipulation de ces expériences est suffisamment expliquée dans les *Leçons de Physique*, & l'inspection de la planche citée en marge servira encore à faire reconnoître

XVI. LIÇON. II. Section. Art. I. PL. III.

Tome III. Y

les effets. Il faut avoir quelques miroirs fphériques convexes ; on en trouve affez communément chez les Miroitiers, de cinq à fix pouces de diametre, qui font faits avec des verres plan - concaves, mis au teint par leur concavité ; mais il faut tâcher de s'en procurer de plus grands, comme de dix à douze pouces de diametre, foit en métal, foit en glace courbée & mife au teint par le côté concave. J'ai dit ailleurs * comment on fait l'une & l'autre efpece de miroirs.

* Tome I. page 234.

Huitieme, neuvieme & dixieme Expériences.

XVI. LEÇON. II. Section. Art. II. Pl. 4.

SUIVEZ ce qui eft prefcrit dans les *Leçons de Phyfique*, aidez-vous des figures de la planche citée en marge, vous aurez infailliblement les effets qui y font annoncés.

Pour voir comme il faut les effets du miroir concave, (je fuppofe toujours la courbure fphérique,) il faudroit en avoir un qui eût au moins un pied de diametre, faifant partie d'une fphere de trente pouces de rayon, ou à-peu-près ; s'il eft de métal & travaillé des deux côtés, on aura avec la même piece le miroir convexe; s'il eſt de verre, il faudra qu'il ſoit mis au teint par ſa convexité : ceux qui ſont faits avec un morceau de glace courbée, & qui ont les deux ſurfaces parallèles entr'elles, méritent la préférence à bien des égards ſur ceux de métal; il faut lire ce que j'en ai dit, *Leçons de Physique, Tome V, page 229 & ſuiv,* & dans le premier Tome de cet ou-vrage, en parlant de la maniere de travailler les métaux relativement aux inſtruments de Phyſique.

L'EXPÉRIENCE des deux miroirs concaves dont j'ai fait mention, à la ſuite des trois dernieres, où il s'agit des rayons réfléchis par des miroirs concaves, mérite d'être vûe; elle réuſſit fort bien avec ces miroirs de carton ou de plâtre dorés dont j'ai donné la conſtruction dans les *Avis* ſur la treizieme Leçon, *page* 116. & *ſuiv.* & ce que j'en ai dit dans les *Leçons de Phyſique, Tome V, page* 217, ſuffira pour guider ceux qui voudront la répéter : j'ajoute ſeulement qu'il faut que les deux miroirs

Y ij

ſoient bien ſtables & ne vacillent
point tandis qu'on fait agir le ſoufflet
pour exciter le feu du charbon ; &
qu'il eſt à propos que l'un des deux
au moins, ſoit monté de maniere qu'il
puiſſe aiſément s'incliner haut & bas
& de côté, afin qu'on puiſſe avec
promptitude & facilité, mettre ſa
ſurface paralléle à celle de l'autre :
au lieu d'allumer de la poudre, je préfere de mettre le feu à un morceau
d'amadou.

Pour faire voir que l'image s'apperçoit en de-çà du miroir concave &
dans une ſituation renverſée, quand
l'objet eſt moins avancé vers lui que
l'endroit où eſt ſon foyer, vous obſer-
verez ce qui ſuit. Si c'eſt pendant le
jour, tournez le derriere du miroir
vers la fenêtre, afin que ce que vous
lui préſenterez par-devant ſe trouve
bien éclairé ; ſi c'eſt la nuit, vous
mettrez deux chandelles allumées
à côté du miroir ; mais un peu en
arriere ; je ſuppoſe que tout cela eſt
ſur une table, de ſorte que le centre du miroir, ſe trouve ſeulement
un peu plus bas que l'œil du ſpec-
tateur qui ſe tient debout. On peut

préfenter l'objet avec la main un
peu au-deffus de l'axe du miroir,
& à la diftance prefcrite ; mais il faut
ou alonger le bras , ou tenir l'objet au bout d'un bâton, afin que l'œil
en foit éloigné de deux ou trois pieds.
J'épargne ce petit foin à mes auditeurs , en attachant avec un peu
de cire molle , une petite bande de
carton blanc taillée en fleche , au
bout d'une regle de trois pieds de
longueur que je fais porter par un
fupport qui hauffe & baiffe à volonté,
& qui permet à la regle de s'incliner,
s'il en eft befoin ; quand j'ai une fois
placé ce petit appareil à la diftance
convenable , chacun va voir à fon
tour au bout de la regle , & je fa-
tisfaits en peu de temps un grand
nombre de perfonnes.

Cette expérience eft fufceptible
d'une infinité d'applications très-
curieufes & capables de caufer bien
de la furprife aux gens qui n'en
auroient point connoiffance : cachez,
par exemple, votre miroir derriere
une porte , ou derriere une efpece
d'écran qui ait au milieu un trou
rond de deux pouces de diametre,

Fig. 4. Attachez en *A* du côté qui regarde le miroir, une montre dont vous aurez ôté la chaîne, en observant de mettre le midi en bas; sur l'autre face de l'écran attachez la chaîne de la montre en *B*, de sorte quelle pende jusqu'en *b*. Ceux qui seront placés par-devant, mais de côté, en regardant la chaîne, ne verront au bout qu'un trou vuide; mais si vous amenez quelqu'un en face de ce trou & à la distance de trois ou quatre pieds, vous lui ferez voir l'heure qu'il est à la montre, qui lui paroîtra en place du trou & pendue à sa chaîne; je suppose que le miroir est suspendu comme d'ordinaire, dans un croissant porté sur un pied, ce qui donne la facilité de l'incliner convenablement pour jetter l'image de la montre, précisément dans le trou.

Comme on fait voir le cadran d'une montre, on peut également faire paroîtredans ce trou mystérieux, le portrait de quelqu'un, voilà un moyen de faire voir des revenants, ou de désigner l'auteur de quelque action bonne ou mauvaise: il est bon

qu'on sache jusqu'aux abus qu'on
peut faire de ces sortes de curiosités
naturelles, afin de n'en point être la
dupe.

Vous ferez paroître de même sur
le bout d'un banc ou d'une table, un
bouquet de fleurs, un chandelier,
une figure humaine en relief, ou
tout autre objet, s'il est attaché dessous dans une situation renversée, &
qu'il soit bien éclairé du côté qui
regarde le miroir : voyez la *Fig.* 5.

Des miroirs mixtes.

LISEZ avec attention ce que j'ai
écrit dans les *Leçons de Physique*,
Tome V, pag. 234 *& suiv.* pour expliquer les effets des miroirs cylindrique & conique, & joignez à cette
lecture réfléchie, ce que j'ai enseigné ci-dessus par rapport aux miroirs
prismatique & pyramidal à plusieurs
faces, alors il vous restera peu de
choses à apprendre sur l'article présent. Car si vous considérez que le
cylindre est un prisme d'une infinité de côtés qui n'ont point de
largeur sensible, vous comprendrez
que la *Fig.* 5. *Pl. XI*, par laquelle j'ai

XVI.
LEÇON.
II. Section.
Art. II. Pl.
V. Fig. 26,
27, & 28.

déterminé l'eſpace *i H* avec ſes divi-
ſions, pour ſçavoir quelle largeur il
faut donner au carton devant chaque face du priſme, vous indique de
même, celle qui doit ſe trouver vis-
à-vis chaque ligne priſe de haut en
bas ſur le cylindre, & comme ces lignes ſe touchent & quelles n'ont
point de largeur ſenſible, il s'en
ſuit que les bandes *n o*, *m l*, *p q*,
r s, *Fig. 6.* qui ſont fort écartées
les unes des autres pour le miroir
priſmatique qui n'a que quatre faces,
ſont bien plus nombreuſes & ſans interruption pour le miroir cylindrique.

Vous prendrez donc pour deſſiner
le tableau, un carton ſemblable par
ſes dimenſions, à celui de ce dernier
miroir, & vous y tracerez avec le
crayon deux portions de cercles
concentriques, comme *d v t*, & *n
l q s*; en obſervant que le plus petit
ſoit éloigné du miroir de la quantité *f i*, & l'autre de la quantité *f H*.
L'eſpace renfermé entre les deux lignes circulaires, ſera enſuite diviſé
par trois autres portions de cercles
toujours concentriques, en quatre parties

ies plus larges les unes que les autres,
& dans les proportions indiquées par
celles qui font numérotées 1, 2, 3, 4,
dans la *Fig.* 5.

Le miroir cylindrique n'a que les
quatre dixiemes du pourtour d'un cylindre , & c'eſt aſſez pour faire voir
à l'œil, qui eſt placé vis-à-vis le milieu de cet eſpace toutes les parties
de l'objet qui eſt peint ſur le carton :
vous tracerez un cercle excentrique
aux précédents, qui repréſente la baſe
du cylindre dont le miroir fait partie ; vous le diviſerez en dix parties égales en commençant par le
point *a*, *Fig.* 6. comme vous avez
fait pour le priſme ; vous tracerez
des tangentes ſur les deux points de
diviſion qui font de part & d'autre
du point *a* ; de *C* où l'on ſuppoſe
l'œil, vous menez des lignes droites,
ſur chaque point de diviſion *c a*, *c k*,
c d, &c. & faiſant l'angle de réflexion
égal à celui d'incidence, vous aurez
cinq lignes, qui partageront en quá-
tre parties tout l'eſpace circulaire ,
qui eſt devant le miroir ; par le
moyen de ces rayons, & des lignes
circulaires dont j'ai parlé précédem-

ment, l'espace dans lequel vous devez dessiner le tableau, sera partagé en seize cases ; dans lesquelles il vous sera aisé de rapporter ses différentes parties, quand vous l'aurez divisé lui-même en seize cases, par des cercles concentriques également espacés, & par des rayons tendant au centre de ces mêmes cercles.

Raisonnez & procédez de même pour le miroir conique en considérant *A B*, *Fig.* 8, comme une ligne droite prise sur le cône de la base à la pointe. *A E* sera le rayon d'un cercle tracé sur le carton & sur lequel vous placerez la base du miroir; *E I*, *E H*, seront les rayons de deux autres cercles que vous tracerez légérement avec du crayon, & qui formeront entre eux un espace circulaire, dans lequel il faudra dessiner le tableau : pour cet effet, vous diviserez cet espace par trois cercles concentriques, en quatre parties inégales dont les proportions seront les mêmes, que celles, qui sont indiquées par la *Fig.* 8, pour diviser la hauteur des triangles dans lesquels on rapporte

le tableau du miroir pyramidal.
Vous subdiviserez ensuite tous ces espaces circulaires en secteurs tronqués
par des rayons tendant au centre, en
tel nombre qu'il vous plaira ; au nombre de six, par exemple, ou de huit.
Enfin vous décrirez sur votre tableau
un cercle qui renferme toutes ses
parties, & entre sa circonférence &
son centre, trois autres cercles également espacés entre eux ; & vous
couperez tous ces cercles concentriques par des rayons, en même nombre que ceux que vous aurez tracés
sur le carton ; par ce moyen votre
tableau sera partagé en autant de
parties qu'il y aura de cases, sur le
carton, il ne restera plus qu'à les y
transporter.

Mais vous ferez attention que le miroir conique, ainsi que le miroir pyramidal, fait voir dans sa base l'image de
tout ce qui est peint ou dessiné autour de lui ; & qu'il y représente
toutes les parties de l'objet, dans un
ordre opposé à celui qu'elles ont
sur le carton ; de sorte que si vous
aviez placé aux deux côtés du miroir deux fleches, comme *A, B Fig. 6.*

Z ij

Pl. XII. dont les pointes fe regardaf-
fent, elles fe préfenteroient au fond
du miroir comme *a* & *b* : fur ce pied
là, fi vous avez envie de faire voir
un as de pique au naturel à l'œil placé
au-deffus de la pointe du cône, il
faudra que le contour de la figure foit
placé fur le carton plus près du centre que tout le refte , comme *d*, *e*, *f*,
g, &c. *Fig.* 7. & que tout le carton depuis cette ligne jufqu'à la circonférence , foit noir.

Pour ne vous y point tromper ,
vous numéroterez en fens contraire,
les efpaces circulaires du carton &
ceux que vous aurez tracés fur le tableau ; & vous direz , par exemple ,
la pointe de l'as commence fur le
premier rayon & à peu près au milieu du premier efpace circulaire du
tableau , ce point eft en *a* fur le carton, vous le marquerez avec la pointe
du crayon ; vous continuerez en di-
fant, la ligne qui part de *a* en s'approchant du centre du tableau, coupe
le deuxieme cercle environ à fa cinquiéme partie, vous ferez encore là
une petite marque de crayon *b* ; la
ligne traverfe , direz vous , tout le

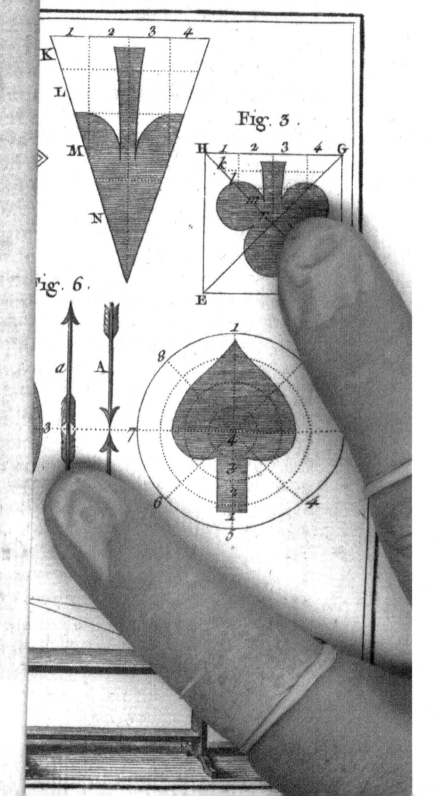

Fig. 3.

Fig. 6.

second espace du secteur, & va couper le second rayon qui le termine,
à peu près aux deux tiers de sa longueur, en s'approchant du centre,
c'est en *e* qu'il faut marquer le passage
de la ligne, &c. Avec un peu d'attention & d'habitude, vous parviendrez à
marquer tous les autres points *d*, *e*, *f*,
g, *h*, que vous lierez ensemble par une
ligne continue, ayant soin de regarder de temps en temps sur la pointe
du miroir, pour vous assurer que vous
formez sur votre carton, le trait qui
doit produire l'image de l'objet.

Les cartons peints pour le miroir
conique doivent être arrondis circulairement, & la peinture doit s'é-
tendre jusqu'à la circonférence, autrement, l'image pourroit se trouver interrompue vers le centre, par
un espace blanc, ce qui feroit un
mauvais effet. Il n'y a point de carton plus difficile à deviner que ceux
du miroir conique, parce que les
parties du tableau y sont dessinées
dans un ordre renversé, & que celles qui sont le plus rapprochées dans
le tableau, s'y trouvent extrêmement étendues. Les objets les plus

Z iij

simples font ceux qui réuffiffent le mieux; une tête feule, par exemple, vaut mieux pour cela, qu'une figure humaine toute entiere.

Premiere Expérience.

XVI.
LEÇON.
II. Section.
Art. III. Fig.
1, 2, 3, 4,
& 5.

EXECUTEZ la grande platine & la table en forme de guéridon, comme il eft prefcrit à l'endroit cité en marge ; peignez en blanc, comme il eft dit, la premiere de ces deux pieces, mais que ce foit avec de la peinture à l'huile à caufe de l'eau qui peut tomber deffus, & qui effaceroit la divifion du cercle qui eft tracé deffus ; pour maintenir plus fûrement la table de la feconde piece, il faut la faire porter fur quatre confoles, aboutiffant à la piece du centre qui tourne fur la tige du pied ; & il faut que la vis de preffion qui l'arrête, quand on l'a mife à la hauteur requife, foit forte, pour ne point céder au poids, dont cette table eft chargée ordinairement.

Vous ferez entrer un gros rayon folaire dans la chambre obfcure, en vous fervant de l'appareil que j'ai décrit ci-devant au commencement des *Avis fur la quinzieme Leçon* ; le gros tuyau qui a un mouvement de genouil, & un miroir que vous placerez dans la caiſſe, vous donneront ce jet de lumiere dans telle direction qu'il vous plaira ; ſi vous avez un miroir plan de métal, il faudra le préférer à tout autre ; mais s'il vous manque, vous pourrez en employer un de glace au teint. Le tuyau ayant près de deux pouces de diametre fera paſſer par la fente de la platine verticale autant de lumiere qu'il en faut, pour qu'une partie paſſe dans l'eau de la caiſſe, & l'autre au-deſſus.

Vous pourrez faire la caiſſe qui doit contenir l'eau avec du fer-blanc un peu fort ; l'ouvrier repliera le bord d'en-bas en dedans, pour aſſeoir le morceau de glace qui doit en faire le fond ; & que vous attacherez avec du maſtic de Vitrier, ainſi que le verre de vître qui doit recouvrir la fente qui eſt ſur un des côtés : le maſtic tiendra mieux & s'attachera plus facilement, ſi le métal a été enduit auparavant avec une couche ou deux de peinture à l'huile qu'on aura laiſſé bien ſécher. Cette caiſſe fera plus élégante, si elle est faite avec, des plaques de laiton, bien dressées, & ornée de moulures, tant en-haut qu'en-bas.

Le quarré de cryftal dont j'ai fait mention, n'est point facile à trouver; on a rarement des morceaux de verre de cette épaisseur, & sans bouillons: mais on peut s'en passer; car il ne sert ici qu'à faire voir la différence qu'il y a entre la réfringence de l'eau & celle du verre; & cela se voit également, quand on fait passer les rayons solaires successivement, par une lentille creuse remplie d'eau, & par une lentille de verre plein, qui ait la même convexité; celle-ci rassemble la lumiere plus près d'elle, ou, ce qui est la même chose, elle a un foyer plus court: ce qui prouve, que les rayons s'y plient davantage en traversant son épaisseur.

Seconde Expérience.

XVI. Leçon II. Section Art. III. Pl. VII. Fig. 9, 10.

Vous vous servirez encore pour cette expérience, & pour les suivantes du même tuyau que vous aurez employé dans la précédente, en adaptant au bout, un verre lenticulaire qui en occupe toute la largeur, & qui ait un foyer convenable. Pour cet effet, vous attacherez ce verre à un coulant de douze ou quinze lignes de longueur, que vous ferez entrer dans le bout du gros tuyau.

Comme les rayons folaires qui fortent enfemble du tuyau pour entrer dans la chambre obfcure, ont un peu de divergence, il feroit mieux de les rendre parfaitement paralléles entr'eux, en les faifant paffer par un verre qui eut un peu de convexité, comme je l'ai dit dans la *préparation*; cependant on peut s'en difpenfer, parce que fur un trajet de cinq à fix pouces qu'on fait faire à ces rayons, le parallélifme ne paroît point fenfiblement altéré.

La caiffe vîtrée dont il s'agit ici peut fe faire en bois, pourvû qu'on l'enduife par dedans & par dehors, avec quelque peinture graffe, ou quelque vernis, que l'eau ne puiffe pas pénétrer; le Menuifier ou l'Ebénifte y formera des feuillures en dedans, pour recevoir les deux grands verres, & les plaques de cuivre des deux petits côtés. Tout cela doit être attaché avec du maſtic de Vitrier. Autour des ouvertures circulaires pratiquées aux deux plaques de métal, & ſur le côté qui répond au dedans de la caiſſe, il faudra ſouder à l'étain, des cercles qui forment des feuillures, pour recevoir les verres courbes, qui ſeront maſtiqués comme les autres; ces verres ſe trouvent très-communément chez les Miroitiers, qui en préparent pour les Horlogers : il faut les demander moins creux que ceux qui ſervent pour les montres ; ils ſeront bons s'ils font partie d'une ſphére de cinq à ſix pouces de diametre.

Troiſieme Expérience.

XVI. Leçon. II. Section. Art. III Pl. VII. Fig. 11,

Adaptez au bout du gros tuyau, un verre lenticulaire preſqu'auſſi large que lui, & qui ait huit à neuf pouces de foyer ; dans la plûpart des grandes villes, il y a des Lunetiers, qui travaillent des verres concaves, ou convexes ; on fera beaucoup mieux de s'adreſſer à ces ouvriers pour s'en procurer, que d'entreprendre de les faire ſoi-même, ſi l'on n'eſt pas exercé depuis long-temps à ces fortes d'ouvrages ; cependant j'ai enseigné la maniere de les faire, pour ceux qui voudront l'entreprendre. *Tome I. page* 180. & *suiv.*

Quatrieme Expérience.

I l n'y a rien dans la *Préparation* de cette expérience, qui puisse embarrasser, après ce qui a été dit au sujet des précédentes ; j'ajouterai seulement quelque chose par rapport aux applications.

Si vous voulez faire voir, qu'un objet couvert d'une masse d'eau paroît plus près de l'œil, & plus grand, que quand il est à pareille distance hors de l'eau, vous tracerez une grosse ligne droite avec du crayon blanc sur un fond noir, ou bien vous y étendrez une bande de papier ou de carton, & vous placerez dessus, la caisse à fond vitré & pleine d'eau, de la premiere expérience ; vous la placerez dis je de maniere qu'une partie de l'objet déborde de dessous le vaisseau ; & vous comparerez à cette partie, celle qui est vûe à travers l'eau, pour en reconnoître la différence.

Cherchez chez un Miroitier, une

Ibidem.

bande de glace épaiſſe & taillée eſt biſeau, pour regarder les objets au travers; vous verrez le même dans deux endroits différents, ſi vous le regardez ſucceſſivement, par le biſeau, & par la partie de la glaçe qui à ſes deux ſurfaces paralléles.

Il faut vous munir d'un verre plan-convexe dont la convexité ſoit taillée à facettes; ces ſortes de verres ne ſont point rares, preſque tous les Lunetiers en vendent: ſi l'on veut qu'ils ſoient taillés bien régulierement, & que les angles en ſoient bien vifs, il faut demander au Lunetier un verre plan d'un côté & très-convexe de l'autre, & le porter à un Lapidaire qui le travaillera ſur ſa meule, comme il travaille les pierres, qui font le ſujet de ſon art.

Cinquieme, ſixieme & ſeptieme Expériences.

PROCÉDEZ exactement dans ces trois expériences comme il eſt marqué dans les *Leçons de Phyſique*; le plan qu'on éleve verticalement dans la caiſſe pour recevoir le cercle lumineux de la ſeptieme expérience

XVI.
LEÇON.
II. Section.
Art. III. Pl.
VIII. Fig.
18, 19, &
20.

doit être de métal, & pour bien faire, peint en blanc ; une petite plaque de fer-blanc montée fur une bafe de plomb & blanchie avec du blanc de cérufe broyé à l'huile, fera tout ce qu'il faut.

Le même verre avec lequel on a rendu les rayons convergents , en fournira qui feront divergents ; il n'y a qu'à les prendre, après qu'ils fe font croifés au foyer, comme on le peut voir par les figures citées en marge.

Pour faire voir l'effet du bocal, on peut, dans le cas de befoin, fe fervir d'un matras, ils ont ordinairement la boule affez ronde ; on le placera, fur un pied dont la tige foit terminée par un petit plateau de bois creufé fuivant la convexité du verre : il eft prefqu'inutile de recommander que l'eau qu'on mettra dans ce vaiffeau, foit bien claire.

XVI. LEÇON; II. Section; Art. III. Pl. VIII. Fig. 24.

J'ai fait mention des corps folides plongés dans l'eau, qui nous paroiffent fous des figures difformes, quand le verre à travers lequel nous les voyons, n'eft arrondi que dans un fens, comme ces bocaux cylindriques dont les Droguiftes & les Apoticaires font tant d'ufage ; il eft **bou** d'en faire une expérience, en fufpendant dans le milieu d'un de ces vaiffeaux rempli d'eau pure, une boulé d'yvoire, ou de quelque autre matiere péfante & d'une couleur claire.

Il faut être pourvû de plufieurs verres lenticulaires de différents foyers, & de différentes grandeurs, montés dans des chapes de corne ou d'écaille, ou bien s'ils ont fept à huit pouces de diametre, on les monte dans un cadre de métal ou de bois tourné, & porté fur deux pivots dans un croiffant, qui eft foutenu lui-même par un pied à patte : cela eft fuffifamment connu. Avec ces verres, vous ferez voir que limage de l'objet s'amplifie, & vous ferez remarquer les autres effets qui leur font propres, & que j'ai détaillés *Leçons de Phyfique Tome V*, depuis la *page 309*, jufqu'à la *page 322*.

XVI.
Leçon.
II. Section.
Art. III *Pl.
IX. Fig.* 30.

LE plus curieux de ces effets, c'eft de faire apperçevoir l'image de l'objet entre le verre & l'œil : pour faire voir en même temps, que cette image eft renverfée, vous d'écouperez dans une carte à jouer, une fleche longue comme le doigt; vous l'attacherez fur un fond noir contre une muraille bien éclairée, à peu près à la hauteur de l'œil; vous placerez en avant une lentille large de deux à trois pouces, & dont le foyer foit à peu près à la moitié de l'intervalle qui eſt entre elle & l'objet; & vous vous pacerez devant le verre en reculant juſqu'à ce que vous apperceviez l'image entre lui & vous: ſi vous voulez déterminer ces diſtances avant de faire l'expérience, conſultez l'endroit cité des *Leçons de Phyſique.*

Huitieme, neuvieme & dixieme Expériences.

JE n'ai rien à ajouter à ce que j'ai dit touchant la manipulation de ces expériences; il faut avoir quelques verres concaves de deux à trois pouces de diametre, pour en faire voir les principaux effets: comme ces verres rendent l'image plus petiet que l'objet, & que nous ſommes naturellement portés à croire qu'un objet eſt plus loin de nous, quand il nous paroît diminuer de grandeur,

XVI.
LEÇON.
II. Section
Art. III. Pl.
IX. Fig. 31.
32, & 33.

on aura peine à se persuader, que le verre concave, rapproche l'image ; il faut tacher de se défaire du préjugé, & regarder avec ce verre, un objet long qui le déborde, telle qu'une bande de papier, dont partie soit vue au travers du verre, & l'autre à côté : avec un peu de temps, on reconnoîtra que l'effet dont il s'agit est vrai ; il en est de même du verre convexe, qui éloigne l'image, on a peine à le croire, parce cette image est amplifiée ; mais on revient peu à peu de cette illusion, en faisant ce que je viens d'indiquer.

Pour aider les commençants à reconnoître dans les figures tracées sur le papier, la coupe des verres tant convexes que concaves, je fais usage de deux morceaux de buis tournés, taillés comme eux, & qui sont coupés diamétralement, en séparant les deux moitiés, je fais voir leur coupe.

AVIS

Concernant la DIX-SEPTIEME
LEÇON.

Premiere Expérience.

DANS cette expérience & dans celles qui la fuivront, fervez-vous de l'appareil que j'ai d'écrit au commencement des *Avis* fur la quinzieme Leçon, & qui eſt répréfenté par la *Fig. 2. Pl. X.* en mettant au bout du tuyau ꝣ la piece *a* qui ne laiſſe paſſer qu'un rayon folaire de trois lignes de diametre.

Vous pouvez indifféremment diriger le rayon horizontalement, de bas en haut, ou de haut en bas, fuivant la commodité du lieu, en plaçant l'angle réfringent du prifme en haut, en bas ou de côté. Si vous dirigez le tuyau ꝣ de bas en haut, vous prendrez pour y jetter le rayon folaire, celui de vos miroirs le moins élevé, & qui fera monté fur une femele de bois garnie de plomb en-deſſous, comme je l'ai indiqué, *pag.* 220.

XVII.
LEÇON.
III. Sect.
Art. I. Pl.
I. Fig. 1, 2
& 3,

Tome III, A a

Il eſt aſſez difficile de ſe procurer de bons priſmes de verre ſolide,
tels qu'il les faut pour ces expériences; on n'en trouve point communément, chez les Lunetiers ni à
Paris ni à Londres. J'ai dit en parlant de la maniere de travailler le
verre, *Tome I*, *pag.* 224, comment
on peut en faire avec des morceaux
de glace fondue dans un moule, &
travaillé enſuite.

Si l'on en fait avec des lames de
glace, pour les remplir d'eau, il faudra qu'elles ſoient minces, bien
droites, ſans bouillons & ſans filan-
dres; on pourra les aſſembler dans
un bâtis formé avec des bandes de
fer-blanc ou de laiton mince, & les
attacher avec du maſtic de Vitrier.
On ne doit avoir recours à ces
moyens, que quand on ne peut pas
avoir des priſmes de verre ſolide,
ou bien pour éprouver les dégrés de
réfringence de différentes liqueurs.

Il faut pour bien faire, que le carton blanc ſur lequel on reçoit le
ſpectre du priſme ſoit au moins à 10
ou 12 pieds de diſtance vers le fond
de la chambre; ſi l'aſſemblée eſt fort

nombreuse, on pourra le recevoir sur un transparent de taffetas blanc très-mince (qu'on nomme communément *demi-Florence*) afin qu'on le puisse voir par-derriere & par-devant : le carton ou le transparent doit avoir au moins une largeur de quinze à dix-huit pouces en tous sens, & être monté sur un support, qui se puisse hausser & baisser.

Seconde & troisieme Expériences.

JE n'ai rien à ajouter à ce que j'ai dit sur ces deux expériences sinon, qu'il faut que les verres de couleur employés dans la derniere, soient le plus foncés qu'il est possible, il n'y a guere que le rouge, le gros bleu, & le verd qui réussissent passablement bien ; les autres laissent passer d'autres rayons avec ceux qui sont analogues à leur couleur.

Quatrieme Expérience.

AU LIEU de la planche mince & percée au milieu que j'ai dit d'élever verticalement à une petite distance du premier prisme, on trouvera plus de commodité à se servir

XVII.
LEÇON.
III. Section.
Art. I. Pl.
I. Fig. 5 &
6.

A a ij

de cette efpece d'écran que j'ai décrit ci-devant *page 224.* parce que le trou du milieu eft fait dans une plaque de cuivre avec des bords amincis & fans bavures. La planche qui fe place devant le fecond prifme pourra être faite comme je l'ai décrite à l'endroit cité en marge, mais le bois, quand il eft mince avec une certaine largeur eft fujet à fe courber; c'eft pourquoi je fais maintenant cette piece avec une feuille de tôle forte, que je peins en noir du côté qui reçoit la lumiere, & en blanc par le côté oppofé, afin qu'on puiffe y appercevoir aifément la lumiere colorée qu'on y fait quelquefois tomber par réflexion.

Cinquieme Expérience.

Ibid. Pl II, Fig. 7. J'AI dit qu'il falloit fe reculer de huit ou dix pieds pour regarder à travers le prifme, le carton moitié bleu & motié rouge; il faut s'éloigner beaucoup moins, comme de deux pieds feulement, mais regarder de toute fa hauteur ou même s'élever en montant fur une chaife; les deux images paroîtront alors plus tranchées ; on fera bien auffi de placer ce carton fur un fond noir.

En réfléchiffant tous enfemble les rayons réfractés par le prifme, avec des miroirs de différentes formes, ayez foin de les jetter fur une muraille ou contre un plafond blanc afin qu'on diftingue mieux leurs couleurs & l'ordre qu'ils garderont entr'eux ; & quand vous les recevrez fur le miroir cylindrique, ayez foin de ne le point trop incliner, afinqu'il les comprenne tous, & que l'arc lumineux foit plus complet.

Sixieme Expérience.

CETTE expérience s'exécute plus facilement & plus promptement quand elle eft faite par deux perfonnes qui s'entendent bien ; cependant on en vient à bout tout feul, au moyen des fupports à mouvements fur lefquels font montés les prifmes, comme on le peut voir, *Leçons de Phyfique, Tome V*, page 346. *Pl. I. Fig.* 2. il faut auffi que les cartons ou les tranfparents fur lefquels on fait tomber les rayons, en fortant des prif-

XVII. LEÇON. III Section. Art. I. Pl. II. Fig. 8.

mes , soient portés par des supports ;
avec lesquels ils puissent se hausser ,
se baisser , se reculer ou s'approcher ,
&c.

Septieme Expérience.

Ibid Pl. II.
Fig. 9 , 10
11.
CETTE expérience est une des
plus délicates en ce genre , il faut la
faire avec beaucoup de précautions ;
j'ai marqué en la rapportant , celles
qui m'ont paru les plus nécessaires ,
& avec lesquelles j'ai réussi.

Huitieme , neuvieme & dixieme Expériences.

Ibid Pl. III.
Fig. 12 & 13.
JE crois avoir suffisamment expliqué ce qu'il faut faire pour réussir
dans ces trois expériences ; pour la
neuvieme vous ferez passer deux
rayons solaires par les pieces à coulisses de la caisse que j'ai décrite pré-
cédemment pag. 210. Pl. IX , Fig. 3 &
4. en ôtant les verres dont les deux
lunettes sont garnies , & en mettant
aux bouts qui répondent dans la
chambre une petite piece ronde de
laiton , qui ait au milieu un trou
rond de deux lignes de diametre ou
un peu plus. Au lieu des planches

percées dont j'ai fait mention à l'endroit cité en marge , vous ferez mieux d'employer des feuilles de tôle ou de fer-blanc.

Onzieme Expérience.

VOUS prendrez pour exécuter cette expérience, un de ces globes de verre blanc, à deux goulots diamétralement oppofés , dont on fe fert pour l'électricité , vous choifirez un des plus petits, il fuffiroit qu'il eût quatre ou cinq pouces de diametre ; finon, vous prendrez la boule d'un matras dont vous aurez fupprimé le col, & après l'avoir remplie d'eau bien claire , & bouchée avec du liege garni d'un crochet, vous le fufpendrez comme il eft marqué dans la figure citée en marge. Si vous ne voulez pas qu'il tourne , ce qui ne manqueroit pas d'arriver, s'il n'étoit fufpendu qu'avec une feule ficelle, vous le fufpendrez avec deux, en attachant avec du maftic , au pole qui eft oppofé au bouchon , une petite calotte de fer-blanc large comme un écu , ayant à fon centre un crochet.

XVII.
Leçon.
III Section.
Art. I. Pl.
IV. Fig. 16
& 17.

Vous pourrez faire encore cette expérience avec un bocal rond ou cylindrique, rempli d'eau & posé sur une table, en faisant tomber dessus un gros rayon solaire, & en plaçant l'œil dans une ligne qui fasse avec ce rayon l'angle qui est requis.

Vous imiterez encore *L'arc-en-ciel* d'une maniere plus naturelle, en faisant tomber de l'eau en forme de pluie au travers d'un gros rayon solaire, que vous regarderez en vous plaçant comme il est dit. Ces effets sont plus sensibles quand ils se passent dans une chambre obscure.

Premiere Expérience.

XVII.
LEÇON.
III. Section.
Art. II. Pl.
IV. Fig. 19.

L'OBJECTIF d'un télescope de vingt-cinq ou trente pieds tel qu'il le faudroit pour produire des anneaux colorés par la simple pression sur un verre bien plan, n'est point une chose qu'on ait toujours en sa disposition : un tel verre d'ailleurs est précieux, & l'on pourroit le casser, en l'appuyant fortement sur un autre verre, ou le laisser tomber par accident ; on fera également
ment

ment l'expérience dont il s'agit avec
deux morceaux de glace de miroir,
dont ont aura ôté le teint, en les
frottant pendant quelques inflants,
l'un fur l'autre & en les preffant enfuite entre les doigts.

Un fimple morceau de vitre, fur
lequel on a étendu avec le doigt
quelques gouttes d'efprit-de-vin, fait
voir auffi de pareilles couleurs à me-
furé que l'évaporation diminué inégalement l'épaiffeur de cet enduit.

Seconde Expérience.

IL y a dans cette fuite d'expériences du même genre, plufieurs liqueurs qu'il eft bon de préparer foi-
même, fi l'on eft éloigné des grandes villes, afin de les avoir plus fraî-
ches. Sur le choix & la préparation
des drogues, confultez ce que j'ai enfeigné dans la feconde partie de cet
ouvrage, *Tome I.* *Ibid.*

Troifième & quatrième Expériences.

SI vous faites faire la phiole exprès à la Verrerie, recommandez
qu'on y faffe une patte comme à un *Ibid.*

Tome III. B b

verre à boire , & que l'orifice ait un bord rabattu en dehors , pour qu'on puisse lier autour , un morceau de vessie mouillée par-dessus le bouchon de liege ; cela suppose que cette phiole sera gardée toute remplie ; il vaudroit mieux cependant, qu'on renouvellât l'eau & l'esprit de térébenthine pour chaque expérience ; car à la longue , les parties grasses ou résineuses qui s'attachent au verre , empêchent que la partie qui contient l'eau ne jouisse de toute la transparence.

Premiere Expérience.

XVII.
L E Ç O N.
IV. Section.
Art. I. *Pl*
V. Fig. 3.

Il n'y a rien à changer à l'instrument représenté par la figure 3 , citée en marge, si l'on s'en sert toujours dans une chambre obscure , en l'appliquant à un trou fait au volet de la fenêtre ; mais si l'on veut en faire usage en plein jour, je conseille de le construire de la maniere suivante.

La boule n'est ici qu'un hors-d'œuvre , & ne sert qu'à rappeller l'idée du globe de l'œil ; tout ce qu'il y a d'essentiel dans l'instrument, c'est la

lentille objective & le papier huilé
sur lequel l'image de l'objet va se
peindre : on peut rendre celui-ci
mobile, & fixer le verre.

Vous ferez donc un tuyau semblable à celui dont j'ai donné la conftruction, au commencement des Avis
sur la quinzieme Leçon *page* 215 &
suiv. Vous collerez sur une de ses extrêmités, des morceaux de bois af-
semblés à plats-joints, que vous arrondirez en forme de boule sur le
tour : vous fermerez le tuyau de ce
côté-là, par une piece de buis, ou
de quelqu'autre bois dur, tournée &
qui entrera à feuillure : vous ferez au
milieu, un trou rond de neuf à dix
lignes de diametre, pour y placer une
lentille de trois pouces de foyer sur
laquelle vous visserez une lunette,
de six à sept lignes d'ouverture. Par
le bout opposé vous ferez glisser un
autre tuyau, qui porte un papier
huilé, ou un verre douci, jusqu'au
foyer de la lentille & un peu au de-
là : & le tout sera monté sur un pied,
comme on le voit par la *Fig.* 1. *Pl.*
XIII.

Au-dessus de la lentille objective,

B b ij

il faut attacher une double lunette
C, d'écaille ou de corne qui tourne
sur le bout d'un axe de métal implanté. dans la boule. Cette lunette portera d'un côté un verre convexe n°.
12, & de l'autre un concave n°. 18;
tous les Lunetiers entendent ces ex-
preſſions, & d'ailleurs on peut s'é-
carter un peu de ces proportions : il
faut que cette lunette tourne avec
frottement, & qu'elle puiſſe préſenter tantôt l'un des deux verres, tantôt l'autre. Cet inſtrument eſt vû de
face à la lettre *A*.

Vous aurez ſoin que le tuyau coulant, qui porte le papier huilé ou
le verre douci, ſoit noir intérieurement; & comme en préſentant cet
inſtrument aux objets éclairés pour
en voir l'image au bout du coulant,
on peut être incommodé de la lumiere du jour qui vient dans les yeux,
vous ferez bien de vous en garantit
en enfilant ſur le tuyau, un carton noir
B, large d'un pied ou environ, percé
au milieu & garni d'un cercle plat
qui le maintienne dans une direction
directement oppoſée à celle de la lumiere que vous voulez éviter. Du

refte, cet inftrument eft fufceptible comme tous les autres, d'être décoré extérieurement, par quelque peinture ou quelque vernis enjolivé.

Avec l'inftrument dont je viens de donner la defcription, il faudroit joindre la diffection d'un œil de bœuf ou de veau nouvellement tué, ne fût-ce que pour donner aux commençants, une idée des principales parties de cet organe; en le demandant au Boucher, il faut lui recommander de ne pas couper le nerf trop près du globe ; & s'il faut le garder jufqu'au lendemain, tenez-le plongé dans de l'eau claire, pour entretenir la foupleffe.

Après avoir ôté avec des cifeaux les graiffes, & les chairs qui couvrent le premier tégument, vous ferez obferver le nerf optique qui fe trouvera pour lors à nud ; enfuite ayant placé l'œil dans un efpece de bilboquet de bois ou de quelque autre matiere folide, de forte que la *cornée* tranfparente foit tournée en-haut, vous enléverez cette partie en la cernant tout autour avec des cifeaux fins, & vous ferez remarquer

B b iij

qu'elle a la confiflance avec la tranf-
parence de la corne , & que fon
épaiffeur eft compofée de plufieurs
lames , qu'on peut féparer, quoiqu'avec peine.

Immédiatement après l'ouverture
de la cornée tranfparente on voit
fortir une liqueur auffi claire que de
l'eau commune: c'eft celle qu'on nomme humeur *aqueufe*.

Avec la cornée on enléve ordinairement *l'iris*, qu'on diftingue beaucoup mieux avec la *pupille* qui eft
au milieu, quand on l'étend au fond
d'une affiette de fayence remplie
d'eau.

En preffant l'œil extérieurement
avec les doigts , on fait fortir le
criftallin , qu'on peut reconnoître
féparément ; après cela, on renver-
fe l'œil pour faire tomber l'humeur
vitrée fur une affiette ; & quand l'œil
eft ainfi vuidé , on peut voir les *liga-
ments ciliciaires* fur la partie antérieure
de l'humeur vitrée.

On obferve la *rétine* , qui eft une
membrane molle & très-délicate qui
fe préfente la premiere , quand l'humeur vitrée eft fortie ; on voit en-

fuite la *choroïde*, diſtinguée par le liſſe & les couleurs de ſon tiſſu ; enfin on peut avec un peu de ſoin & d'adreſ-ſe, ſéparer celle-ci de la *ſclérotique*.

POUR prouver que le croiſement des axes optiques ſur un objet , nous aide à juger de ſa diſtance , quand elle n'eſt pas bien grande, on peut faire l'expérience que voici. Suſpen-pendez au milieu d'une chambre, un anneau de neuf à dix lignes de dia-metre, de maniere qu'il ſoit bien iſo-lé & qu'il ne tourne point. Fermez un œil, & venez à lui de côté pour l'enfiler avec une baguette de deux pieds ou environ de longueur , au bout de laquelle ſoit un fil de fer plié d'équerre ; c'eſt bien hazard , ſi vous en venez à bout, ſi ce n'eſt après pluſieurs tentatives ſans ſuc-cès.

Lunettes dont on ſe ſert pour lire.

MARQUEZ par une ligne à l'en-cre ou au crayon ſur le tuyau cou-lant de l'œil artificiel décrit ci-deſ-fus , de combien il doit être enfon-cé , pour qu'une vûe ordinaire ap-perçoive diſtinctement l'image des

XVII.
LEÇON.
IV. Section.
Art. II.

B b iv

objets extérieurs fur le papier huilé
qui repréfente la rétine, ou le fond
de l'œil ; & écrivez à côté de cette
ligne *vûe commune* ; faites tourner enfuite la lunette de façon que le verre
convexe, couvre la lentille objective, & avancez le tuyau coulant jufqu'à ce que l'image des objets vous
paroiffe diftincte fur le papier huilé,
(je fuppofe que vous n'êtes ni myope, ni prefbyte;) & vous tracerez
fur le tuyau une feconde ligne circulaire, à côté de laquelle vous écrirez *vûe prefbyte* : enfin faites defcendre le verre concave de la double
lunette, vis-à-vis la lentille objective, & tirez le tuyau coulant, jufqu'à ce que vous voyiez encore les
images bien diftinctes ; tracez une
troifieme ligne fur le tuyau, & écrivez à côté *vûe myope*.

L'œil artificiel étant ainfi préparé,
vous ferez remarquer à ceux qui ont
la vûe ordinaire, que les images
font confufes fur le papier huilé,
quand le tuyau eft pouffé jufqu'à la
derniere ligne, ou tiré jufqu'à la premiere, & que dans le premier cas
l'interpofition du verre convexe, &

lans le second celle du concave les
écclaircit ; ce qui montre comment
ces efpeces de verres font voir diftinctement les myopes & les pref-
bytes.

Chambres obfcures, & polemofcopes.

IL ne s'agit ici que des chambres
obfcures portatives ; car j'ai dit à la
fin des *Avis* fur la quinzieme Leçon,
comment on fait parroitre limage
des objets extérieurs dans une chambre bien fermée, en faifant un trou
au volet de la fenêtre & en y plaçant un verre objectif ; ou bien en
mettant à la place de la caiffe optique, une planche percée d'un trou
quarré au milieu, pour recevoir une
planche de même figure qui porte ce
verre, & qu'on attache avec des tourniquets, *page* 210.

XVII.
LEÇON
IV. Section.
Art II. Pl.
V. Fig. 1. &
Pl VI. Fig.
6 & 7.

Plus la machine dont il s'agit eft
petite, plus les objets s'y repréfentent diftinctement ; parce que les
verres de court foyer raffemblent davantage les faiffeaux de lumiere,
qui viennent des différents points
vifibles de l'objet ; mais ordinairement on facrifie quelque chofe de

cet avantage, pour avoir une image plus grande : elle le fera fuffifamment fi vous donnez à la boîte neuf à dix pouces de hauteur, autant de largeur, & treize à quatorze pouces de longueur : vous pourrez rendre cette derniere dimenfion moins apparente, en donnant aux quatre ou cinq derniers pouces du côté de l'objet, la forme d'une pyramide tronquée, & fermée par une piece quarrée dans laquelle vous fixerez le tuyau extérieur. *Fig.* 2.

La Menuifier affemblera à queues & à colle, toutes les parties de cette boîte ; & il rapportera une moulure tout au tour par en bas. Le fond oppofé au tuyau, s'ouvrira à charnieres de côté, ou defcendra à couliffe par en haut pour laiffer à découvert, quand vous le voudrez, une glace dépolie ou doucie, qui fera prife dans une feuillure, & retenue, avec deux petits tourniquets de cuivre bien mince.

Il rendra de même le deffus *D*, mobile par le moyen de deux charnieres placées fur le devant de la boîte ; & il pratiquera immédiatement au-

deffous, une autre feuillure, pour recevoir la même glace doucie, ou une
femblable : ce couvercle en s'élevant
doit porter avec foi deux joues angu-
lairescommeE qui empêchent le grand
jour d'éclairer la glace, quand on
s'en fert avec le miroir pour voir les
objets droits. Et afin qu'il ne retombe
pas de lui-même quand on l'a élevé,
il faut garnir les deux joues en dedans avec du drap, afin qu'elles ayent
un frottement doux contre les deux
côtés de la boîte qu'elles embraffent,
ou bien faire paffer le bord qui eft
taillé en arc de cercle, fous une petite
lame de métal e, faifant reffort & attachée au côté de la boîte. Enfin le
Menuifier mettra fur les deux côtés
de la boîte en dedans, deux taffeaux
fur lefquels vous placerez le miroir
qui doit être incliné de quarante-cinq
dégrez comme, e f, & que vous pourez toujour ôter, pour voir les objets renverfés, dans le fond oppofé
au verre objectif.

Il faut que ce verre ait quinze à
dix-huit lignes de diametre & que
fon foyer puiffe atteindre au fond
de la caiffe. Encadrez-le dans un pe-

tit cercle tourné, & joignez-le à un bout du tuyau *g* qui puiſſe gliſſer dans celui qui eſt fixe : car ſon foyer devenant plus court ou plus long ſuivant que les objets ſont plus ou moins éloignés, il faut pouvoir le faire avancer ou reculer, pour rendre les images diſtinctes.

CE que j'ai dit de la chambre obſcure en pyramide ou pavillon quarré, *Leçons de Phyſique, Tome V. page* 532, ſera ſuffiſant pour conduire un ouvrier intelligent, ou quelqu'un qui ſera un peu exercé aux ouvrages de méchanique ; je vais cependant entrer dans quelques petits détails ſur les pieces qui donnent le mouvement aux parties de cette machine, & qu'on n'a pas pu faire ſentir ſuffiſamment dans les figures qui repréſentent l'enſemble.

Le collet d'en haut *G, Fig.* 3. qui réunit les montants, eſt entaillé pour les recevoir en quatre endroits diamétralement oppoſés, & chacun d'eux y entre librement, & eſt retenu par une goupille ſur laquelle il tourne pour s'incliner ſoit en dedans, ſoit en dehors.

Les montants *H*, &c. font des baguettes équarries qui ont dans toute leur longueur, fept lignes de large, fur cinq d'épaiffeur : quant à leur longueur, elle doit être telle, que le verre placé dans le collet, ait fon foyer à la bafe de la pyramide ; ce foyer eft de trente pouces ou à peu près.

Chaque montant eft garni par en bas de deux charnieres *i*, *i*, appliquées de part & d'autre fur fa largeur, & attachées avec trois clous rivés, de façon que l'une ferve de contre rivure à l'autre. Ces charnieres font faites avec des lames de laiton bien recuit, qu'on fait paffer dans une boucle de fil de fer comme *k*, & qu'on replie fur elles-mêmes, en les ferrant dans un étau près du collet, afin qu'elles embraffent mieux le fil qu'elles renferment. La partie d'en-bas de chaque charniere, celle qui n'eft point clouée au montant, eft repliée, non pas d'équerre, mais un peu obliquement comme *l*, pour faciliter l'inclinaifon du montant, quand cette partie fera paralléle à la bafe de la pyramide.

C'eſt par cette partie repliée de la charniere, qu'on joint aux montants les tringles *m*, *n*, qui forment le chaſſis ; elles ont la même largeur & la même épaiſſeur qu'eux ; elles ſont refendues par chaque bout, ſur leur épaiſſeur pour recevoir la partie repliée dont nous parlons, & on l'y retient avec un clou qui traverſe le bois & le métal, & qu'on rive de part & d'autre ; mais il faut faire cet aſſemblage fort lâche, afin que les pieces dans leurs différents mouvements ne ſoient point gênées.

Le chaſſis qui forme la baſe de la pyramide a ſeize pouces en quarré ; chacun de ſes côtés eſt briſé au milieu, avec une charniere ordinaire *o*, attachée en-deſſous & noyée, afin qu'elle affleure le bois ; quand les deux parties de la tringle briſée, ſont redreſſées bout à bout l'une de l'autre, on les retient dans cet état par un crochet *p*, qui eſt en deſſus : les deux parties de la charniere qui eſt en deſſous, ſervent de contre-rivure au clou ſur lequel tourne le crochet, & au piton dans lequel il s'engage.

Le collet tournant *r*, qui porte le miroir, entre fur celui où font affemblés les montants; & afin qu'il n'en puiffe pas fortir, il eft traverfé par deux vis diamétralement oppofées dont les bouts n'ont point de filets, & s'enfoncent d'une ligne dans une rainure circulaire pratiquée au collet G, fur lequel il tourne.

Les tuyaux fendus Q, Q, qui font attachés à la circonférence du collet tournant font de cuivre écroui, pour faire reffort; & chacun d'eux eft attaché par une queue *q* qui y eft foudée, & qui après avoir traverfé l'épaiffeur du bois, eft rivée fur une petite piece de cuivre noyée pour ne point défafleurer.

Les petits montants S, S, qui portent le miroir *V*, font des fils de laiton qui ont environ une ligne & demie de diametre fur quatre pouces de longueur; on y foude une tête platte *T*, fur laquelle on met encore une rofette tournée, pour recevoir la rivure du pivot *t*, & pour occafionner un frottement femblable à celui de la tête d'un compas.

On peut couvrir la pyramide de telle étoffe que l'on veut, pourvû, qu'elle soit propre à faire l'obscurité en dedans ; du drap vert doublé de taffetas noir, m'a toujours bien réussi; je le taille sur un patron fait avec du gros papier, & je fais assembler les morceaux & leur doublure, par des coutures, qui se rencontrent sur les montants, où je les fais clouer avec un petit gallon de faux or & des petits clous dorés ; le côté qui fait le devant de la pyramide, est garni d'un rideau de ras de castor noir, attaché aux deux montants, & à la piece de drap qui couvre le haut de ce même côté ; comme le rideau est fait de deux lez, je ne les fais coudre ensemble, que jusqu'au milieu de leur longueur en descendant, afin qu'on puisse plus aisément passer la tête dessous : on peut encore couvrir d'une frange de faux or nommée *molette*, la couture qui joint le rideau à la piece de drap vert, & le tour du collet où les montans sont assemblés.

Il faut faire passer la tête de cette chambre noire par les mains du vernis-seur, feur, pour l'enjoliver & les autres bois, fçavoir ceux des montants & du chaffis pour être peints en noir.

Polémofcope.

AU LIEU d'un fimple tuyau de deux pouces de diametre joint à la boîte qui porte le miroir incliné, on fera mieux de former avec quatre planches minces, une pyramide quarrée dont le fommet foit ouvert, pour y placer l'œil, & de peindre le dedans en noir.

XVII. LEÇON. IV. Section. Art. II. Pl. VI. Fig. 8.

Curiofités, Perfpectives, ou Optiques.

TOUTES les fois que vous préfenterez un tableau devant un miroir concave pour voir fon image entre le miroir & vous, n'oubliez pas, que cette image ne paroît droite & dans fa fituation naturelle, que quand le tableau qu'on préfente, eft renverfé.

XVII. LEÇON. IV. Section. Art. II. Pl. VII. Fig. 9 & 10.

Il y a une faute à corriger, à l'occafion de cette machine, *Leçons de Phyfique*, Tome V. page 539. Ce n'eft pas le foyer du miroir qui doit être au point F, mais l'image de l'objet qui fe forme en-deçà du foyer ; il faut donc avoir foin de choifir un

Tome III.　　　　　　C c

miroir, qui ait le foyer des rayons parallèles, plus près de lui que le point *F*.

SI vous exécutez la perspective en tour quarrée qui est représentée par la *Fig.* o citée en marge, faites en auparavant sur le papier, un projet comme il suit. Soit. *D H I K*, *Fig.* 4. une coupe de cette tour suivant sa hauteur; *D H* le devant; *I K* le derriere: *D d* le miroir incliné à quarante-cinq dégrés; *E* la place de l'œil. Tracez la ligne *C c* qui passe par le centre du miroir; placez la pointe du compas en *L*, & faites le quart de cercle *E C*; si *A*, *B*, *F*, *G* représentent les parties saillantes des objets sur les faces intérieures de la tour, les lignes *m C*, *n C*, *ρ C*, *p C*, &c. réfléchies suivant les regles, vers *E* par le miroir, vous apprendront, 1°. comment la suite des objets placés dans la machine, suivant la direction *C c*, est apperçue par l'œil dans la direction horizontale *E c*; 2°. que ce qui est compris dans les espaces *m A*, *n B*, *o F*, *p G*, ne sera point vû; que par conséquent tout ce qui doit faire représentation, il faut le placer, dans les espaces *m* F, *n* G & semblables. Et vous vous réglerez sur cela, pour espacer les tableaux, & déterminer la largeur des parties saillantes.

Ces tableaux seront en tel nombre qu'il vous plaira suivant la hauteur que vous donnerez à la tour : s'il y en a cinq ou six à demi-pied de distance l'un de l'autre, ce sera bien assez ; les parties saillantes pourront être des pilastres & des portiques garnis de guirlandes, comme R, & les parties appliquées aux parois, des paysages ou autres décorations équivalentes ; on pourra même distribuer entre les pilastres, des personnages & des animaux en découpures ou en relief.

Si l'on veut faire paroître la perspective encore plus longue, on mettra à plat sur la base de la tour, un miroir qui répétera les images des objets, vûs par derriere ; mais pour cette raison, il faut que les découpures soient peintes des deux côtés.

Si l'on met en E un verre lenticulaire, il faut que la longueur de son foyer, égale à-peu-près la moitié de la hauteur de la tour, à compter du point C.

Cc ij

Télescopes & lunettes d'approche.

IL n'y a qu'une personne longuement exercée à travailler des verres & des miroirs de métal , qui puisse entreprendre de construire une lunette , un télescope de réflexion , ou un microscope en faisant le tout : je conseille aux autres de s'adresser à quelque bon Lunetier de profession, pour se procurer ces instuments dans leur état de perfection , & reconnus pour tels par des épreuves ; ou si l'on se sent assez d'industrie & d'adresse pour faire soi-même les montures, on pourra se contenter d'avoir recours aux ouvriers de ce genre pour les objectifs, les oculaires les miroirs & les lentilles, qui sont les parties essentielles & les plus difficiles à préparer : au reste j'ai dit en général dans la premiere partie de cet ouvrage , comment on donne la figure & le poli au verre , & au métal qui s'employent dans les instuments d'optique.

Les tuyaux des grandes lunettes d'approche peuvent se faire avec du ferblanc , d'une seule piece ou de plu-

XVII.
LEÇON.
IV. Section.
Art. II. *Pl.*
VII. Fig. 11,
12 & 13.

fieurs qui s'emboîtent bout à bout, ou bien avec du copeau, comme je l'ai enfeigné ci-devant, *page 215 & fuiv.* On fait les tuyaux de cette derniere façon, quand on veut rendre la lunette plus portative ; parce qu'on les fait rentrer les uns dans les autres : alors il faut les rendre bien unis en dehors, & les couvrir avec du vélin (qui eft ordinairement teint en vert), afin qu'ils coulent mieux les uns dans les autres.

L'oculaire d'une l'unette à deux verres, s'ajufte au bout d'un coulant, qui peut s'avancer & fe reculer, fuivant que les objets qu'on veut voir font plus loin ou plus près ; & pour les lunettes qui en ont plufieurs, on les fixe aux diftances refpectives qui leur conviennent, dans un même coulant, avec des diaphragmes entre deux dont l'ouverture eft moins large que le verre, pour empêcher les iris; on fait pour cela le tuyau de plufieurs bouts avec des pieces de jonction tournées en buis ou en quelqu'autre bois dur, qui fe viffent les unes aux autres ; la derniere piece qui eft tournée du côté de l'œil, a fon ouverture de deux à trois lignes, & un peu plus près du verre que son foyer.

Aux lunettes ordinaires dont l'objectif est d'un seul verre, on est obligé de le rétrécir par un anneau plat de carton qu'on met dessous ou dessus pour rendre l'image plus nette & mieux terminée : on n'est point obligé de prendre cette précaution aux nouvelles lunettes qu'on nomme *achromatiques*, & dont l'objectif est fait de deux ou trois verres de densités différentes ; cela donne le moyen d'employer des oculaires qui forcent davantage, d'où il arrive, qu'avec une moindre longueur ces instruments grossissent bien plus que les autres.

On ne fait presque plus d'usage du télescope Neutonien, on lui préfere celui de Grégori, parce qu'il est bien moins embarrassant & plus facile à manier : il faut toujours faire le tuyau de métal, afin que les verres & les miroirs une fois bien placés, ne se dérangent point, comme il arriveroit, si on les montoit avec du bois, qui est toujours sujet à se tourmenter.

Il faut tenir cet instrument dans un lieu sec, & ne le laisser jamais

ouvert de crainte que les miroirs ne
se ternissent; quand cela arrive, on
peut les ôter de leurs places, & les
frotter légérement avec un morceau
de mousseline ou de linge fin imbi-
bé d'esprit-de-vin, & les essuyer de
suite avec un pareil linge bien sec;
mais cette réparation ne doit se faire
que quand on s'apperçoit bien sensiblement que le miroir est terne.

S'il prend envie à quelqu'un de
mes Lecteurs de construire des lunettes d'approche, ou des télescopes,
il fera bien de consulter le troisieme
Livre du cours d'Optique de Smith;
cet ouvrage n'est point difficile à
trouver depuis les traductions qui
en ont été faites & publiées, l'une
par le P. Pezenas, ci-devant profes-
feur d'Hydrographie à Marseille, &
l'autre par M. le Roi, Professeur actuel d'hydrographie à Brest : il pourra s'aider encore d'un Traité de la
construction des Télescopes, publié
par M. Passement, qui enseigne dans
cet ouvrage ce qu'il pratique depuis
long-temps avec succès. (a)

(a) L'ouvrage de M. Passement a été imprimé in-4°. à Paris en 1738, chez *Philippe
Nicolas Lottin.*

Microscopes simples & composés.

XVII.
LEÇON.
IV. Section.
Art. II. Pl
IX. Fig 18,
19, & 20.

LES microscopes simples, qu'on nomme aussi *angiscopes*, apparemment parce qu'on s'en sert assez communément pour voir les anguilles où petits serpents dans le vinaigre, & dans la colle de farine aigrie, n'ont qu'une seule lentille, qui est pour l'ordinaire d'un foyer fort court. Je n'aurois jamais fait, si je voulois rapporter ici toutes les inventions dont on a fait usage jusqu'à présent pour présenter ce verre à l'œil, & pour le mettre à portée des objets qu'il doit amplifier ; je me contenterai d'en rapporter deux ou trois, qui m'ont paru les plus commodes & les plus simples.

A B, *Fig.* 5. est un cylindre creux d'yvoire, d'ébene, ou de métal, d'un pouce de longueur & de sept à huit lignes de diametre, tourné en vis par dedans d'un bout à l'autre. En *B*, est une petite piece tournée qu'on nomme le porte lentille, & qui se visse au cylindre : la partie qui reste en dehors & à laquelle on applique l'œil, est un peu concave avec un petit

trou

trou large d'une ligne au milieu ; par
l'autre côté, il y a une cavité cylindrique au fond de laquelle est placée
une lentille d'une ligne ou d'une ligne
& demie de foyer & par-dessus , une
petite feuille de métal percée au milieu d'un trou gros comme celui d'u-
ne épingle & bien ébarbé, le tout
étant retenu avec un petit anneau à
ressort enfoncé dans la même cavité ;
il faut que cet anneau soit mince &
que la cavité n'ait de profondeur
qu'autant qu'il en faut pour le recevoir , lui & la lentille , sur la circonférence de laquelle il est appliqué ,
& que le trou du porte-lentille du
côté de l'œil ait aussi très-peu d'é-
paisseur.

D est un autre cylindre creux de
la même matiere que le précédent ,
tourné en vis extérieurement sur toute sa longueur, & ajusté au premier
cylindre dans lequel il doit entrer;
le bout *d* a une feuillure , dans laquelle est collé un petit verre plan
fort mince, sur lequel on place l'objet qu'on veut voir ; & pour cette
raison cette derniere piece s'appelle
le porte-objet.

Quand l'objet eſt une pouſſiere, il s'attache de lui-même au verre, & ne s'en ſépare point, dans quelque ſituation qu'on tienne l'inſtrument ; une très-petite goutte de liqueur ne coule point non plus , quoique le verre du porte-objet ſoit tenu dans une ſituation verticale : on prend donc d'une main le corps du microſcope *A B*, pour le préſenter à l'œil, en ſe tournant du côté du jour, & avec l'autre main on fait avancer douce-ment l'objet du côté de la lentille, en faiſant tourner la piece *D*, juſ-qu'à ce que l'on apperçoive très-diſtinctement ce que l'on cherche à voir.

Quand on craint que l'objet, ne ſe ſépare du verre, au lieu de tenir le microſcope dans une ſituation ho-rizontale , pour regarder vers le grand jour , on peut le tenir fort in-cliné vers un miroir placé en bas, & de maniere à réfléchir la lumiere en haut : une feuille de papier blanc au lieu de miroir , ſuffiroit même , quand il fait un beau jour.

Au lieu de faire le porte-objet à vis, on aime mieux quelquefois le

rendre coulant , en garniffant l'intérieur du cylindre *A B* , avec une peau
fine , ou avec quelque chofe d'équivalent ; ce qu'on gagne à cela , c'eft
que l'objet avance dans une même
ligne , ce qui n'arrive point avec le
porte-objet à vis , qui le fait tourner ,
à moins que par hazard , on ne l'ait
placé juftement au centre de la révolution du verre. Ce microfcope
à l'avantage de pouvoir être porté
dans la poche , étant renfermé dans
un étui , ou dans une petit fac de peau
de chamois.

Un microfcope très-commun , &
dont on amufe affez fouvent les enfants , c'eft celui qu'on appelle microfcope *à puces* ; le porte-lentille eft
fait à-peu-près comme celui du microfcope que je viens de décrire ,
mais le verre dont il eft garni a neuf
à dix lignes de foyer , & quelquefois
davantage , & on lui donne une ligne & demie ou deux lignes d'ouverture.

Ce porte-lentille , fe joint par une
vis à la piece tournée *E* , *Fig.* 6.
qui s'emboîte fur un petit canon de
criftal , d'un pouce de diametre , &

D d ij

qui y eſt attaché avec de la colle de poiſſon; l'autre bout du canon s'emboîte & s'arrête pareillement dans un pied *F*, qui a la forme d'un petit guéridon, & ſur lequel on place les objets qu'on veut voit; quand ils ſont bruns ou noirs, on les place ſur un petit cercle de papier blanc, & s'ils ſont d'une couleur oppoſée, on les met ſur un fond noir. Il faut, comme l'on voit, que le canon de verre ſoit de telle hauteur, que le foyer de la lentille atteigne aux objets qui ſont ſur ce fond.

Vous ferez encore un microſcope ſimple aſſez commode & avec peu de dépenſe de la maniere ſuivante.

Prenez deux lames de cuivre de trois lignes de largeur ſur vingt lignes de longueur; pliez-les d'équerre par un bout & par l'autre, ſur une longueur de quatre lignes; adoſſez ces deux pieces l'une à l'autre, comme *G g*, *H h*, *Fig.* 7. & attachez-les enſemble par le milieu de leur longueur avec un clou rivé & une roſette tournée ſous chaque rivure; de maniere qu'elles tournent l'une contre l'autre avec frottement; faites passer deux gros fils de laiton ou de fer poli I i, K k, par les doubles équerres ; & afin qu'ils gliffent avec frottement fuivant leur longueur , placez une lame à reffort, comme o, qui prenne d'un angle à l'autre , & qui foit courbée pour preffer par fa convexité le fil de métal qui doit gliffer dans la piece.

L'un des fils I i, fera monté fur une patte de bois ou de métal tournée, & il fera plié à angle droit par en-haut pour recevoir un porte-lentille L , femblable à ceux dont j'ai parlé ci-deffus. L'autre fil aura par un bout un bouton k à pans ou godronné, afin qu'on puiffe le manier plus aifément, & l'autre bout K fera foré de trois ou quatre lignes fuivant fa longueur, pour recevoir une aiguille ou la queue d'une petite pince, ou bien celle d'une petite dame noire d'un côté & blanche de l'autre, pour porter des objets vivants ou autres.

Il eft aifé de comprendre, qu'au moyen des mouvements dont les doubles équerres & les fils de métal font fufceptibles, on peut porter l'objet devant la lentille , & en approcher celle-ci , en faifant un peu tourner le fil qui la porte.

On doit compter au nombre des microſcopes ſimples , un inſtrument que tout obſervateur doit avoir dans ſa poche; ce ſont deux verres lenti-culaires enchaſſés aux deux extrêmi-tés d'une chappe d'écaille ou de cor-ne , comme on le peut voir par la *Fig. 1. Pl. XIV.* Le plus grand de ces deux verres peut avoir quinze lignes de diametre , & dix-huit lignes de foyer; & le plus petit, un demi-pou-ce de diametre , avec un foyer de quatre lignes. Cet inſtrument ſe trou-ve tout préparé chez preſque tous les Lunetiers des grandes villes ; il faut le porter dans un étui garni de velours en dedans, afin que les ver-res ne ſe rayent point en frottant contre les parois.

Les Ciſeleurs en bijoux , les Gra-veurs, & généralement tous les Artiſ-tes qui ont affaire à de très-petits objets , ont ordinairemnt ſur leur établi, une loupe ou lentille de foyer court, comme d'un pouce ou même un peu moins : elle eſt montée dans

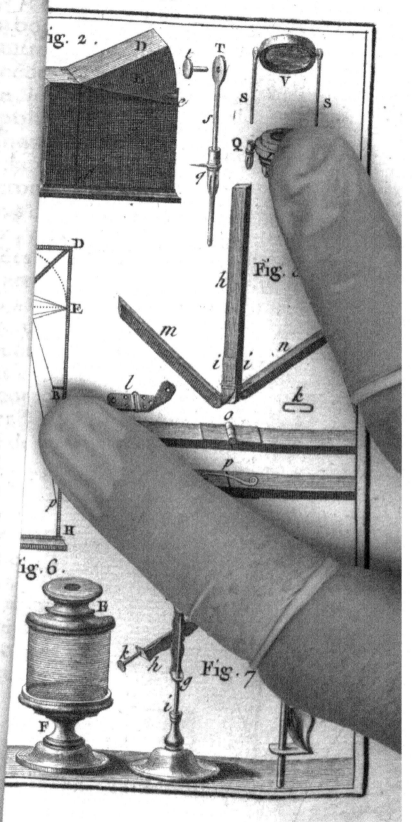

Fig. 2.

Fig. 6.

Fig. 7.

un bout de tuyau évasé de part &
d'autre, (*Fig.* 2.) & dont les bords
excédent la convexité du verre, afin
que le frottement ne le puisse point
dépolir, comme cela arriveroit immanquablement s'il traînoit à nud
fur la table. Cette espece de lunette
est tournée en bois dur ou en métal
elle s'ouvre à vis au milieu de sa hauteur, & c'est entre ces deux parties
vissées l'une à l'autre que la lentille
est arrêtée dans une feuillure.

L E microscope composé a ordinairement trois verres ; celui qui est
du côté de l'objet, & qu'on nomme
pour cette raison la lentille *objective*,
est convexe des deux côtés, & d'un
foyer fort court. Celui qui est du
côté de l'œil, & qu'on appelle *l'o-
culaire*, a plus de largeur, & le foyer
moins court que le précédent. Celui
du milieu, qui est le plus large, est
lenticulaire ou plan-convexe, & son
foyer est plus long que celui des deux
autres. Ces trois verres sont contenus
dans un tuyau de bois ou de métal,
monté sur un support à mouvements,
au moyen duquel l'instrument peut
s'approcher autant & aussi peu qu'on

D d iv

le veut , de l'objet qu'il s'agit de voir.

J'aurois trop à faire , s'il me falloit dire ici, tout ce qui a été imaginé jufqu'à préfent, tant pour le nombre & la combinaifon des verres, que pour les différentes façons de monter & d'affortir les microfcopes. Je me contenterai d'en décrire un , que j'ai fait venir de Londres il y a une vingtaine d'années , & que nos Lunetiers ont imité depuis ; c'eft celui qui m'a parru le plus commode, fur-tout dans mes écoles.

Le corps du microfcope *A B*, *Pl. XIV. Fig.* 3. a près de fept pouces de longueur : fa groffeur qui n'eft pas la même par-tout, eft déterminée par les différents diametres des trois verres ; il eft compofé de quatre pieces principales *C, D, E, F;* car *a* & *b* qui s'affemblent par une vis, pourroient être d'une feule piece, & *ff* n'en font auffi qu'une, qu'on nomme le *porte-lentille.*

L'oculaire , placé en *D*, a dix lignes de diametre & quinze lignes de foyer : il eft retenu par un anneau plat *g*, qui entre à vis, & il eft recouvert par la piece C, qui se visse pareillement sur la partie qui le renferme. Cette piece C est concave en dessus, avec une ouverture circulaire qui a quatre lignes de diametre & qui est à six lignes de distance au-dessus du verre. Pour empêcher que la poussiere n'y entre, elle se ferme par une piece à coulisse c, qui porte en-dessous un petit ressort & en-dessus un bouton, par lequel on la fait avancer & reculer.

Le verre du milieu a quinze lignes de diametre, & deux pouces neuf lignes de foyer; il est placé en d, & retenu comme le précédent par un anneau plat qui entre à vis. La distance entre ces deux verres est de deux pouces & une ligne : les deux parties e, b, étant assemblées, la piece E entre à vis en d, ce qui donne la facilité de nétoyer le verre quand il est sale. C'est au bas de cette derniere piece que se placent les porte-lentilles, qui sont tous composés de deux parties, l'une qui reçoit le petit verre dans une cavité apropriée à sa grandeur & à sa figure, n'ayant au milieu qu'un trou qui répond au centre de la lentille , & qui est d'autant plus petit que ce verre à le foyer plus court ; l'autre partie est un opercule qui recouvre la lentille , & qui à aussi un trou rond au milieu , mais un peu plus grand que celui de l'autre piece.

Les porte-lentilles dans la partie qui contient le verre doivent être très-minces: les trous de part & d'autre doivent être ébarbés proprement & fraisés en dehors, afin que les rayons de lumiere ne soient point gênés dans leur passage: il y a six lentilles à changer, dont voici les foyers & les ouvertures pour chacune d'elles.

	Foyer.	Ouverture.
1ere	1 ligne	$\frac{1}{3}$ de ligne.
2	2	$\frac{1}{3}$
3	4	$\frac{1}{2}$
4	6	$\frac{3}{4}$
5	8	1 ligne.
6	12	1.

Voilà en quoi consiste le corps de l'instrument ; il est ordinairement de

cuivre ; on le pourroit faire de quelque bois dur propre à porter des filets
de vis ; mais il fera toujours mieux
en métal , qu'on pourra faire dorer
enfuite ou vernir , afin qu'il conferve
fa couleur, & qu'il ne produife point
de mauvaife odeur : fi l'on prend ce
dernier parti , *G* & *b* pourront être
deux viroles de laiton ; les autres
pieces comme *C*, *D*, *d*, *e*, *F*, feront
fondues fur des modeles en bois , &
on commencera par joindre à foudure forte *D* & *d* à la virole *G*, pour
tourner enfuite le tout enfemble.
Une chofe qu'il ne faut pas manquer
de pratiquer, c'eft de godronner les
bords, ou la partie la plus faillante
des pieces qui entrent à vis ; non
feulement cela fait un ornement dans
l'ouvrage, mais les doigts y trouvent
plus de prife pour les faire tourner,
ce qui permet de donner aux pieces
plus de délicateffe ; ces godrons peuvent fe faire à la lime, mais on en
vient à bout plus facilement & avec
plus de promptitude, par le moyen
d'une roulette fraifée qu'on trouve
toute faite chez les Marchands d'outils.

Voici maintenant de qu'elle maniere ce microscope eſt monté , &
quels ſont les inſtruments dont il eſt
aſſorti. *H H* , eſt une baſe quarrée de
deux pouces de hauteur & dont chaque côté a ſix pouces : elle eſt creuſe,
avec un tiroir dans lequel ſont arran-
gés les porte lentilles & les autres pieces d'aſſortiment : on peut la faire de
poirier noirci en façon d'ébéne, ou
de quelque autre bois de couleur,
aſſemblé proprement à queues perdues.

Sur cette baſe eſt attachée avec
des vis une forte platine de métal
chantournée, & dont la longueur ſuit
la diagonale *H H*. Une boîte de laiton *I K*, haute de deux pouces neuf
lignes & qui a la forme d'un paralléE-
lipipede, eſt élevée d'àplomb, &
attachée, ainſi que la conſole qui lui
ſert d'appui, ſur la platine, avec des
vis dont les têtes ſont noyées en-
deſſous. Cette boîte embraſſe par leur
partie d'en-bas, deux régles de cuivre
L, M, qui ont chacune deux lignes &
demie d'épaiſſeur ſur ſept lignes de
largeur. La premiere eſt fixée à la
boîte par deux vis, & s'éleve de ſept

pouces au-deſſus d'elle. La ſeconde
gliſſe ſuivant ſa longueur & porte
par en-haut une piece de cuivre N
O , qui a deux bonnes lignes d'é-
paiſſeur, & qui ſert de portant au microſcope. Elle eſt percée convenablement pour laiſſer paſſer la régle
L qui la traverſe, & vers O elle a
un trou rond, garni d'une virole o
en-deſſous pour recevoir la partie e
du microſcope ; cette partie tournée
un peu en dépouille doit y être ajuſ-
tée avec du ſable & de l'eau, comme
la clef d'un robinet, afin que l'inſtrument une fois placé ne ſoit point
ſujet à ſe mouvoir, ni d'un côté ni
d'un autre. C'eſt encore pour empêcher ces mouvements irréguliers ,
qu'on a attaché avec deux vis ſous
la piece NO, une eſpece de gouſſet
n , qui gliſſe avec elle contre la régle
L , dans toute ſa largeur.

Par cette conſtruction le microſcope peut monter & deſcendre parallelement à la régle L ; une petite piece x, attachée en-haut avec une vis ,
& qui déborde un peu l'épaiſſeur,
empêche que la piece NO, ne puiſſe
ſortir en montant trop haut. Ce mou-

vement fuffit pour faire defcendre le microfcope promptement & à-peu-près au point où il doit être ; mais pour le mettre précifément à celui où l'on voit l'objet bien diftincte-ment , il faut un mouvement plus lent , & plus facile à mefurer. On fe l'eft procuré par le moyen d'une vis d'acier qui a fon écrou en P , & par en-haut , une portée avec un tigeron qui traverfe l'épaiffeur de la piece N , & qui enfile un bouton large & go-dronné , dans lequel il ne peut pas tourner ; de forte qu'en menant cette vis d'un côté ou de l'autre par ce bouton , on feroit avancer ou recu-ler l'écrou P.

Mais cet écrou fait corps avec une bride p , qui embraffe les deux régles , & qui peut gliffer deffus , quand on veut faire faire un grand mouvement au microfcope. Dans l'au-tre cas , on arrête la bride p , fur la régle L , avec une vis dont la tête eft faillante , un peu large , & godronnée tout autour : par ce moyen-là , dès qu'on fait tourner la vis N P , la ré-gle M , qui porte le corps du microf-cope , monte ou defcend en gliffant doucement le long de l'autre regle, tandis que l'œil placé en *A*, attend l'inſtant où il appercevra l'objet bien tranché.

On peut faire les deux regles *L*, *M*, de cuivre coulé ; mais il faut les battre à froid avant de les limer, pour leur donner plus de ſolidité ; il eſt eſſentiel qu'elles ſoient bien dreſſées ſur toutes les faces, & exactement calibrées d'un bout à l'autre ; on fera bien d'uſer l'une ſur l'autre avec du ſable & de l'eau, & enſuite avec de la ponce broyée, les deux faces qui ſe touchent, afin qu'elles gliſſent plus facilement, & d'un mouvement égal. La piece *N O*, bien écrouie auſſi, ſera jointe au bout de la regle *M* par une forte rivure ; la conſole *k* fondue ſur un modele, & proprement limée enſuite, ſera attachée au-haut de la boîte avec une vis à tête ronde, & par en-bas à la platine *I i*, par une autre vis plus forte, & dont la tête ſera noyée en deſſous.

Les objets ſe placent ſur une platine *B Q q* de laiton, ou de cuivre fondu, chantournée dans un quarré,

dont chaque côté à un peu plus de
trois pouces & dont l'épaiffeur doit
avoir une bonne ligne & demie. Cette piece eft échancrée pour embraffer, les deux regles du portant, fept
à huit lignes au-deffus de la boîte
I K ; mais elle eft attachée feulement
à celle qui eft fixe, par un fort équerre
placé en-deffous, & qui tient à l'une
des deux par un bonne rivure & à
l'autre par deux vis.

Au milieu de cette platine eft un
trou rond de treize à quatorze lignes
de diametre, garni en-deffous d'une
virole mince de cinq à fix lignes de
hauteur, foudée à l'étain dans le trou
de la platine, mais feulement à demie épaiffeur, de forte que cela forme en-deffus une feuillure dans laquelle on peut mettre un verre arrondi, ou une dame noire d'un côté
& blanche de l'autre pour placer différents objets ; ceux qui font opacs
devant être éclairés par-deffus, ceux
qui font tranfparents demandant
prefque toujours, à l'être par-deffous.

Pour faire voir de fuite un certain
nombre d'objets tout préparés, il y

a dans un étui fept ou huit lames
d'yvoire qui ont chacune environ
trois pouces de longueur fur fix lignes de largeur ; elles ont cinq ou
fix trous ronds & à feuillures garnis
de verres minces ou de feuilles de
talk, fur lefquelles on a légérement
collé, des cheveux, des poils de différents animaux, des duvets de plume,
des pouffieres de papillon, celles des
étamines des fleurs, de petites écail-
les de poiffons, &c. & l'on fait paffer fucceffivement toutes ces lames,
& les objets dont elles font chargées,
fous la lentille objective du microfcope, par le moyen d'une petite machine dont on voit la figure à la lettre R, & qui fe place au milieu de la
platine B Q.

Cette machine eft compofée de
trois platines rondes de vingt lignes
de diametre ou environ, percées à jour
circulairement au milieu comme la
platine B Q ; la premiere & la derniere font jointes enfemble & parallélement entr'elles, à trois lignes de
diftance l'une de l'autre, par quatre petits pieds rivés qui traverfent
celle du milieu, en lui laiffant la li-

berté de monter & de defcendre entre elles deux : mais un fil de métal tourné en fpirale, & attaché par un bout à celle d'en-bas, forme un reffort qui la pouffe vers celle d'en-haut ; c'eft fous celle-ci qu'on fait gliffer les lames d'yvoire, dont le bout eft aminci ; & l'on en a retranché deux fegments, afin de pouvoir pofer les doigts fur les bords de la platine mobile pour l'abaiffer ; cette machine porte en deffous un bout de virole, qu'on fait entrer dans le trou de la platine B Q.

Les trous à feuillure dans les lames d'yvoire, fe font au tour en l'air, par le moyen d'un mandrin à couliffe qu'on met au bout de l'arbre, pour centrer l'endroit qu'on veut percer ; on fait d'abord l'ouverture la plus large jufqu'aux deux tiers de l'épaiffeur ; enfuite on retourne la piece, & avec la pointe du burin, on ouvre le trou en réfervant la feuillure : *Voyez* ce que j'ai dit fur la maniere de percer fur le tour des feuilles de corne ou d'écaille. *Tome I, page 94.*

On peut encore former ces trous

à feuillure avec deux perces , tai lées
comme celles dont on fe fert pour
les tonneaux à vin ; l'une des deux
fera l'ouverture la plus large jufqu'aux deux tiers de l'épaiffeur , l'autre plus étroite fera le trou à jour :
on fera tourner ces outils , comme
les forets avec un archet.

Si l'on garnit ces trous avec des
verres , il faut les choifir bien minces , & bien blancs : fi l'on fe fert de
feuilles de talk , on fera bien d'avoir
un emporte-piece , pour les couper
de mefure , très-promptement & avec
facilité ; on attachera les uns & les
autres avec un peu de colle de poiffon.

Pour porter un moucheron , une
puce , ou tout autre infecte vivant
fous le microfcope , on fe fert de
l'inftrument repréfenté par la *Fig. q*,
& qui fe place dans un trou rond à
l'un des angles de la platine *B Q*.
C'eft un fil d'acier pointu par un bout
comme une aiguille à coudre , & garni à l'autre bout d'une petite pince
à reffort , qui fe tient naturellement
fermée , & qu'on fait ouvrir un peu
en pinçant deux boutons qui défafleu-

rent de part & d'autre ; *Voyez* la *Fig.*
défignée par la lettre 7. Le fil d'a-
cier gliffe dans un canon fendu ,
fous lequel eft un mouvement femblable à celui de la tête d'un compas , avec une affiette & un pivot
qui traverfe l'épaiffeur de la platine.
Par cette conftruction la pince , ou
la pointe qui porte l'objet, peut tourner pour arriver fous le microfcope ,
s'incliner plus ou moins pour chercher le foyer de la lentille objective,
reculer , & avancer , tourner fur elle-
même, pour préfenter fucceffivement
toutes les parties de l'objet.

Au lieu de cette pince , on met
quelquefois au même endroit, une
piece qui eft défignée par la lettre
S, pour faire voir la circulation du
fang dans la queue d'un teftard ;
c'eft une lame de laiton mince , un
peu pliée en forme de gaufre , à l'un
des bouts de laquelle il y a une ouverture à jour, & vers le milieu de
la longueur , un ruban attaché au
bord , pour envelopper & affujettir
le corps de l'animal. On étend la
queue fur l'ouverture du bout , & on
l'y retient, fi l'on veut, par le moyen

d'un fil qu'on fait paſſer avec une aiguille à coudre, par les trous qui
ſont au bord.

Cette piece eſt garnie en-deſſous
d'une platine ronde *s*, qui a un pé-
dicule dont la longueur égale l'é-
paiſſeur de la platine *B Q*, avec un
bouton gros comme le pivot du por-
te-pince *q*. Cette partie eſt attachée
par deux vis dont on voit les têtes
en *S*.

Le porte-teſtard ſe place donc
comme la pince, & tourne comme
elle pour porter l'objet ſous le microſcope; mais comme il eſt néceſſaire qu'on puiſſe le faire avancer &
reculer, il y a à la platine *B Q*, non-
ſeulement un trou pour recevoir le
bouton *s*, mais encore une rainure à
jour de cinq à ſix lignes de longueur
& tendant au centre, dans laquelle
le petit pied qui eſt au-deſſus du
bouton peut gliſſer; & pour avoir
dans ce mouvement, un frottement
doux qui empêche le balotage, on
a attaché ſous la platine une petite
lame à reſſort, très-mince, & ayant
comme elle, un trou rond & une rai-

nure, de forte que le bouton *s* eft eft toujours tiré en en-bas.

Les objets qui font opacts doivent être éclairés par-deffus, & le plus fouvent le grand jour fuffit pour cela ; il ne s'agit donc que de placer le microfcope vis-à-vis d'une fenêtre : mais dans certains cas, où l'on a befoin d'une lumiere plus forte , on fe la procure par le moyen d'un verre lenticulaire *T*, d'un pouce de diametre , & de deux pouces de foyer, garni d'un cadre, & porté par un demi-cercle monté fur une tige ronde.

Le cadre eft tourné en cuivre ; le verre y entre dans une feüillure un peu profonde , & il y eft retenu par un anneau plat qui entre à vis. Le verre ainfi encadré tourne fur deux pivots diamétralement oppofés , qui font deux vis d'acier tenant au demi-cercle. Celui-ci eft auffi de métal ; la tige ronde fur laquelle il eft monté gliffe à frottement dans un canon fendu *t*, qui a par en-haut une portée & un collet terminé par quelques filets de vis : ce collet paffe dans une rainure à jour , pratiquée à la platine *B Q*, & semblable à celle qui reçoit le porte-testard, & il est retenu en-dessus par un écrou *v* un peu épais & godronné tout autour. Par ce moyen-là, le canon, avec la lentille qu'il porte, peut s'avancer vers le microscope; & ce mouvement devient encore doux & égal, par un ressort semblable à celui dont j'ai fait mention en parlant du porte-testard. La lumiere du jour ou celle d'une bougie élevée à une hauteur convenable, peut donc se rassembler sur l'objet & l'éclairer autant qu'on le veut.

Les objets qui nagent dans les liqueurs, ou qui sont assez minces pour être transparents, s'éclairent en-dessous par le moyen d'un miroir concave *V*, qui fait partie d'une sphere de six pouces de diametre; ce miroir, pourroit être de métal blanc, semblable à celui dont on fait les miroirs des télescopes; mais communément, c'est un morceau de glace mince à qui l'on fait prendre une courbure sphérique, & dont la surface convexe est mise au teint; il est monté dans un cadre de cuivre tourné, qui a un fond garni en dedans d'une couche de coton ou d'un morceau de flanelle, pour empêcher que le teint ne s'écorche, & il y est arrêté par un cercle plat qui entre à vis. Ce miroir ainsi encadré, est suspendu dans un demi-cercle comme le verre lenticulaire *T*; sa tige qui est très-courte, entre & tourne avec frottement dans un trou qui traverse l'épaisseur de la platine *I i*, & celle d'une autre platine circulaire, qui la recouvre en cet endroit, & qui est attachée avec elle par trois vis sur le bois de la base *H H*.

Le miroir étant donc tourné devant le jour ou devant une chandelle allumée, & étant incliné convablement, réfléchit la lumiere dans le trou *B*, & éclaire l'objet autant qu'il en est besoin. Il arrive même assez souvent qu'il l'éclaire trop, & que les parties les plus délicates noyées pour ainsi dire dans une lumiere trop vive, ne se font point assez sentir à l'œil; on la modere alors, avec une espece de cône creux & tronqué *u*, qu'on fait entrer sur la virole qui déborde en-dessous le trou de la platine *B Q*;

ou

ou bien l'on incline le miroir de façon qu'il ne jette sur l'objet qu'une partie de la lumiere qu'il a reçue.

Le cadre & le fond qui servent de monture au miroir peuvent être coulés d'une seule piece, que l'on façonne ensuite au tour; le demi-cercle peut-être aussi fondu & tourné; mais alors il faut faire un cercle entier, un peu plus grand qu'il ne faut, & en prendre la moitié que l'on plie un peu pour faire joindre les deux bouts au cadre du miroir.

Dans certaines occasions qui sont rares, mais qui peuvent avoir lieu, on voudroit éclairer l'objet en même-temps par-dessous & par-dessus: voici le moyen qu'on employe pour cela : Xx est une virole mince, percée à jour en deux parties opposées, sur presque toute sa longueur; elle porte intérieurement en x, des filets de vis, pour recevoir un miroir concave y, de cuivre rouge argenté & bien bruni, avec un trou au milieu de quatre lignes de diametre; ce miroir a son foyer à quatre lignes de distance, c'est-à-dire, qu'il fait partie d'une sphére, dont le rayon auroit huit lignes , & fa plus grande largeur eft de onze lignes ; car il faut qu'il puiffe paffer avec la partie *B*, du microfcope, par le trou & la virole du portant *N O*.

Il fe place donc, comme je viens de le dire fur la partie *a b*, & on l'y fait avancer plus ou moins fuivant la longueur du foyer de la lentille qu'on a mife au bout du microfcope. Il faut que l'objet foit en même-temps au foyer du miroir., & à celui de la lentille dont on fait ufage ; & comme il y en a fix plus fortes les unes que les autres , on a marqué avec un chifre & une ligne circulaire l'endroit où l'on doit pouffer la virole *X*, pour chaque lentille. On tient ce petit miroir enfermé dans une boîte de métal ou d'yvoire, afin qu'il ne fe terniffe point à l'air , & qu'il ne fe raye point en frottant contre d'autres pieces.

Le microfcope étant armé de ce miroir & l'objet étant fortement éclairé par celui de deffous, les rayons qui paffent autour font renvoyés deffus, & rejailliffent de là vers l'œil par le corps de l'inftrument.

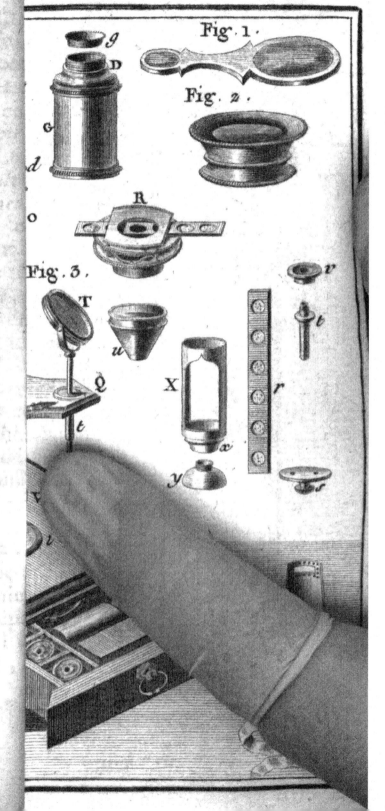

Fig. 1.

Fig. 2.

Fig. 3.

On trouve encore dans le ~~~~
une petite pince à reſſort Z , ~~ ~~~
à prendre les objets qu'on au~~ ~~~
ne à ſaiſir avec les doigts, p~~~ ~~
placer ſur les verres ou ſur ~~ ~~~~
porte-objets.

Le microſcope tout ~~~~~ . ~~
renferme dans une bo~~~ ~~~~~ ~~~~
quarrée, qui ſe ferme ~ ~~~ ~ ~~~~
me toutes les pieces ~~~~~ ~~~~
dont j'ai fait men~~~~ . ~~ ~~~~~
pas tenir dans le ~~~~ ~~ ~ ~~~
HH, on en a p~~~~~ ~~ ~ ~~~ ~
bas de la boîte , ~~ ~~~~~ ~~~~
mé ſous la même ~~~

Lanterne ~~~~~~

Le corps de la ~~~~~~~~~ ~~ ~ ~~~~~~
indifférem~~~~~~ ~~~~~~~ ~~~
les de la~~~ ~~ ~~ ~ ~~~
qu'un des ~~~~~ ~~~~ ~ ~~~ ~~~~~
pour don~~~ ~ ~~~~ ~~ ~ ~~~
miroir & ~~ ~~~~ ~ ~~~~
ait au m~~~~ ~~~~~~~ ~~ ~~~
pout don~~~ ~~~~~ ~ ~~~ ~
maniere p~~~~~~ ~ ~~ ~ ~~ ~
ſe répan~~ p~~~ ~~~~~ ~ ~~~
bre ; & com~~~ ~ ~ ~~ ~~~~
ſuie , il eſt p~~ qu~~~ ~~~ ~~ ~~~

On trouve encore dans le tiroir, une petite pince à reſſort *Z* , qui ſert à prendre les objets qu'on auroit peine à ſaiſir avec les doigts , pour les placer ſur les verres ou ſur les autres porte-objets.

Le microſcope tout monté , ſe renferme dans une boîte pyramidale quarrée , qui ſe ferme à clef ; & comme toutes les pieces d'aſſortiment dont j'ai fait mention , ne peuvent pas tenir dans le tiroir de la baſe *HH* , on en a pratiqué un autre au bas de la boîte , qui ſe trouve renfermé ſous la même clef.

Lanterne Magique.

LE corps de la lanterne peut être fait indifféremment de fer-blanc, de feuilles de laiton , ou de bois ; mais il faut qu'un des côtés s'ouvre à charnieres , pour donner la liberté d'arranger le miroir & la lampe ; il faut auſſi qu'il y ait au milieu du dôme une cheminée, pout donner paſſage à la fumée, de maniere pourtant, que la lumiere ne ſe répande point par-là dans la chambre ; & comme il s'y amaſſe de la ſuie , il eſt bon qu'elle s'emboîte ſur

XVII. LEÇON. IV. Section. Art. II. Pl. IX. Fig. 21 , & Pl. X. Fig. 22.

une virole, & qu'on puiffe l'enlever pour la nétoyer de temps en temps. Quand aux dimenfions de cette lanterne, c'eft affez de lui donner quatorze ou quinze pouces de hauteur, autant de longueur, & dix à douze pouces de largeur : elle doit être placée fur une table, ou fur un guéridon folide, de deux pieds & demi ou trois pieds de hauteur, dans une chambre obfcure, vis-à-vis & à dix ou douze pieds de diftance d'un mur qui foit blanc par lui-même, ou couvert d'une nappe bien tendue.

Vous donnerez au miroir fept à huit pouces de diametre & environ cinq pouces de foyer ; vous fouderez fur le milieu de fa convexité, un bout de tuyau gros comme le doigt & de quinze à dix-huit lignes de longueur, que vous ferez entrer à frottement dans une douille qui traverfera le derriere de la lanterne, au milieu de fa largeur, & à telle hauteur que le centre du miroir fe trouve dans la ligne *A B*, *Voyez la Fig.* I. *Pl. XV.* qui repréfente la coupe de la lanterne fuivant fa hauteur.

Le meilleur miroir que vous puissiez employer, sera celui que vous
ferez couler en métal blanc, &
travailler ensuite; ou qui sera fait
d'un morceau de glace arrondi, cour-
bé au feu, & étamé sur sa convexité, comme ceux dont on se sert pour
les expériences de catoptrique : mais
comme il ne s'agit ici que de plier,
(régulierement ou non) les rayons
de lumiere qui vont vers le fond de
la lanterne pour les ramener vers le
devant, vous pourez vous contenter d'un réverbere de cuivre embouti
par un Ferblantier, ou par un Chaudronnier, que vous ferez argenter &
brunir en dedans ; vous le pourez
faire même de ferblanc plané proprement, ayant soin de le bien nétoyer ; il faudra régler sa concavité
avec un calibre qui sera une portion
de cercle, dont le rayon auroit dix
pouces.

La lampe *C*, aura trois ou quatre
méches de la grosseur d'une plume à
écrire, tout près les unes des autres,
& rangées dans une ligne qui coupe
A B à angles droits à-peu-près au
foyer du miroir. Le porte-meche *D*

sera donc oblong, & placé dans une coupe de même forme, au bout d'un tuyau recourbé *E*, soudé à un réservoir *F* plus large qu'épais, & garni d'une douille en dessous pour recevoir la tige du pied qui doit le porter. On fait le réservoir de la lampe étroit; ainsi que la patte du pied qui doit être garnie d'une semele de plomb, afin qu'étant rangés l'un & l'autre, contre un des côtés de la lanterne, ils ne fassent point d'obstacle à la lumiere que le miroir envoye vers le tuyau ou sont les verres. Cette lampe se fait en ferblanc, & l'on y brûle de l'huile d'olives commune.

La face antérieure de la lanterne est percée au milieu, d'un trou rond à feuillure, pour recevoir un verre lenticulaire, qu'on retient en mettant par-dessus un anneau de métal faisant ressort. Ce verre doit avoir environ trois pouces de diametre, & être travaillé des deux côtés dans un bassin faisant partie d'une sphere d'un pied.

Sur ce même côté de la lanterne, mais en de hors, est attaché un quarré de bois *G G*, dont chaque côté a six

pouces; fur le milieu des deux côtés
montants, on en a ravallé l'épaiffeur,
de maniere que cela forme une couliffe de trois pouces de hauteur, fur
cinq lignes de largeur. C'eft par-là
qu'on fait paffer les bandes de verre
où les figures font peintes.

Le quarré *G G*, à l'endroit de la couliffe, eft percé au milieu, d'un trou
rond à feuillure, dans lequel eft collé
le bout d'un tuyau *H*, qui a trois
pouces de diametre, & cinq à fix pouces de longueur; ce tuyau peut être
fait de carton; il fera plus folide,
fi vous le faites de copeaux à deux
couches, comme je l'ai enfeigné,
pag. 214, & couvert de cuir de veau,
ou de bafane en façon de chagrin,
ou feulement de parchemin.

Dans ce tuyau qui eft fixe, il y
en a un autre qui peut avancer &
reculer, & qui renferme deux verres
lenticulaires *I*, *K*, à trois pouces de
diftance l'un de l'autre, avec un di-
phragme entre eux, dont l'ouverture
eft de cinq quarts de pouces. Le premier de ces deux verres eft travaillé
dans un baffin faifant partie d'une
fphere de fix pouces de rayon; le fe-

F f iv

cond dans un baffin de deux pieds de rayon.

Comme les ouvriers, en travaillant les verres, n'arrivent qu'à-peu-près aux foyers qu'on leur demande, vous ferez bien de rendre ces deux verres mobiles entre eux, en mettant l'un des deux, celui du milieu *I*, par exemple, dans un bout de coulant, ainfi que le diaphragme, afin d'éprouver avant de les fixer, la diftance refpective qui leur convient le mieux. Le bout antérieur du tuyau qui porte ces deux verres, doit être orné d'un cadre ou lunette que vous tournerez, & dont vous tiendrez l'ouverture auffi grande qu'elle puiffe être.

Les bandes de verre qui portent ies, objets comme *T*, *V*, font plus parfaites & plus folides quand elles font peintes avec des émaux tranfparents, & recuites après ; mais il eft affez rare de trouver des ouvriers qui fachent faire ces fortes d'ouvrages. Pour l'ordinaire on fe contente de deffiner ces figures grotefques avec des couleurs les moins opacques, détrempées avec quelque verni ; celui qui eft fait avec la fandaraque &

un peu de gomme élémi, peut s'employer avec succès; un verni gras bien blanc, seroit encore meilleur. Voyez ce que j'ai enseigné touchant les Vernis, *Tome I. 2e. Partie, Chapitre III.*

Pour peindre les bandes de verre, ayez un dessein original tracé sur du papier, attachez, dessus avec quelques boulettes de cire molle, une bande de verre de bohême, bien droite; suivez le trait avec un petit pinceau & du noir de fumée détrempé au vernis; quand cela sera sec, vous enluminerez vos figures, avec les couleurs les plus tranchantes, mais les plus transparentes que vous pourez employer, en les ombrant ensuite avec du noir; mais légérement.

Si vous êtes Curieux de préparer les figures à mouvements dont j'ai fait mention *Leçons de Physique, Tome V, pag.* 572. vous vous y prendrez de la maniere suivante.

Ayez des bandes de bois bien dressées, de neuf à dix pouces de longueur & de trois pouces de largeur sur quatre lignes d'épaisseur, comme *L l.* Mettez-les sur le tour en l'air pour y faire un trou rond de deux pouces & demi de diametre avec une feuillure de trois lignes de profondeur : creusez encore une coulisse comme *l m*, de la même profondeur que la feuillure du trou circulaire ; & que cette coulisse ait aussi par en haut une petite feuillure taillée en queue d'aronde, afin qu'on puisse la recouvrir avec une lame de bois mince qui glisse dedans d'un bout à l'autre.

Votre bois étant ainsi préparé ; attachez avec un peu de colle de poisson au fond du trou circulaire, un verre arrondi, qui porte une figure peinte, à laquelle il manque une partie, qui puisse se mouvoir sur un point pris au centre du verre : vous dessinerez cette partie mobile sur un autre verre *N*, observant de placer au centre le point sur lequel elle doit tourner ; collez ce dernier verre dans un petit cercle de cuivre plat & à feuillure ; joignez-y une lame de laiton *n* attachée avec un petit clou rivé, de maniere qu'elle puisse tourner aisément dessus ; placez ensuite ce dernier verre sur l'autre, &

la lame *n* dans fa couliffe, que vous recouvrirez avec une lame de bois, & mettez trois petites pointes dans la circonférence du trou circulaire, pour empêcher le fecond verre de fortir : alors en pouffant & en tirant la lame *n*, la partie mobile de la figure peinte, tournera avec le verre fur lequel elle eft placée ; par ce moyen-là, un homme ôtera fon chapeau & le remettra ; une figure grotefque branlera la machoire ; un Forgeron frappera fur une enclume, &c.

Si vous voulez exécuter un mouvement de rotation, repréfenter, par exemple, celui d'un moulin à vent ; vous placerez dans le fond du trou circulaire, un verre fur lequel vous aurez peint le corps du moulin, ayant attention, que l'endroit où doit être l'arbre tournant fe trouve au centre ; & l'autre verre que vous mettrez par-deffus portera les quatre aîles. Mais il faudra que le cercle de cuivre dans lequel il fera collé, foit creufé en forme de poulie fur la circonférence extérieure : vous creuferez au bout de la planche, la place d'une poulie de bois garnie d'un axe auquel fe

joigne une manivelle; & de plus, celle
d'une corde fansfin croifée, qui communique de la poulie *q* au cercle de
cuvre *p*; vous recouvrirez cette partie
de la planche jufqu'au bord du trou
circulaire, avec une piece de bois
mince, qui entre dans une feuillure;
& vous vifferez la manivelle au bout
de l'axe de la poulie : il eft aifé de
voir que, par ce moyen, vous ferez
paroître le moulin en mouvement;
& vous rendrez ce mouvement très-
aifé, fi vous faites porter le cercle *p*
contre trois rouleaux, comme *a, a, a*.
Vous aurez les mouvements de haut
en bas ou de bas en haut, fi vous faites glifler le verre mobile, dans une
coulifle par le moyen d'un levier *R*
qui tourne fur un point pris dans fa
longueur comme *s* & qui foit contre-
tenu par un refort; l'un & l'autre,
cachés dans l'épaiffeur du bois comme
aux bandes précédentes. La figure
d'une femme, par exemple, paroîtra
faire la révérence, fi le verre mobile
porte tout le corps, & le verre fixe,
les pieds & une partie des jambes.

Enfin le mouvement de droite à
gauche ou de gauche à droite, s'exé-

cutera encore par une petite lame
de métal, attachée au verre mobile,
& cachée comme les autres dans une
coulisse : on peindra, par exemple, sur
le verre fixe, une corde tendue, avec
quelques têtes au-dessous & au deux
bouts, pour faire naître l'idée d'un
spectacle, & le verre mobile représentera un danseur sur la corde, qu'on fera
aller d'un bout à l'autre; ou bien, on
représentera par le même artifice, un
vaisseau faisant route sur une mer
dont les flots seront dessinés sur le
verre de dessous, &c.

En voilà assez pour mettre sur la
voie l'amateur industrieux, à qui
une imagination féconde fournira
quantité d'autres sujets. Mais je dois
l'avertir de rendre tous ces mouvements faciles, en observant de ne point
gêner les pieces dans les places qui les
contiennent; & si les peintures sont
faites au vernis, ou détrempées avec
quelque autre drogue, qui les rende
sujettes à s'écorcher par le frottement,
il fera bien de coller, sur les bords du
verre mobile, une bande de papier
un peu épaisse, pour empêcher que le

reſte de ſa ſurface ne touche celle du verre fixe.

En parlant de la lanterne magique ordinaire, j'ai fait mention de celle qu'on éclaire avec les rayons du ſoleil ; c'eſt celle qui coute le moins & qui produit les plus beaux effets ; mais on eſt aſſujetti au temps, & à l'heure : on pourra ſe la procurer avec les mêmes tuyaux & les mêmes verres dont j'ai parlé ci-deſſus, en attachant avec des vis la piece à couliſſe *G G*, ſur un morceau de planche arrondi au tour, avec une feuillure au bord, ayant au milieu un trou circulaire de trois pouces & demi de diametre, & garni d'un papier huilé. Cette piece tournera dans un paneau qui ſervira de volet à la fenêtre, ou qui en fera partie, & portera en dehors le miroir qui doit renvoyer les rayons ſolaires dans le tuyau où ſont les verres; voyez ci-après la deſcription du microſcope ſolaire, pour apprendre comment la piece tournante eſt arrêtée au volet, & de quelle maniere on fait mouvoir par dedans la chambre, le miroir qui eſt en dehors.

Le Microscope solaire.

LA planche quarrée *A B*, *Pl.* 15 *Fig.* 2, qui s'attache au volet de la fenêtre, ou qui en fait partie, doit être de noyer bien sec ou de quelque autre bois doux peu sujet à se déjetter ; & pour plus de sûreté, on peut y mettre deux emboîtures ; elle doit avoir au moins six lignes d'épaisseur ; chaque côté aura sept pouces & demi de longueur, & les bords seront ornés d'un quart de rond : le trou du milieu aura quatre pouces de diametre, & sera percé sur le tour, afin quel soit bien rond, & bien uni dans toutes sa circonférence. Cette planche s'attachera par les quatre coins avec des vis à oreilles ; ou bien elle entrera dans une feuillure, & sera arrêtée avec deux tourniquets, comme on voit en *A*, *B*, qui représentent la face du côté de la chambre.

Vous ferez entrer dans cette planche, une autre piece de bois *CD*, tournée à feuillure, & de telle épaisseur qu'elle affleure la face qui répond au dehors de la chambre, & vous l'y

XVII.
LEÇON.
IV. Section.
Art. II. Pl.
X. Fig. 23 &
24.

retiendrez par deux lames de cuivre
c c, *d d*, faisant reffort, que vous attacherez avec des vis. Le mouvement
de la piéce ronde fera doux & uniforme, fi vous frottez un peu la circonférence avec du favon, & fi vous
courbez les deux refforts, afin qu'ils
ne frottent que par leurs extrémités.

Vous percerez la piecé tournante
CD au milieu, pour recevoir un tuyau
cylindrique *E F*, de deux pouces de
diametre & long de huit pouces, que
vous y collerez avec un anneau tourné, *e*, qui s'appliquera contre la face
du côté du tuyau, & fur l'autre face
vous en collerez un autre *f*, qui aura
une petite feuillure pour recevoir un
verre lenticulaire de vingt-deux lignes de diametre, & de neuf pouces
de foyer ; ce verre fera recouvert par
une lunette *g*, dont l'ouverture égalera, à deux lignes près, la largeur du
verre, & entrera à vis fur la piece
collée *f*.

Vous ferez dans la piece *CD*, deux
trous quarrés *h h*, pour recevoir les
tenons de deux tiges plates, de métal, comme *H*, terminées en vis, &
que vous retiendrez par l'autre côté
avec

avec des écrous à oreilles, ou quarrés; la tige *H* & fa pareille, auront en *I* chacune une vis, dont le bout limé & arrondi en forme de pivot, excédera l'autre face d'environ deux lignes, pour entrer dans le cadre d'un miroir *K L*, de huit pouces de longueur fur deux pouces un quart de largeur.

Pour monter le miroir, (qui fera de glace mife au teint), vous prendrez une planche de neuf pouces de longueur, fur trois pouces & quelques lignes de largeur, & de quatre bonnes lignes d'épaiffeur; vous rapporterez fur les bords des baguettes moulées & coupées en onglets, qui auront une feuillure en deffous pour recevoir le morceau de glace comme dans une couliffe, & celle de l'un des deux petits côtés, au lieu d'être collée comme les autres, fe placera après coup, avec deux petits clous d'épingle.

Vous fufpendrez le miroir au tiers de fa longueur, & vous réglerez fur ce pied-là celle des tiges *H H*; car c'eft affez qu'elles lui laiffent la liberté de s'incliner, depuis la verticale

Tome III.   G g

jufqu'au plan de l'horifon ; à moins
qu'il ne faille aller chercher les rayons
folaires au - delà de quelque obftacle , comme il arrive lorfque
l'embrafure de la fenêtre eft fort
épaiffe , & que le foleil n'y donne pas
directement.

Vous joindrez au bas du cadre du
miroir une lame de cuivre mince
tournée en *S*, avec un moúvement
femblable à celui de la tête d'un compas, mais très-libre ; cette lame glif-
fera dans une fente formée d'un trait
de fcie au bas de la piece *C D* , &
fervira à faire prendre au miroir, l'inclinaifon qu'on voudra lui donner.

Vous pouvez donner encore le
mouvement d'inclinaifon au miroir
d'une maniere plus fûre & plus commode, mais un peu plus difficile à exécuter : fixez fur un des grands côtés une petite roue dentée, comme *l*,
faites-la engréner avec une vis fans
fin qui tournera dans une bride attachée fur le même côté du miroir, &
dont la tige paffera au travers de la
piece *C D* , afin qu'on puiffe la faire
tourner commodément ; cette partie
de la tige *m* qui répondra à la cham-

bre, doit être limée quarrément pour recevoir une rosette godronnée *n*, & terminée par une vis sur laquelle on fait entrer un bouton tourné, qui serre le tout.

Comme le miroir peut tourner avec le bois qui porte le tuyau cylindrique, on comprend aisément qu'en prenant celui-ci d'une main & le bout de l'*S* platte, ou la vis sans fin avec l'autre, on peut faire tourner & incliner le miroir à volonté, pour conduire les rayons solaires dans le corps de l'instrument, & les y entretenir. C'est la premiere chose qu'il faut faire, en observant que le cône de lumiere que produit le verre lenticulaire, ait sa pointe précisément dans l'axe prolongé du tuyau, & à neuf ou dix lignes de distance en avant.

C'est à cette pointe de lumiere, & en même temps au foyer de la lentille qu'il faut placer l'objet dont l'image doit être amplifiée. Pour cet effet, vous préparerez un tuyau *N* de trois ou quatre pouces de longueur, qui glisse d'un mouvement doux & aisé dans celui qui est marqué *E F* ; vous y collerez une platine de quelque bois dur , qui ait une rainure circulaire pour le recevoir , & au centre un trou rond de quatre à cinq lignes de diametre, avec une queue chantournée à-peu-près comme on le voit en O. Vous mettrez la piece sur le tour en l'air , pour faire le trou & la rainure , & depuis celle-ci jusqu'au trou , vous formerez une pente pour diminuer l'épaisseur du bois ; la queue de cette piece , par l'autre face , sera d'une ligne & demie plus élevée que la partie circulaire ; & vous la couvrirez d'une lame de laiton battue à froid pour faire ressort, & qui avance jusqu'au près du trou qui est au centre. Cette partie avancée sera une espece de pince; sous laquelle on engagera les porte objets, comme on le voit en P.

Pour attacher la lame de laiton sur la queue de la platine *p* , vous percerez dans l'une & dans l'autre deux trous dont les centres soient à six lignes de distance l'un de l'autre ,pour recevoir deux canons, qui auront une portée en dessous , & qui seront rivés

en deſſus ; il faudra qu'ils ſoient fendus dans la partie d'enbas , pour faire
reſſort.

Q eſt une piece de cuivre platte &
chantournée , qui doit avoir un peu
plus d'une ligne d'épaiſſeur ; vous la
mettrez ſur le tour en l'air, & dans
la partie la plus large qui eſt circulaire , vous ferez un trou rond de
quatre à cinq lignes de diametre, dans
lequel vous formerez des filets de vis,
pour recevoir le-porte lentille *R* , &
à l'autre bout vous attacherez à vis
ou par rivures , un bouton plat *s*,
qui s'éleve de trois ou quatre lignes ;
ſous cette même partie, vous attacherez encore parallelement entre eux ,
deux tiges rondes d'acier bien cylindriques dont chacune ait une ligne
& demie de diametre & environ deux
pouces & demi de longueur : ces
deux tiges doivent être ſi bien ajuſtées
dans les deux canons à reſſort de la
piece *P* ou *p*, quelles y gliſſent d'un bout
à l'autre par un mouvement fort doux
& fort égal ; car c'eſt par ce mouvement, & en appuyant avec le bout
du doigt ſur le bouton plat *s* qu'on fait

avancer la lentille vers l'objet, jusqu'à ce que celui-ci se trouve juste au foyer.

Vous ferez le porte-lentille *R* fort court & très-évasé, & vous placerez le petit verre le plus près du bout que vous pourez, & par-dessus un petit opercule de cuivre ou de plomb très-mince, avec un trou rond au milieu de la grosseur d'une épingle, & bien ébarbé. Il est à propos que vous ayez au moins deux lentilles ainsi montées, soit en métal soit en bois dur, l'une de deux lignes, & l'autre de trois lignes de foyer. Voyez la *fig. K L Y* qui représente toute les pieces du microscope assemblées.

Les porte-objets se feront avec des lames de buis longues de trois pouces, larges de quinze lignes, & taillées en couteaux pour entrer sous la pince, comme on le voit en *P*. Vous les mettrez sur le tour, pour y faire des trous ronds & à feuillure de quatre à cinq lignes de diametre, dans lesquels vous attacherez avec de la colle de poisson des verres blancs, arrondis & fort minces; ou bien vous couvrirez tous les trous avec une feule bande de verre que vous ferez entrer à coulifſe, comme on le voit en *x*.

Pour placer au microſcope un petit inſecte vivant, vous pourrez faire une fenêtre en forme de quarré long dans une de vos lames de buis, & y faire paſſer une petite pince qui ait un anneau coulant pour la ternir ſerrée, comme on voit en *T*.

Enfin pour faire voir la circulation du ſang dans le méſentere d'une grenouille, vous préparerez une planchette un peu plus longue & plus large que les précédentes, vous y ferez un à-jour, comme *V*, que vous garnirez d'un verre blanc & mince, avec des petits crochets ſur les bords, & des trous pour paſſer des cordons ou des rubans fort étroits, aux endroits qui répondent aux quatre membres de l'animal ; & par derriere vous attacherez avec des clous rivés, une lame taillée en couteau, pour s'engager ſous la pince de la platine *P*.

L'animal étant attaché ſur la planchette, le ventre en-haut, vous lui

ouvrirez le côté droit par une inci-
fion longue de fept à huit lignes,
& vous tirerez doucement les intef-
tins, que vous retiendrez avec les crochets; alors vous aurez les vaiffeaux
du méfenterre étendus fur le verre,
& vous appliquerez cette préparation au microfcope, en faifant avancer la lentille, jufqu'à ce que l'objet s'apperçoive nettement. Vous
employerez pour cette opération la
plus foible de vos deux lentilles.

AVIS

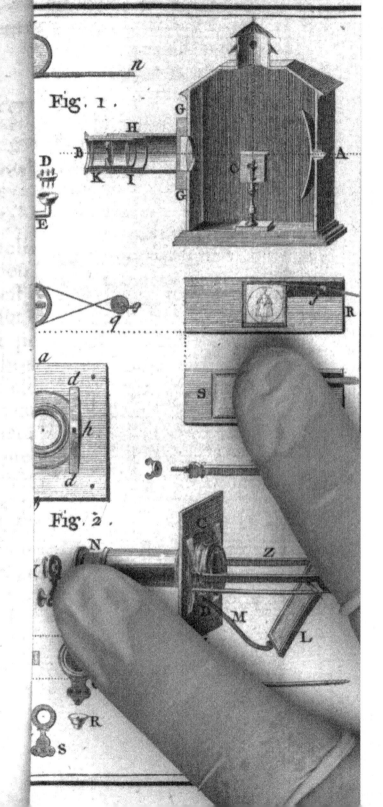

Fig. 1.

Fig. 2.

AVIS

Concernant la DIX-HUITIEME
LEÇON.

Premiere opération du Planetaire.

LA grande platine de métal fous
laquelle eft attaché le rouage, étant
un peu plus large que le cercle plat
qui eft au bord fupérieur du tambour,
il faut la faire entrer par-deffous ;
c'eft pourquoi le pourtour de ce
tambour doit fe féparer de fa bafe,
& c'eft par cette derniere piece que
vous commencerez la conftruction du
planetaire.

XVIII.
LEÇON.
I. Section.
Pl. I. & II.

Que le Menuifier corroye du bois
de chêne bien fec, & qu'il forme de
deux pieces croifées *A A*, *A A Pl.*
XVI. Fig. 1. entaillées à demie épaiffeur, & de quatre chanteaux *B*, *B*,
B, *B*, un parquet à jour & rond, de
vingt-cinq pouces de diametre & de
huit lignes d'épaiffeur ; qu'il en faffe
un polygone de douze côtés égaux,
& qu'il y faffe un rebord de neuf

Tome III.   H h

lignes de hauteur avec autant de taffeaux bien collés & bien joints qu'il
profilera en dehors comme *D*. Qu'il
perce de plus au milieu de la croix
un trou, comme *c*, de deux pouces & demi de diametre : & qu'il
colle fous chaque angle, un pied
figuré comme *M*, qui ait trois pouces de haureur fur quatre de largeur
par en-haut, & qu'il ait foin que le
fil du bois fuive cette derniere dimenfion.

Après cela il préparera avec du
bois d'aulne, de noyer, ou de tilleul, un cercle plat dont la moitié
eft repréfentée par les lettres *e F g*;
ce cercle doit avoir en dehors la
même grandeur & la même figure
que le parquet dont je viens de parler; & fa circonférence intérieure,
qui eft circulaire, peut avoir un peu
moins que vingt & un pouces afin de
recouvrir un peu le bord de la grande platine de métal.

Pour conftruire ce cercle, le Menuifier coupera fur un calibre, fix
pieces comme *f E e*, de trois lignes
& demie d'épaiffeur, il les refendra
par chaque bout d'un trait de foie,

& collera à l'un des deux une languette de bois prife fuivant le fil.
Enfuite il fera fur une table bien
droite, un trait de compas égal à la
circonférence intérieure du cercle
que doit former fon affemblage ; il
le divifera en douze parties bien égales, par autant de rayons tendant au
centre ; il les garnira de petits clous
d'épingles comme *h*, *h*, *h*, &c. il
appuyera chacune des pieces contre
ces clous, & la retiendra par deux
autres clous qu'il attachera en dehors, il collera la languette de la
piece fuivante, dans le trait de fcie
qui eft refté vuide à la précédente,
&c. ayant bien foin que chaque jonction réponde exactement à l'un des
douze rayons tracés fur la table.

Le corps de la caiffe ou tambour
fe fera de douze morceaux dont chacun aura trois pouces quatre lignes
de largeur & environ fix lignes d'é-
paiffeur ; & il fera coupé d'onglet par
les deux bouts fuivant la pente indiquée par les rayons tendant au centre C. La longueur eft donnée par la
diftance d'un rayon à l'autre prife
auprès du bord du polygone *A*, *B*.

A B, &c. fur quoi il faut obferver qu'au pourtour de la caiffe par en bas, il y a une feuillure de huit à neuf lignes de hauteur, ce qui fait que chaque piece avance plus près du bord, comme on le peut voir par le profil en *D*.

Pour coller ces douze pieces les unes aux autres, & donner à cet af-femblage toute la folidité néceffaire, vous pourrez vous y prendre de la maniere fuivante. Entaillez le bord fupérieur de chaque piece par les deux bouts, pour loger une languette de bois d'une ligne d'épaiffeur fur dix huit ou vingt lignes de longueur, & ayez-en un nombre fuffifant. Mettez la premiere piece *H* en place, & la retenez par deux clous d'épingle attachés légérement dans le parquet: mettez de la colle aux deux faces qui doivent fe joindre, placez & retenez la piece fuivante *I* comme la premie-re, faites approcher les parties, en les preffant fortement l'une contre l'autre, rempliffez les deux entailles du haut avec un languette de bois collée, & arrêtée avec deux petits clous d'épingles, comme *K*, & pro-

cédez de même pour les autres pieces.
Le lendemain vous collerez encore
dans les douze anglés autant de priſmes triangulaires, comme *L*, dont la
face antérieure ait environ deux pouces de largeur, & la caiſſe ſera ſolide.

Elle le ſera encore davantage
quand vous aurez collé deſſus, le cercle plat *E F G*. Pour cet effet, vous
raſerez l'excédent des languettes *K*
& ſemblables, vous dreſſerez le bord
ſupérieur de la caiſſe tout autour, &
vous le préſenterez ſur le cercle pour
voir s'il le touche de partout ; cela
étant fait, vous tracerez ſur le cercle
avec un crayon, le pour-tour extérieur de la caiſſe, de maniere que
l'un & l'autre ayent le même centre ; vous attacherez légéremem
quelques pétits clous d'épingles ſur
ces lignes, & vous ferez un repaire,
afin de trouver tout-d'un-coup la place où doit être poſée la caiſſe, dès
que vous aurez mis de la colle ſur
ſes bords ; & afin que la colle prenne mieux, vous placerez ſur la caiſſe
une planche en travers, & vous la
chargerez d'un gros poids, ayant

foin de chauffer les deux pieces avant d'y mettre la colle.

Vous finirez la caiffe en nétoyant le bois par dedans & par dehors, & en profilant fur les douze côtés extérieurs du grand cercle, un petit quarré avec un quart de rond. Mais comme il faut qu'elle s'attache au parquet, vous y ferez tenir avec des clous rivés quatre lames de cuivre diamétralement oppofés qui traverferont l'épaiffeur de la croix en *A, A, A, A*, & qui feront retenues pardeffous avec de fortes goupilles.

Sur les quatre côtés qui portent les tirants, il faut coller & clouer autant de morceaux de bois plats comme *N*, & entaillés pour recevoir à queues d'aronde les quatre bouts d'une croix *O O P P*, qui doit fe trouver de niveau avec le bord inférieur de la caiffe, de forte que celle-ci étant arrêtée fur le parquet avec les goupilles, la croix *O O P P*, ne puiffe pas fortir de fa place.

Cette croix étant placée & repairée, afin que quand on aura démonté la machine, on ne puiffe point la replacer autrement, vous y cherche-

rez un point, qui réponde au centre
du cercle, qui couvre le bord de la
caiffe ; & vous y ferez un trou de
dix à onze lignes en quarré en obfervant que ce point fe rencontre à
l'interfection des deux diagonales :
c'eft fur ce point central que la grande platine doit tourner ; c'eft pourquoi il eft effentiel, de le bien ren-
contrer & de ne le point perdre;
vous y parviendrez aifément, fi vous
tracez votre trou avant de le percer,
dans un cercle de quinze lignes de
diametre ayant pour centre celui de
la croix.

Le rouage Q Q, eft contenu dans
une cage de bois de chêne qui fe
peut démonter ; il eft attaché à la
grande platine & tourne avec elle ;
on le peut voir en regardant la machine par-deffous, comme elle eft
repréfentée dans cette figure.

La cage de bois qui contient les
roues eft compofée de trois tablettes R, S, T, qui ont chacune cinq
lignes d'épaiffeur, & qui font affemblées à queues d'aronde, par trois
petits montants V, X, Y, collés fur
la premiere ; cette tablette ainfi que

la derniere *T*, à vingt pouces de longueur. Celle du milieu *S*, n'en a que
treize ; *R* & *S*, ont chacune deux
pouces & demi de largeur, mais *T*
a au moins quatre pouces : c'eft
pourquoi les deux montants *V*, *Y*,
font plus étroits en bas qu'en haut,
comme on le peut voir en *u*, *y*. Ce
dernier eft par-tout d'une égale épaiffeur ; mais l'autre, ainfi que *X*,
eft plus épais de moitié, jufqu'à la
hauteur *u u*, pour recevoir dans une
entaille la queue d'aronde qui fert de
tenon à la tablette *S* ; & afin que
cette piece ne puiffe pas fortir de fa
place, la tablette fupérieure *T* porte
en-deffous, deux petits pieds *v*, *x*,
larges comme les montants *V*, *X*, qui
defcendant avec elle, quand on l'af-
femble, appuyent fur les deux bouts,
qui font entrés à queues d'aronde :
T mis en place eft arrêté aux deux
bouts par des broches de fer *t*, *t*,
qui traverfent la piece & les deux
montants qui la reçoivent.

La cage ainfi affemblée fe trouve
divifée en trois parties. La premiere
qui eft entre les deux tablettes *R* &
S, renferme trois roues dentées *A*,

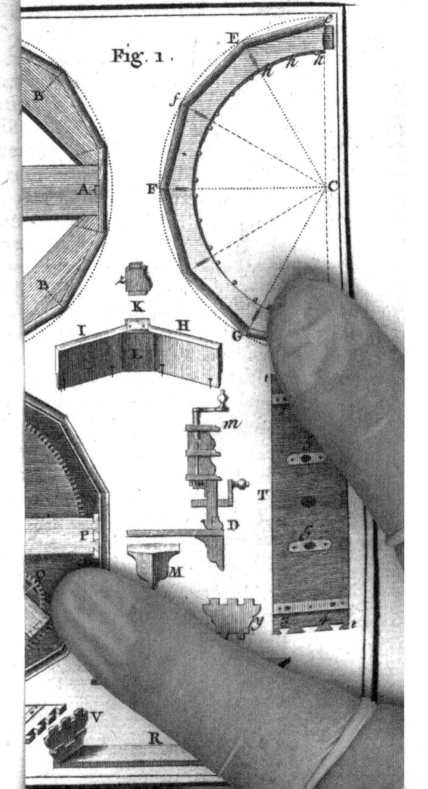

Fig. 1.

B , C , Pl. XVII. la feconde entre *S & T* , contient deux autres roues dentées *D , E* ; & un pignon *F*, avec deux poulies *G , H*, concentriques & tournant l'une fur l'autre ; dans la troifieme font deux poulies concentriques & de même diametre, avec une roue dentée *I*, tournant enfemble, par le moyen d'un pignon en lenterne dont la tige *K* traverfe le montant, & dont le pivot eft porté par un coq attaché fur la tablette d'en bas.

La roue *A*, & la roue *B*, doivent tourner dans le même fens, & faire des révolutions de même durée, c'eft pourquoi vous leur donnerez à toutes deux le même nombre de dents, & le mouvement fe communiquera de l'une à l'autre par une troifieme *C*. Mais vous aurez foin que celle-ci faffe deux révolutions contre une ; ainfi *A* & *B* ayant cent dents chacune, *C* n'en auroit que cinquante.

Cette derniere roue fera fixée fur le même arbre que *D*, qui par conféquent fera auffi deux tours, tandis que *A* & *B* n'en feront qu'un : & il faut que chacune de fes révolutions faffe tourner *E* trois fois ; par conféquent il faut qu'elle ait trois *fois* autant de dents que celle-ci ; vous pourez en donner à l'une foixante & douze, & à l'autre vingt-quatre.

Le pignon *F* doit tourner deux fois par une feule révolution de la roue *E* ; fi celle-ci a vingt-quatre dents, le pignon ne doit avoir que douze aîles. Et le rouage étant ainfi proportionné, quand la roue *A* fera un tour entier, le pignon tournera douze fois.

Le diametre de la poulie *H*, fera à celui de la poulie *G* dans le rapport de un à deux, & celle-ci fera égale aux deux autres poulies *I* qui font corps enfemble avec la roue dentée qui a fes dents paralléles à l'axe commun, & qui eft menée par le pignon en lanterne *K* ; de forte que cette piece faifant un tour, communique par deux cordes fans fin, le mouvement aux deux poulies *G* & *H*, faifant faire à l'une une révolution & à l'autre deux.

Toutes les roues peuvent fe faire de cuivre coulé, fur des modéles en bois ; mais quand vous les aurez ébarbées & nétoyées après la fonte, vous ferez bien de les battre à froid

fur un tas ou fur une enclume pour
les dreffer, & leur donner plus de
confiftance. Les deux faces du milieu
& des croifillons étant au moins dé-
groffies à la lime, vous monterez la
piece fur un arbre pour la tourner.

Vous ferez l'arbre de la roue *A*,
d'une broche de fer *a*, limée quarrément en pointe par en bas, & chaffée un peu à force dans un morceau
de quelque bois ferme, & percé fuivant fon fil; & vous tournerez le
tout enfemble, comme il eft repréfenté par la figure; c'eft-à-dire, que
vous formerez une affiette *d* un peu
large, & immédiatement au-deffus,
une partie plus étroite dont vous
ferez enfuite un quarré *b* pour recevoir la roue, avec une forte goupille au-deffus qui traverfera le bois
& le fer; tout ce qui eft au-deffous
de l'affiette *d*, vous le ravallerez cy-
lindriquement; mais après une longueur de neuf à dix lignes, vous ferez du refte un quarré *c* propre à remplir exactement le trou de même forme qui eft au centre de la croix *O
O P P*. Pour ne pas décentrer ce

quarré, vous ferez bien de tourner la partie cylindrique fur laquelle vous devez le prendre, de maniere que le diametre de l'une foit égal à *la* diagonale de l'autre. Au-deffus du quarré qui recevra la roue, vous réferverez au bois une partie *b*, qui la contiendra entre les deux tablettes. La broche de fer *a b* fera de telle longueur, qu'elle puiffe furpaffer d'un bon pouce le plan fupérieur de la grande platine de métal : elle fera un peu en dépouille de bas en haut, fon plus grand diametre étant d'environ deux lignes ; mais le bout d'en-haut doit être foré à la profondeur de fix à fept lignes comme une clef ; ce que vous ferez plus fûrement en faifant tourner la piece contre le forêt.

Quand vous aurez tourné la roue fur fon arbre, vous la repairerez fur fon quarré, & vous l'ôterez pour faire la denture & pour la finir à la lime.

L'arbre de cette roue tournera d'une part dans la tablette *R*, où vous ferez un trou bien jufte, fans être trop ferré, pour recevoir la partie cylindrique qui a été réfervée immédiatement au-deffous de l'affiette *d*, & de l'autre part dans un canon de cuivre bien alaifé foudé fur une piece quarrée de même métal, & attachée fur la tablette *S*. Ce canon doit être mince, tourné bien rond & bien uni par dehors, & un peu en dépouille ; il faut qu'il s'éleve prefque auffi haut que le fer qu'il recouvre.

Pour attacher bien folidement ce canon, vous ferez entrer bien jufte dans l'épaiffeur du bois, la plaque de cuivre fur laquelle il eft foudé, & vous l'y arrêterez avec quatre clous rivés dont vous mettrez les têtes en-deffous ; vous ferez encore mieux de noyer pareillement fous la tablette, une autre plaque de cuivre percée au milieu, pour fervir de contre-rivure à vos clous, avec des chanfreins, afin de pouvoir tout affleurer enfuite à la lime.

Quand vous aurez ainfi difpofé la roue du centre, vous préparerez les roues *C* & *D*, qui doivent tourner enfemble fur le même arbre. Vous ferez cet arbre de fer ou d'acier, vous lui ferez deux pivots à fes ex-

trêmités, & vous y pratiquerez des
affiettes de cuivre aux diftances convenables, comme on fait ordinairement ; mais vous ne fixerez que celle
d'en-bas, par une rivure ; l'autre ne
peut fe placer qu'après qu'on aura mis
la deuxieme tablette ; elle defcendra
fur fon affiette avec un petit pied,
qui fervira de repaire, & qui l'empêchera de fe déplacer en tournant ;
une goupille par-deffus qui traverfera l'axe, fuffira pour l'arrêter.

Il eft à propos que la roue C, foit
plus épaiffe que celle qu'elle engrene de part & d'autre, & afin
que l'engrénage ne fe dérange point,
au lieu de faire tourner les pivots de
l'arbre dans le bois, il faut attacher
fur la tablette d'en-bas, & fous celle
d'en-haut, des lames de cuivre, percées convenablement pour les recevoir.

La roue B, eft rivée fur une affiette de cuivre, fixée par une foudure ou autrement, à un arbre de fer
terminé en bas par un pivot, &
ayant une portée contre la tablette
S, qui contient la roue dans fon engrénage. L'arbre f, prolongé au-def-

sus de cette partie, traverse l'épaisseur de la tablette, & un canon de
cuivre *e*, semblable à celui qui enveloppe l'arbre de la roue *A*, & attaché comme lui. Mais ce canon au
lieu de couvrir l'arbre entiérement,
le laisse excéder de quatre lignes, &
ne surpasse le plan supérieur de la
cage que de six lignes.

La petite roue *E*, qui communique
de *D* en *F*, se peut faire avec un
morceau de laiton arrondi & sans
être évidé; vous la fixerez avec une
assiette de cuivre sur un arbre de fer
tourné dont les pivots seront reçus
dans des petites plaques de cuivre
que vous incrusterez dans le bois.

L'arbre du pignon *l*, est un canon
qui tourne sur celui qui enveloppe
l'arbre de la roue *B*; & qui dépasse
comme lui de six lignes, le plan supé-
rier de la tablette *T*; il faut que vous
réserviez ou que vous rapportiez au-
dessus & au-dessous du pignon, des
portées, qui le contiennent à la
hauteur convenable à son engrénage.

h, la plus petite des deux poulies,
est fixée au bout d'un canon de cui-

vre fort mince , & tourne avec liberté sur celui qui eſt fixé ſur la tablette S , & qui recouvre l'arbre de la roue A , & il s'éleve comme lui d'un pouce au-deſſus de la cage

La poulie g , garnie comme la précédente d'un canon de cuivre, tourne ſur elle librement ; mais ſon canon ne monte que de ſix lignes au-deſſus de la cage.

Chacun de ces canons ſera ſoudé à une rondelle de cuivre percée au milieu & attachée au bois , avec des clous à têtes perdues ; par ce moyen les poulies ſe frotteront moins , & celle d'en-bas repoſera par du métal ſur la portée du canon , qui lui ſert d'axe.

Il eſt important que les arbres des roues & les canons qui tournent les uns dans les autres , ayent des mouvements doux & libres , ſans avoir trop de jeu; pour cet effet, vous aurez des alaiſoirs , c'eſt-à-dire , des broches d'acier à pans dont les angles ſoient bien droits , & quand chaque canon ſera bien fini en dedans , vous tournerez conformément la partie extérieure de la piece qui doit

doit y entrer : & quand vous verrez
qu'elle y entre prefque entiérement,
vous finirez par l'y ajufter avec de
l'eau & du fable, comme on fait
pour la clef d'un robinet. Vous prendrez garde encore que le canon de
la grande poulie & celui du pignon
F, ne touchent ni au bois, ni au
métal de la grande platine qu'ils traverfent ; vous y ferez les trous de
maniere, qu'il refte un quart de ligne de jeu au tour de ces pieces, dont
le mouvement ne doit être aucune-
ment gêné.

Vous ferez la double poulie *I*, avec
un morceau de poirier ou de noyer
pris en planche ; vous le collerez fur
un cylindre du même bois, qui le traverfera, & qui fera traverfé lui même
d un bout à l'autre par une broche
de fer chaffée à force, aux bouts de
laquelle vous formerez deux pivots
terminés en pointes. Vous tournerez
le tout fur ces deux pointes, & vous
formerez deux gorges paralléles entr'elles à quatre lignes de diftance
l'une de l'autre, en obfervant que du
fond de ces gorges, qui doivent
être angulaires pour mieux pincer la

corde, ces deux poulies & celle de centre marquée G, ayent des diametres bien égaux, de trois pouces neuf à dix lignes chacun.

Vous ferez en-deſſous de la double poulie, & à trois lignes du bord une rainure circulaire, pour recevoir un peu à force la couronne dentée, que vous ferez d'une lame de laiton pliée circulairement, & dont vous rejoindrez les deux bouts avec de la ſoudure forte, & vous la retiendrez par quelques goupilles. La denture de cette piece n'eſt aſſujettie à aucun nombre, il ſuffit qu'elle engrene bien le pignon en lanterne qui doit la mener. Mais afin que cet engrénage, ne ſe dérange point, vous ferez tourner les pivots de la double poulie dans deux petites plaques de cuivre percées pour les recevoir, & noyées dans les tablettes de la cage.

La roue ayant trente-huit dents ſur une circonférence de trois pouces & demi de diametre vous pourrez faire le pignon en lanterne avec huit fuſeaux de fer de quatre à cinq lignes de longueur, aſſemblés, & ri-

vés dans deux rondelles de cuivre.
Vous commencerez par faire dreffer &
tourner un arbre de fer qui ait environ trois lignes de diametre avec
une affiette un peu plus renflée pour
recevoir d'une part le pignon , &
de l'autre , pour empêcher qu'il ne
touche le bois de la cage ; la partie
de cet arbre qui traverfera le montant de la cage fera cylindrique ,
avec un quarré pour recevoir la manivelle; & le refte fera limé quarrément pour enfiler le pignon qui fera
arrêté enfuite avec une goupille ;
après quoi vous formerez le pivot
qui doit entrer dans le coq. *Voyez* à
la lettre *K*.

Afin que le pignon foit bien centré fur fon arbre , vous commencerez par faire les trous quarrés dans
les rondelles , & enfuite vous les
mettrez fur le tour avec l'arbre même pour les arrondir , & marquer
d'un trait de burin fur chacune, le
cercle dans lequel vous devez percer les trous pour river les fufeaux.
Vous donnerez un peu de dépouille
au quarré qui doit recevoir la mani-

velle, afin qu'elle entre d'abord fort aifément deffus.

Le rouage étant fini & affemblé dans fa cage, vous le placerez fur la croix *O O P P, Pl. XVI*, en faifant entrer la partie quarrée de l'arbre de la roue *A*, dans le trou qui eft préparé pour le recevoir, & vous l'arrêterez par-deffous avec une forte goupille : mais afin que la tablette inférieure *R*, ne frotte point dans toute fa longueur fur la croix, vous augmenterez fon épaiffeur de deux ou trois lignes au tour du centre en collant deffous une rondelle de bois percée comme elle, & qui achévera de recouvrir la partie cylindrique de l'arbre, qui précéde le quarré. Après cela vous préparerez la grande platine de métal, qui doit faire le deffus du planétaire.

Le plus fimple & le plus facile eft de choifir pour cela une plaque de laiton de grandeur fuffifante, & qui ait à-peu-près une ligne d'épaiffeur dans toute fon étendue, & de la faife planer par un habile Chaudronnier, afin qu'elle foit bien droite &

qu'elle ait affez de confiftance pour foutenir la denture. On peut auffi faire cette platine avec une feuille de tôle bien choifie ; fi l'on eft à portée des forges, où il s'en fabrique , cela coûtera beaucoup moins que le cuivre, mais on aura plus de peine à faire la denture. Enfin la tôle commune poura fervir, pourvu qu'on la dreffe bien , & qu'on rive tout au tour des portions de cercle de laiton , qui fe réjoignent bout à bout pour porter la denture; mais il faudra avoir attention que les jonctions fe rencontrent toujours entre deux dents.

De quelque métal que vous faffiez cette platine , il faut qu'elle foit bien arrondie, & que fa denture fe trouve cachée fous le bord intérieur du grand cercle qui eft collé fur le bord fupérieur de la caiffe. Vous commencerez par déterminer à-peu-près fa grandeur par un trait de compas ; vous percerez un trou au centre , & un autre vers la circonférence pour la faire entrer jufte , fur les deux canons qui excedent la tablette fupérieure de la cage. Enfuite vous l'attacherez avec quatre petites vis de fer aux deux bouts de cette tablette ; & par deux autres de cuivre & plus groffes que vous placerez à trois pouces du centre de part & d'autre, fur une même ligne. Et afin que ces vis ne fe dérangent point, vous formerez leurs écrous dans des lames de cuivre noyées & attachées dans l'épaiffeur du bois, comme il eft marqué par les chiffres, 1, 2, 3, 4; 5, & 6. *Pl. XVI.*

Ayant reconnu au jufte la grandeur que vous devez donner à la platine en y comprenant la denture, vous la féparerez du rouage, & avec un compas à verge ou avec une alidade que vous ferez tourner fur un pied qui rempliffe exactement le trou du centre, vous tracerez deux cercles, l'un qui détermine la grandeur & l'arrondiffement de la platine, l'autre un peu plus petit pour régler la longueur des dents. Enfuite vous arrondirez la piece en fuivant le premier trait avec la lime, & vous diviferez la circonférence fuivant le nombre de dents que vous voudrez y faire.

Ce nombre eft arbitraire, mais il

faut le choifir tel qu'il en réfulte une denture forte , & qu'elle puiffe fe régler par une divifion facile : faites-la par exemple de 288. Si vous êtes à portée d'un Horloger qui ait une platte-forme affez grande où ce nombre fe trouve, il vous la divifera , & la refendra de forte que vous n'aurez plus qu'à arrondir le bout des dents , c'eft ce qu'il y a de mieux à faire , mais fi vous êtes obligé de faire vous même cet ouvrage à la main ; voici comment vous pourez vous y prendre.

Ayez une table bien droite , plus grande que votre platine , ou feulement une planche de fept à huit pouces de largeur , qui ait au moins deux pieds de longueur. Attachez au milieu un petit cylindre de métal ou de quelque bois bien dur , fur lequel le trou qui eft au centre de la platine puiffe entrer jufte ; préparez avec une lame de fer mince , ou avec un bout de reffort de pendule , une regle à centre *m Pl. XVII* dont l'œil puiffe entrer de même fur ce cylindre, & qui foit affez longue pour dépaffer de quelques pouces le bord de la platine.

Muniffez-vous auffi d'un traçoir, qui ait fon bifeau à droite comme la lame d'une paire de cifeaux, afin que vous puiffiez faire aifément le trait contre la regle. Ayez encore un compas à verge pour mefurer les grandes parties, & un compas d'acier à reffort & à vis pour les petites divifions : ces outils fe trouvent tout faits chez les Quinquaillers.

Commencez par divifer la circonférence de votre platine en quatre parties égales par deux lignes diamétrales qui fe coupent exactement au centre du petit cylindre. Partagez chacune de ces parties en trois avec la même ouverture de compas : & fubdivifez chacune de ces dernieres en deux : par ces trois premieres opérations, vous aurez le bord de votre platine divifé en vingt-quatre parties égales.

Faites un limbe de cuivre de fix à fept lignes de largeur, dont l'épaiffeur foit égale à celle de la platine ; attachez-le fur le bois concentriquement, & le plus près d'elle qu'il fera poffible, mais de maniere cependant qu'il ne l'empêche pas de

tourner

tourne sur son centre; prolongez sur
ce limbe avec la regle à centre, &
le traçoir, deux lignes qui embras-
sent deux des dernieres divisions;
tracez encore sur le cuivre, de l'une
de ces lignes à l'autre, un arc de
cercle paralléle au bord de la platine, & divisez-le en quarante-huit
parties égales, par autant de points
que vous marquerez avec un poinçon d'acier.

Cette derniere division étant faite,
vous la transporterez avec la regle
à centre & le traçoir, sur la partie
qui lui correspond au bord de la
platine, & successivement sur toutes
les autres, que vous ferez passer devant elle, ayant soin avant de commencer à tracer, que la platine soit
bien arrêtée sur le bois avec une
broche de fer, que vous ferez entrer par quelqu'un des trous préparés pour les vis.

Toute la division étant ainsi achevée, vous aurez 576 espaces égaux;
de deux vous en éviderez un avec
l'outil à refendre, il y en aura 288,
qui resteront pleins, & dont vous formerez les dents de la platine. Si la

denture eft de cuivre , & que vous
ayez une fraife à refendre qui fe mene avec un archet, vous vous en fervirez de préférence, fi-non, vous ferez le vuide entre deux traits, avec
une lime ordinaire & d'une épaiffeur
convenable ; ou bien vous en préparerez une exprès avec une lame d'a-
cier d'épaiffeur , & qui n'aura des
dents , que fur fon champ. Vous finirez par arrondir , & adoucir toute
la denture avec des limes appro-
priées à cet ouvrage.

Quand la denture de la grande
platine fera achevée , & qu'on voudra la remetre avec fes vis fur la cage du rouage, il ne faut point oublier d'agrandir les trous qui entrent fur les canons, comme je l'ai
dit plus haut; car il eft effentiel que
ces pieces qui doivent tourner librement , ne fouffrent point de frottements extérieurs qui puiffent les
gêner.

La grande platine fe méne par
une petite roue de cuivre ou de fer,
de deux lignes & demie d'épaiffeur,
enarbrée fur une tige ronde qui traverfe le premier & le fecond cercle

en montant, & qui excéde un peu celui-ci par un quarré fur lequel, on fait defcendre une manivelle qui traverfe le dernier cercle. L'arbre de cette petite roue, a une portée qui l'empêche de frotter contre le cercle, & par deffous, un pivot qui tourne dans un coq attaché fous le cercle, & qui avance jufque fous la denture pour empêcher le défengrénage. La manivelle qui mene cette roue, fert auffi à faire tourner le pignon en lanterne du rouage, en traverfant un des côtés de la caiffe, par un trou qui eft immédiatement fous la petite roue dont je viens de parler.

Pour empêcher la grande platine de voiler, & pour la contenir dans le plan de fa révolution, on fait gliffer fa denture fur trois ou quatre coqs attachés fous le grand cercle; vous ferez encore mieux, fi vous mettez au fond de ces coqs, des petites roues dentées, qui tournent librement fur des pivots, & qui en engrénant la denture de la platine, lui fervent comme de rouleaux pour

pour faciliter fon mouvement. *Voyez*
le profil *D m*, *Pl. XVI*.

La tige de la manivelle fera faite d'un morceau de cuivre coulé &
tourné extérieurment ; mais avant
de le travailler en dehors, vous y
percerez un trou de fept à huit lignes
fuivant fa longueur, un peu moins
gros que les quarrés fur lefquels il
doit entrer, & vous le rendrez quarré en y faifant entrer à force, un
quarré d'acier, & en battant la piece par dehors, avec un marteau fur
une enclume : commencez avec un
quarré plus petit, & finiffez avec
un autre qui foit égal, & même un
peu plus fort, que ceux fur lefquels
la manivelle doit entrer. Le levier
de la manivelle peut avoir deux
pouces de longueur : vous le ferez fi
vous voulez, avec une lame de cuivre d'une bonne ligne d'épaiffeur,
que vous laifferez droite, ou que
vous tournerez en S. Le manche ne
doit avoir qu'un pouce & demi ou
environ de hauteur ; mais pour bien
faire, il faut qu'il tourne librement
fur une tige de fer, comme aux manivelles des vielles.

Le planétaire a trois cercles de bois élevés parallelement l'un sur l'autre, & soutenus par douze petits goussets z assemblés & collés à demi-bois aux anglès. J'ai enseigné plus haut ·comment on doit construire le premier cercle, celui qui est fixé sur le bord supérieur de la caisse ; les deux autres sont égaux & sembles à lui, vous les construirez de même.

Ces trois cercles représentant ensemble le zodiaque, il faut que le premier ainsi que le dernier comprenne entre lui & celui du milieu, un espace de huit dégrés de sa circonférence intérieure ; c'est sur cela qu'il faut régler la hauteur des goussets, qui serviront à les assembler ; mais comme ils portent deux divisions, l'une de trois cents soixante parties, avec les douze signes du zodiaque, l'autre de trois cents soixante - six avec les douze mois de l'année, il faudra seulement les présenter en place, faire les trous par où doivent passer la tige de la petite roue, & l'arbre de la manivelle, & différer leur assemblage à

K k iij

demeure, jufqu'à ce qu'ils ayent été deffinés & peints.

J'ai fait graver autrefois des planches par le moyen defquelles, j'ai des papiers imprimés, pour tout ce qu'il y a à deffiner & à peindre au planétaire, de forte que j'en étois quitte pour coller ces papiers, & enluminer les gravures, ce qui épargne un affez long travail ; mais quiconque voudra conftruire un planétaire feulement pour fon ufage, ne fera pas les frais de pareilles planches ; il fera obligé de deffiner à la main.

Il couvrira donc de papier blanc & proprement collé avec de l'amidon qui n'ait point de couleur, le deffus de fes trois cercles, ou bien il fe contentera d'en deffiner un, celui d'enhaut, & il paffera une couche de la même colle fur le papier, après qu'il aura été appliqué fur le bois. Cette couverture de papier fera formée de douze morceaux taillés fur un même patron, & joints bout à bout, fans paffer les uns fur les autres : il eft naturel que ces morceaux fe joignent vis-à-vis les angles, formés par les douze côtés extérieurs.

Lorsque le papier sera sec, il attachera son cercle à plat sur une table bien droite, puis en appliquant une regle un peu flexible sur des angles diamétralement opposés de la circonférence extérieure, il tracera deux lignes qui se coupent à angles droits ; si les angles sont bien espacés, le point d'intersecton des deux lignes, sera le centre de la circonférence intérieure du cercle ; & avec un compas à verge, il pourra de-là tracer des cercles concentriques sur la largeur.

Il commencera par celui des douze signes, qu'il divisera en trois cents soixante dégés ; trente pour chaque signe, qu'il désignera par son nom & son caractere, comme on le peut voir par la *Fig. 3. Pl. XVII*, qui représente la sixieme partie de ce cercle. Ensuite il formera celui des douze mois de l'année biffextile, qu'il divisera en trois cents soixante-six parties égales, pour plus de facilité, en commençant la division au tiers du premier dégré du bélier, & en attri-

buant à chaque mois autant de ces
dégrés qu'il a de jours. Si cette derniere division est bien faite, la fin de
chaque mois se rencontrera vis-à-vis
du dégré de l'autre cercle, où se trouvera alors le soleil, ce qu'il sera aisé
de vérifier en consultant la table de
la *Connoissance des Temps* où la longi-
tude du soleil est marquée pour tous
les jours de chaque mois.

Ce cercle, sera plus élégant, s'il est
proprement enluminé & verni, avec
les bords & le dessous ornés d'une
couche ou deux de vermillon ; on
pourra peindre de même les deux
autres dessus & dessous, si l'on ne
veut pas prendre la peine d'y répéter les divisions qu'on a faites sur le
premier : mais comme le bord intérieur de celui du milieu représente
l'Eclyptique, il faudra le couvrir
d'une petite bande de papier collé,
sur lequel on aura écrit le nom de
cette ligne, une ou plusieurs fois.
Il faut en coller pareillement sur le
bord intérieur des douze goussets ;
& écrire sur celui qui répond au
premier dégré de l'écrevisse, *Solstice
d'été*, sur celui qui lui est diametra-

lement oppofé, *Solftice d'hyver*, fur celui qui eft au premier dégré du bélier, *Equinoxe du printemps*, & fur celui où commence le figne de la balance, *Equinoxe d'automne*. Les huit autres porteront chacun une bande de papier divifée de part & d'autre en huit parties égales, à compter de l'éclyptique, & diftinguées par autant de chifres, pour faire connoître les différentes latudes des planettes pendant le temps de leurs révolutions.

Le dehors de la caiffe fera peint auffi, & par compartiments fi l'on veut, en rouge & noir, par exemple, & vernis par-deffus; il feroit appropos de repréfenter en figures les fignes du zodiaque fur les douze côtés, en obfervant de les placer conformément à ceux qui font défignés par leurs caracteres, fur le grand cercle d'en-haut.

Enfin, il faudra peindre auffi le deffus de la grande platine en bleu, foit à l'huile foit au vernis, & deffiner autour du canon qui eft vers le bord, un cercle de fept pouces & demi de diamettre divifé en vingt-neuf parties & demie, en allant de droite

à gauche, pour repréfenter la révolution fynodique de la Lune, en commençant cette divifion fur la ligne
qui paffe du centre de ce cercle à
celui de la grande platine ; & vous
y écrirez les quatre principales phafes
de la Lune, fçavoir, *nouvelle lune*, vis-
à-vis le commencement de la divifion ;
premier quartier, vers la feptieme divifion ; *pleine lune*, vers la quinzieme ;
& *dernier quartier*, vers la vingt-
deuxieme : voyez la *Fig. N. Pl. XVII*.

Pour ne pas laiffer nud le refte de la
grande platine, vous y pourez faire
repréfenter en or, un foleil dont les
rayons rempliffent un efpace circulaire de quatorze à quinze pouces de
diametre, & les figures des fix planetes, *Mercure*, *Vénus*, *la Terre*,
Mars, *Jupiter* & *Saturne*, avec leurs
proportions, en diametre, relativement à la terre ; confultez fur cela,
la *Connoiffance des Temps*, page, 138,
ou quelque autre livre d'Aftronomie.
Toutes ces décorations font de la
compétence du Verniffeur, à qui vous
fournirez les mefures, & les deffeins.

Il faut que vous puiffiez trouver
aifément avec l'arbre de la manivelle,
le quarré du pignon en lanterne qui

mene la grande platine ; pour cet effet, vous ferez fur le bord de celle-ci, une marque qui, lorfqu'elle fe rencontrera vis-à-vis d'une autre marque que vous aurez faite au bord intérieur du grand cercle , vous avertira que le quarré eft vis-à-vis du trou par lequel vous devez le prendre avec la manivelle.

Avant de remonter cette machine, il faut avoir foin de mettre un peu d'huile par-tout où il y a des frottements pour les adoucir, & examiner s'il n'y a rien qui gêne les mouvements. Je parlerai des pieces d'affortiment, à mefure que les differentes opérations du planétaire, m'en donneront l'occafion.

Premiere Opération.

Il ne faut point penfer à mettre en proportions ni de grandeur ni de diftance, toutes les boules , qui repréfentent ici le foleil & les planetes ; il faut feulement avoir l'attention de ne faire ni égales , ni plus petites, celles qui repréfentent les plus grands aftres ; ainfi la boule du milieu que vous ferez dorer pour figu-

XVIII.
LEÇON.
I. Section.
Pl. I. Fig.
5. & Pl. III.
Fig. 6.

rer le foleil, fera la plus grande de
toutes, & pourra avoir quatorze lignes de diametre. Dans les autres,
vous obferverez feulement, tant par
leur groffeur, que par la longueur de
leurs branches, qu'elles ne fe touchent point les unes les autres en
tournant.

Ces petits globes fe feront de bois
tourné à l'archet fur un arbre d'a-
cier garni d'un cuivreau, & vous diviferez leur furface en deux parties
égales par un cercle qui paffera par
les deux points fur lefquels ils auront
été tournés, vous en peindrez une
en noir, & l'autre en blanc; & vous
deffinerez au milieu de cette derniere partie, le caractère de la planete
repréfentée par le petit globe. Vous
diftinguerez les Satellites de Jupiter
& ceux de Saturne par des chiffres,
en commençant par celui qui eft le
plus près de la planete centrale. La
Lune, qui eft celui de la terre, fera
marqué d'une *L.* Vous ferez encore
mieux de les tourner en ivoire, &
de teindre en noir feulement un de
leurs hémifphéres. Celui qui repréfentera la terre, ne fera pas feulement

noir & blanc comme les autres
vous y tracerez encore fur la partie
blanche les principaux cercles de la
fphére, l'équateur, les deux tropiques, les deux cercles polaires, les
colures des folftices & des équino-
xes, & partie de l'éclyptique ; ayant
foin que la tige qui le porte, l'enfile
par les poles de l'équateur.

Vous ferez toutes les branches
qui portent ces planetes autour du
foleil, avec des lames de cuivre
larges de trois lignes, ayant un œil
à chaque bout, l'un pour entrer fur
la tige commune, l'autre pour recevoir à vis ou avec une rivure, la
tige du petit glòbe qu'elle doit porter. Il faut battre à froid, toutes ces
lames avant de les limer afin qu'elles ayent plus de confiftance , &
qu'elles prennent un plus beau poli.

La tige de la boule dorée qui repréfente le foleil, aura par en bas
une partie plus menue , & de la
longueur convenable pour entrer aifément & remplir le trou de la broche forée: au-deffus de cette partie,
il y aura une portée fur laquelle

vous ferez defcendre les branches
des fix planetes primitives, en inter-
pofant entr'elles des petites rondelles mince, afin qu'elles ne frottent
point les unes fur les autres en tournant ; & par-deffus la derniere, encore une rondelle un peu plus épaiffe,
qui fera traverfée d'une goupille,
ainfi que la tige de fer, afin qu'elle
retienne toutes les pieces qui tournent fous elle, & qu'elle ne puiffe
pas tourner elle-même : vous ferez
la même chofe aux branches des fa-
tellites, en les enfilant fur les tiges
de leur planetes.

La branche qui portera la Lune,
& qui fera fort courte, au lieu d'un
œil, fera garnie d'un petit bout de
canon, que vous enfilerez fur la tige
du globe terreftre ; & celui-ci enfilé
par-deffus, l'empêchera de fortir de
fa place.

Vous réglerez les tiges de toutes
ces planetes, de maniere que leurs
centres fe trouvent à-peu-près à la
hauteur de l'éclyptique repréfentée
par le grand cercle du milieu : au
refte, quand elles fe trouveroient un
peu plus haut, cela n'eft point in-

portant pour cette premiere opération du planétaire.

Seconde Opération.

LE globe doré qui repréſente le
ſoleil dans cette opération , & dans
les autres qui ſuivront, eſt plus gros
que celui qui a ſervi dans l'opération précédente ; il a environ vingt
lignes de diamettre, il eſt fixé ſur
une petite tige de fer , qui entre
dans la broche forée du centre , &
qui peut y tourner aiſément : il eſt
encore percé diamétralement , & parallélement au plan de la grande
platine.

XVIII.
LEÇON.
II. Section.
Pl. IV. Fig.
10.

Le globe terreſtre eſt ſemblable à
celui de la premiere opération , mais
il n'a point de Lune. Ce globe & celui qui repréſente Mars, ſon enfilés
ſur des tiges rondes de laiton , qui
s'élevent au-deſſus d'eux , juſqu'à la
hauteur du troiſieme grand cercle ,
& qui ſont forées par en-haut juſqu'à la profondeur de quatre à cinq
lignes.

Les deux branches qui portent ces
planetes ſont faites comme celles
dont j'ai parlé ci-deſſus, hors qu'el-

les font garnies de viroles pour fe
monter fur les canons du centre, favoir celle de Mars, fur le plus gros,
& celle de la terre, fur le plus petit;
ces viroles doivent être en dépouille comme les canons fur lefquels
elles entrent, & ajuftées de façon
qu'elles tiennent bien en place.

Troifieme Opération.

XVIII.
LIÇON.
I. Section.
Pl. IV. Fig.
21.

L A piece qui fert dans cette opération eft une regle de cuivre large
de trois lignes ou un peu plus, dont
les deux côtés font paralléles, & qui
fe monte fur le plus gros des deux
canons du centre, par une virole
dont elle eft garnie à l'une de fes
extrêmités. L'autre bout enfile une
piece de cuivre qui gliffe deffus, &
fur laquelle eft fixée la tige d'un petit globe qui repréfente une planete
quelconque; & par-deffous, il y a un
bout d'axe fur lequel tourne une
poulie de quelques lignes de diametre, avec une goupille, ou un bouton qui l'empêche de fortir. A l'extrêmité de la regle, eft fixé l'arbre
d'un barillet garni d'un reffort, femblable à celui d'une très-petite montre;

tre ; fur ce barillet eft attaché, & enveloppé un fil de foie, dont l'autre bout tient au curfeur qui porte la planete ; de forte que celle-ci ne peut être tirée vers le centre de la grande platine , que le reffort du barillet ne la contre-tire.

Avec une ganfe de foie fine, vous formerez une corde fans fin qui embraffe d'une part la virole de la regle , & de l'autre la petite poulie du curfeur; & vous préparerez un rouleau d'ivoire ou de métal, qui tourne fur un axe vertical , que vous ferez entrer à huit où neuf lignes de diftance du centre de la platine, dans un trou de foret qui traverfera le métal, & une partie du bois qui eft deffous. Ce petit rouleau tirera la corde fans fin pendant la demi-révolution de la regle , & fera approcher la planete vers la bou'e dorée ; après quoi le reffort du barillet la fera revenir vers le bout de la regle : le rouleau dont je parle ici doit être fort bas, puifqu'il faut que la regle en tournant paffe par-deffus.

Tome III. L l

Quatrieme Opérati

XVIII.
LEÇON.
T. Section
Pl. IV. Fig.
14.

L'AIGUILLE dont
mention dans cet endroi
de deux parties qui se joig
la plus longue a neuf pouce
& l'autre quatre pouces ;
bouts de celle-ci on à sou
tite masse cylindrique de
dans laquelle est un trou tai
vant la longuéur ; & un
loin, un autre trou qui ti
paisseur, & dans lequel e
vot p très libre, retenu en
un bouton rivé ; ce pivot
tée & au dessous une que
fait entrer dans la tige de
la plus grande partie de l
enfile un anneau f, qui gli
lement sur toute la longueu
a aussi une quéue pour entrer
tige de la terre, où elle doi
librement ; & afin que ce
ne puisse pas sortir de dessu
partie de l'aiguille, on rive
de celle ci un bouton tourn
autre pareil à deux ou tro
près du bout qui entre à
l'autre partie ; toute cette aiguille

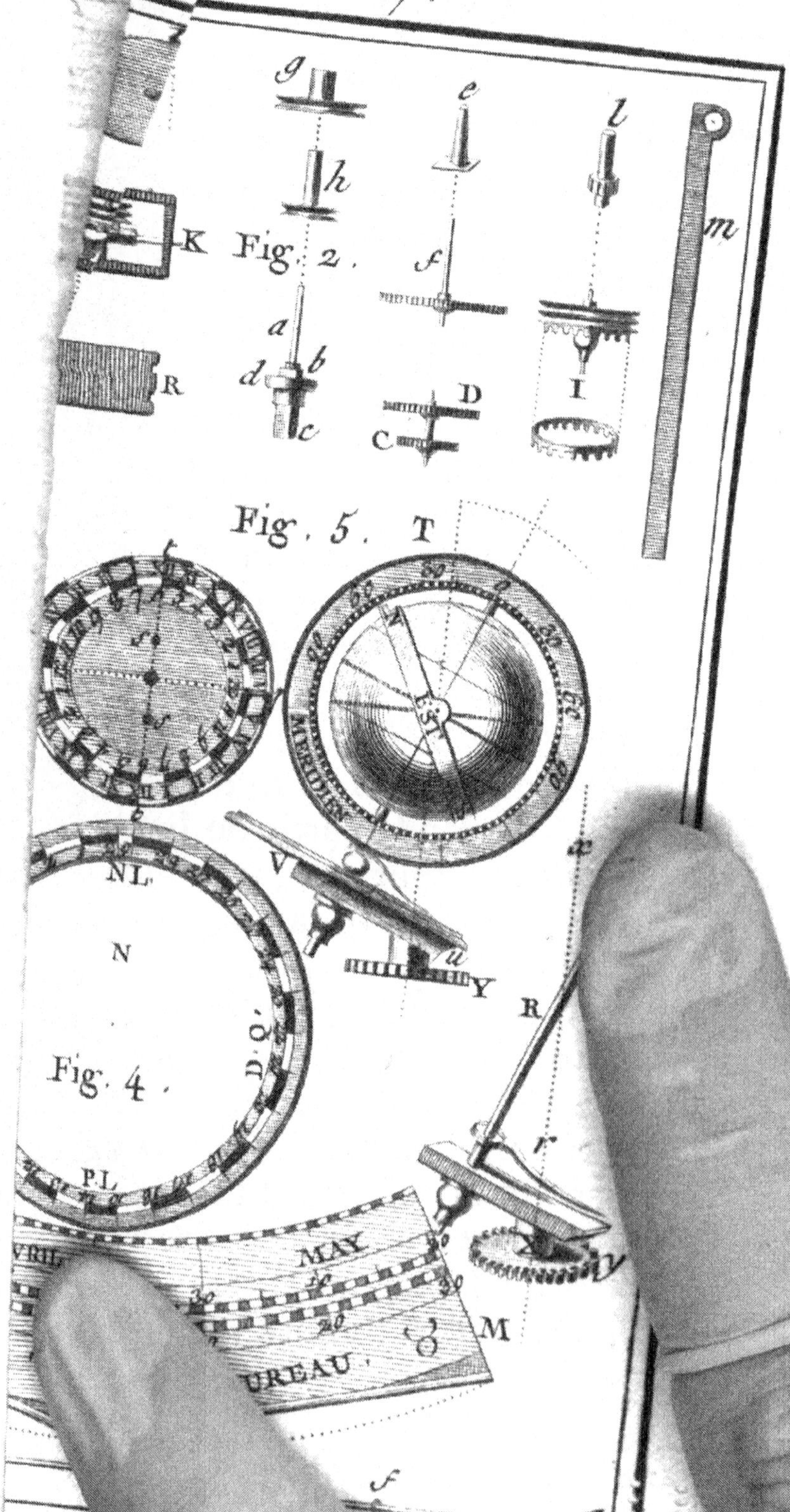

g

h

e

l

K   Fig. 2.   f   m

a
d b
c   D
C   I
R

Fig. 5.   T

NL

V

N   Y

Fig. 4.   D.O.   R

r

PL

MAY

M

UREAU

f   g

eſt faite d'un fil de laiton qui a environ une ligne de diametre.

Cinquieme Opération.

L A poulie qu'on met au centre
de la platine bleue, doit être évidée au milieu pour ne point gêner
le mouvement du canon, & faire
place à la virole de la branche qui
porte la planete; vous donnerez à
cette poulie deux pouces de diametre, & tout au plus quatre lignes
d'épaiſſeur : vous attacherez en-deſſous, deux petits pieds de cuivre un
peu en pointe, & vous percerez dans
la grande platine pour les recevoir,
deux trous de foret ſur la ligne diamétrale qui paſſe par les centres des
canons.

La branche a comme les autres
une virole qui s'ajuſte ſur le canon
extérieur du centre, & elle doit être
aſſez élevée pour paſſer librement
par-deſſus la poulie dont je viens de
parler; à l'autre bout elle eſt croi-
ſée par une traverſe de la même largeur qu'elle, & ſous cette traverſe, eſt un pont formé par une autre
lame de cuivre, de même largeur

encore, & pliée d'équerre aux deux bouts, avec deux tenons à vis, qui traversent les deux bras de la croix, & qui sont arrêtés en-dessus avec deux petits écrous. Dans l'intervalle formé par cet assemblage, vous ferez tourner librement sur deux pivots, une poulie semblable à la précédente, & le pivot de dessus traversant le milieu de la croix sera rivé au bout d'une autre branche de dix-huit lignes de longueur ; & c'est à l'autre extrêmité de cette derniere branche que vous riverez la tige, qui doit porter la planete. Vous joindrez les deux poulies par une corde sans fin & croisée que vous ferez avec une ganse de soie fine, dont vous coudrez les deux bouts ensemble.

Dans cette opération, le globe du centre doit représenter la terre ; vous pourrez figurer un globe terrestre un peu plus gros que ceux de la premiere & de la seconde opération.

Sixieme Opération.

XVIII. LEÇON. I. Section. Pl. V. Fig 17 & 18.

LE cercle représenté par les figures citées en miage, est formé d'une lame de cuivre qui a six à sept

lignes de largeur : vous joindrez les
deux bouts à foudure forte ; vous
l'arrondirez en la forgeant à froid,
& vous la tournerez par - dedans &
par dehors, en faifant le bord fupérieur un peu en bifeau ; au milieu
de la largeur de ce cercle, & fur
deux points diamétralement oppofés en dehors, vous placerez deux
piliers plats, de même métal, qui
tourneront à frottement fur deux
clous rivés, avec des rofettes tournées, comme aux têtes dè compas,
& chaque pilier, aura par en - bas
une queue arrondie de cinq à fix lignes de longueur, & d'une ligne ou
environ de diametre, pour entrér
un peu jufte, dans deux trous de
foret que vous ferez aux vis de cuivre qui font à la grande platine ;
à trois pouces de diftance de part &
d'autre du centre.

L'écartement de ces deux vis vous
réglera le diametre du cercle, & la
hauteur des piliers doit être telle,
que le bord fupérieur du cercle, lorfqu'il eft paralléle à la platine bleue,
fe trouve de niveau avec le grand
cercle qui repréfente l'éclyptique.

Le petit globe qui repréfente une planete, doit être enfilé au centre de fa partie blanche, & traverfé par un fil de laiton femblable à celui de la grande aiguille dont j'ai parlé ci-deffus ; & l'autre bout de ce fil doit fe joindre par une charniere à la virole qui entre fur le canon.

Quand vous l'aurez ainfi préparé & mis en place, vous le plierez à trois pouces de diftance de la virole, de maniere, qu'après avoir monté obliquement fur le cercle vis-à-vis d'un des piliers, il fe dirige pour le refte, parallélement à la platine bleue ; afin que le bord fupérieur du cercle de cuivre étant par-tout de niveau avec le grand cercle du milieu, le bout de la tige qui porte la planete, en faifant une révolution entiere, réponde toujours par fon extrêmité, à la ligne de l'éclyptique. Ceci détermine auffi la longueur que vous donnerez à cette tige ou aiguille. *Voyez* les figures citées en marge.

Septieme & huitieme Opérations.

V o u s tournerez en bois de poirier fur un arbre d'acier, le petit globe terreftre dont il eft ici queftion,
& vous lui donnerez dix-huit lignes
de diametre : vous le peindrez avec
du blanc de cérufe détrempé à la
colle, & vous deffinerez deffus les
principaux cercles de la fphére, avec
les plus grands continents. Pour tracer l'équateur & fes paralléles, vous
pourrez vous fervir d'un compas,
dont vous placerez une pointe à l'un
des poles, & enfuite à l'autre ; mais
il eft à propos que la pointe à l'encre qui tracera les cercles, foit à
charniere, pour fe diriger perpendiculairement ou à-peu-près fur la
partie où elle doit agir.

Pour tracer les colures, vous diviferez l'équateur en quatre parties
égales, & vous ferez paffer par ces
points de divifion, & par les poles,
le bord d'un cercle plat de quelque
matiere folide, qui embraffera le globe & qui fervira à diriger le crayon
ou la plume.

Enfin en plaçant la pointe du com-

XVIII.
LEÇON.
II. Section.
Pl. VI. Fig.
20.

pas à l'un des endroits où le colure coupe le cercle polaire, vous décrirez l'éclyptique ; ou bien vous tracerez cette ligne en vous aidant du cercle dont je viens de parler, & dont vous ferez paffer le bord , par les deux endroits où l'un des colures coupe l'équateur , & par ceux où l'autre colure coupe les tropiques.

Quand le globe terreftre fera ainfi tracé, vous pourrez l'enluminer , diftinguer les mers avec du-vert-d'eau, & vernir le tout. Après quoi vous attacherez avec des petites pointes fur deux points diamétralement oppofés de l'équateur, un cercle plat de laiton, dont le bord fupérieur repréfentera l'horizon ; il faut que ce cercle puiffe s'incliner vers les poles jufqu'à repréfenter la fphére droite ; il faudra donc que d'un côté , il foit échancré pour embraffer la moitié de l'épaiffeur de l'axe du globe, & que de l'autre, une pareille échancrure traverfe toute la largeur du cercle, & qu'elle fe continue dans une efpece de pont qu'on réfervera , pour entretenir la continuité du cercle ; au refte quand ce

cercle

cercle feroit entiérement coupé &
ouvert en cet endroit pour laiffer
paffer l'axe du côté du pole antarcti-
que, il n'y auroit point d'inconvénient : il faudroit pour bien faire
qu'il traînât un petit reffort contre
le bord intérieur du méridien, afin
qu'il pût s'arrêter par ce frottement-
là, dans chaque fituation, où l'on
voudra le mettre. Vous ferez graver
les deux mots EST, & OUEST aux
deux points par lefquels l'horizon
eft attaché fur l'équateur, & ceux-ci
NORD & SUD aux deux endroits
où l'horizon touche le méridien ;
ou, fi vous voulez, vous n'y ferez
marquer que les quatre lettres initia-
les, E, O, N, S. *Voyez la Fig.* 5:
Pl. XVII. à la lettre *T.*

Vous préparerez encore pour ce
petit globe, un cercle de cuivre
qui repréfentera le méridien ; vous
le diviferez en quatre quarts par des
lignes qui répondent à l'axe & au
diametre de l'équateur, & vous fub-
diviferez chacun des deux qui répondent à l'hémifphere feptentrional en
quatre-vingt-dix degrés que vous
diftinguerez par des chiffres de 30

en 30, en allant du pole à l'équateur. *Voyez* la figure que je viens de citer.

Vous enfilerez le globe avec son méridien fur un axe de fer ou d'acier R, qui aura par en-bas deux portées, l'une en deffus, fur laquelle repofera le méridien, & l'autre en-deffous avec un tigeron de cinq à fix lignes de longueur, bien rond & bien poli. Il faut faire entrer l'axe un peu à force, afin que le globe ni le méridien ne tourne deffus: & vous enfilerez entre la portée & le méridien un index ou aiguille r, dont la pointe puiffe s'étendre au double cadran dont je vais parler.

Vous prendrez pour cela, une platine de cuivre Q, que vous arrondirez fur le tour en lui donnant vingt-deux lignes de diametre, & dont vous drefferez & polirez les faces : après l'avoir divifée en quatre quarts par deux lignes diamétrales $Q q$, $t t$, vous formerez deffus avec des lignes circulaires, deux cadrans qui porteront chacun vingt-quatre divifions, numérotées en deux fois douze, & pour les diftinguer, vous marquerez les divisions du plus grand en chiffres romains, & celles du plus petit en chiffres arabes ; & vous observerez que les deux 6 de celui-ci répondent aux deux *XII*, de l'autre, ou bien vous ferez l'un des deux avec un cercle séparé, de quelques lignes de largeur, que vous ferez tourner concentriquement & à fleur de l'autre.

Vous attacherez cette piece avec deux vis placées en *s*, *s*, sur une traverse de cuivre *V u*, & vous la percerez au centre, si elle ne la pas été, pour aller sur le tour ; vous la percerez, dis-je, pour recevoir en-dessous un bout de canon de quelques lignes de longueur, que vous riverez en-dessus dans un chanfrein, afin de pouvoir affleurer la rivure. Placez ce canon de maniere qu'en recevant le tigeron il maintienne l'axe du globe, toujours perpendiculaire au plan supérieur du double cadran. Le tigeron doit entrer juste dans le canon, & cependant y tourner avec liberté. Vous ferez bien de l'y faire entrer un peu en dépouille, & en

M m ij

ufant l'un dans l'autre avec un peu d'émeril & d'huile.

Vous riverez encore à la traverſe *V u*, comme le canon dont je viens de parler, une petite piece *X*, avec une portée coupée obliquement; & vous percerez le tout ſuivant la ligne *X x*, qui coupe l'axe au centre du globe, & qui faſſe avec lui de part & d'autre un angle de vingt-trois degrés & demi. Le trou dont il s'agit doit recevoir à frottement rude, le bout de l'axe de la roue *B*, *Fig. 2.* qui ſurmonte le canon qui eſt au centre du cercle de la Lune. La piece *X* étant percée, vous la monterez ſur un arbre garni d'un cuivreau pour y former l'aſſiette d'une roue dentée *y*, que vous y riverez, ayant ſoin que le plan de cette roue ſoit bien perpendiculaire à la ligne *X x*. La roue dont je parle a onze lignes de diametre & trente-ſix dents. Vous pourrez faire ſi vous voulez la traverſe *V u*, le canon & la piece *X*, d'un ſeul morceau que vous ferez couler en cuivre ſur un modele en bois.

Par l'inspection seule de la Fig. 20.
citée en marge ci-dessus, vous comprendrez assez ce que c'est que l'aiguille qui représente un rayon venant du centre du soleil; vous ferez
le pilier qui la supporte avec du
gros fil de laiton que vous façonnerez sur le tour, réservant en bas, un
tenon pour entrer un peu juste dans
la grande platine, & même dans le
bois de la cage; vous ferez pour cela un trou de foret à-peu-près à égales distances du centre de la grande
platine, & de celui du cercle lunaire.

Comme le globe terrestre de notre planétaire est fort petit, vous
ferez bien d'en avoir un, qui ait au
moins sept à huit pouces de diametre monté à l'ordinaire sur un pied,
avec un horizon & un méridien; ou
bien une sphere armillaire du systême commun : ces instrumens se trouvent par-tout, ou du moins on peut
s'en procurer aisément en les faisant
venir des grandes villes ; & cela devient presque nécessaire pour expliquer ce qui vient à la suite, de la
septieme & de la huitieme opération.

Neuvieme Opération.

XVIII.
LEÇON.
II. Section.
Pl. VII. Fig.
26 & 27.

LA piece repréfentée par la figure 26 citée en marge , eft compofée d'une branche à virole qui doit entrer à frottement fur le canon au centre du cercle lunaire ; cette branche après la virole, a deux pouces & demi de longueur & deux lignes ou environ de largeur, coudée à un pouce près du bout , & terminée par une pointe qui doit parcourir en tournant, les divifions du cercle de la Lune; voyez la *Fig.* 6. à la lettre *A*.

La branche *A a* porte deux roues dentées de même nombre, qui s'engrenent mutuellement, & avec celle de la piece *X* qui leur reffemble auffi en tout, & de qui elle reçoivent le mouvement ; vous aurez foin de tenir celle du milieu *B* un peu plus épaiffe que les deux autres. La piece *A a*, vers le milieu de fa longueur, porte une autre branche plus courte, fur laquelle s'attache avec une vis & un petit pied, un coq figuré comme *D d* ; l'un des pivots de la roue *B*, entre dans la branche *A a*, & l'autre dans la partie *D* du coq. La roue *C* a auſſi un pivot qui tourne dans la branche *A a*, mais en-deſſus ſon axe prolongé de deux pouces, paſſe dans un pilier creux *E* rivé ſur la partie *d* du coq, & portant par en haut un cercle plat qui a intérieurement neuf lignes de diametre, & dans l'épaiſſeur duquel le pivot de l'axe eſt reçu. La circonférence de ce cercle doit être dans un plan qui regarde le canon ſur lequel ſe met la virole.

La branche à virole, ainſi que le coq *D d*, peut ſe faire de cuivre coulé ſur un modele en bois; la partie *A* viendra pleine, vous la percerez & alaiſerez enſuite pour l'ajuſter à frottement ſur le canon de la Lune. Vous ferez fondre de même le piliers *E* avec le petit cercle dont il eſt ſurmonté; & quand il ſera percé, vous tournerez l'un & vous limerez l'autre ſur deux traits de compas: en faiſant paſſer l'axe de la roue *C* dans le canon *E*, vous enfilerez deſſus une petite boule de bois, dont la moitié ſoit peinte en noir & l'autre en blanc; il faut qu'elle entre un peu à force ſur cet axe, & qu'en tournant elle ne touche point au bord intérieur du cercle; ce petit

M m iv

globe repréfentant la Lune , vous marquerez la lettre *L* fur le milieu de fa partie blanche.

XVIII.
Leçon
I. Section
Pl. I. Fig.
4.

Toutes les pieces qui dépendent du planétaire fe renferment dans un coffret, qui a treize pouces de longueur fur fept pouces & demi de hauteur ; aux quatre angles , par dedans , vous collerez des taffeaux qui s'élevent de deux pouces & demi au-deffus du fond , & fur lefquels vous ferez defcendre une boîte fans couvercle marquée *E* dans la figure citée en marge. La capacité du coffret fe trouvera par-là divifée en deux parties fuivant fa hauteur : & vous y arrangerez toutes les pieces de façon qu'elles ne fe frottent point.

Dans la partie du fond , vous collerez au milieu, une molette de bois fur laquelle vous ferez entrer le cercle à piliers de la *fixieme opération* ; vous creuferez dans cette molette deux places pour loger la moitié de la plus groffe boule dorée & la moitié du globe terreftre, & de la platine à cadran fur laquelle il eft monté. La poulie de la *cinquieme opération*, s'attachera deffus par fes

deux pivots, &c, la manivelle, le
rouage de la Lune & quelques autres
pieces pourront encore s'arranger
dans cette partie, & les autres se mettront dans la boîte de dessus ; mais
vous garnirez l'une & l'autre avec
une pluche verte, que vous collerez sur le bois, afin que rien ne s'é-
corche en frottant. Le reste du bois,
tant en dedans qu'en dehors, pourra
se peindre en telles couleurs que vous
voudrez, & se fermer comme il vous
plaira.

AVIS

Concernant la DIX-NEUVIEME
LEÇON.

Premiere & seconde Expériences.

XIX.
LEÇON.
Pl. I, Fig.
1, 2, 3 & 4.

Il n'eſt point néceſſaire que l'aimant nud qu'on employe dans ces
deux premieres expériences, ſoit de
figure ſphérique; quelque forme qu'il
ait, pourvû qu'il ait des poles, il
ſera également bon : vous en pourrez
trouver chez les Epiciers Droguiſtes,
des morceaux bruts qui ſeront propres à cet uſage.

Pour répandre la limaille de fer
ſur le carton, ou ſur la feuille de papier vous vous ſervirez d'une boîte
cylindrique de fer-blanc dont le couvercle ſera percé comme un crible,
ou bien d'un poudrier d'écritoire,
ayant attention de jetter de haut,
& en agitant un peu la main, afin
que la limaille ſe diſperſe plus également.

Le cygne d'émail de la ſeconde

expérience , doit être leʃté d'un petit
morceau de plomb que vous attacherez ʃous le ventre avec de la cire
d'Eʃpagne , afin qu'il ʃe tienne droit
en flottant ʃur l'eau. Si vous n'êtes
point à portée des Emailleurs pour
vous le procurer , vous imiterez avec
quelque matiere légere la figure d'un
oiʃeau aquatique que vous peindrez
à l'huile ou au vernis ; ou bien, au défaut de tout cela , vous ferez flotter
un morceau de liége large d'un pouce
ou environ , ʃur lequel vous attacherez un petit morceau de fer.

Un aimant ne mérite la peine &
les frais d'une armure, que quand il y
a lieu d'eʃpérer qu'il aura une certaine force ; il eʃt bon de s'en aʃʃurer
par quelques épreuves. Vous examinerez, par exemple, avant de lui donner aucune façon, s'il enleve par ʃes
poles beaucoup de limaille de fer,
neuve & non rouillée, ou des petits
clous ; & ʃi les poles ʃont bien marqués, & oppoʃés entre eux dans la
plus grande longueur de la pierre.
Si cela eʃt , vous dreʃʃerez ces deux
endroits , & vous y formerez deux
faces paralelles entre elles , ʃur leʃ-

quelles vous appliquerez de fausses
armures, que vous y assujettirez par
quelque ligature, pour voir si la vertu
de cet aimant augmente beaucoup,
c'est-à-dire, si par l'extrémité de ces
femeles de fer, il attire bien plus fortement qu'étant nud : si ces premieres
épreuves vous déterminent à l'armer
dans les formes, vous commencerez
par le tailler.

Gardez-vous bien d'employer le
marteau, pour emporter les parties
superflues de la pierre ; outre que
vous courrez risque de la casser, ou
de lui faire prendre malgré vous une
forme très-irréguliere, des chocs réi-
térés pourroient déranger ses poles,
ou même lui faire perdre une grande
partie de sa vertu ; c'est avec la scie
qu'il faut ôter le plus gros. Vous assujettirez le morceau avec du mastic
sur le bout d'un établi ; avec une lame
de fer ou de cuivre non dentée,
que vous guiderez en la faisant passer
dans deux morceaux de bois re-
fendus, placés & fixés aux côtés de
la pierre, de l'émeril en poudre &
de l'eau que vous renouvellerez de
temps en temps, vous y ferez autant

de traits qu'il en faudra pour la dégroſſir. Comme il ne faut pour cet ouvrage que de la patience , vous pourrez y employer l'ouvrier le plus groſſier & le moins cher. Vous acheverez de dreſſer les faces de la pierre & de les douçir, en les frottant ſur une plaque de métal d'abord avec du grais, & enſuite avec du gros émeril & de l'eau : il eſt à ſouhaiter que la pierre ait plus de longueur que de hauteur & de largeur , & que les poles ſe trouvent dans les deux faces qui terminent de part & d'autre la premiere de ces dimenſions. La pierre étant taillée, vous préparerez les pieces de l'armure.

Forgez & limez deux lames de fer doux d'une ligne d'épaiſſeur ou à-peu-près , qui s'appliquent exactement ſur les faces où ſont les poles de la pierre, & qui les couvrent entiérement ſans déborder, elles auront par en bas , uné eſpece de talon ou mantonnet A, Pl. XVIII, Fig. 1, qui s'avancera à retour d'équerre ſous la pierre , & dont il faudra proportionner les dimenſions à la grandeur & à la force de l'aimant. Si par, exemple,

la pierre avoit environ deux pouces
& demi de longueur fur dix-huit lignes de largeur & autant d'épaiſſeur,
& qu'elle fut capable de porter cinq
à ſix livres ; vous pourriez donner à
ces petites maſſes *A*, ou *a*, trois à
quatre lignes tant en hauteur qu'en
largeur & en épaiſſeur. A l'autre bout,
il faut pratiquer un tenon à vis *B*, qui
traverſera une platine de cuivre ou
d'argent appliquée ſur la face ſupérieure de la pierre, & qui ſera pris
en-deſſus par un écrou taillé à pans ;
par ce moyen, les deux talons ou
mentonnets *A*, *a*, ſeront ſerrés contre la pierre ; & les deux lames de
fer le ſeront contre les faces des
poles, par une ceinture de cuivre ou
d'argent que vous ferez entrer à force, mais ſans frapper deſſus.

Le portant qui s'applique aux maſſes ſaillantes de l'armure, doit être
auſſi de fer doux bien limé & bien
dreſſé dans la partie du contact ; il
faut le faire d'un tiers moins épais,
que les maſſes qu'il touche ; & l'arrondir un peu, afin que le contact ne
ſe faſſe, pour ainſi dire, que dans une
ligne. Non-ſeulement les pieces de l'ar-

mure comme le portant, doivent être
bien limées & adoucies ; mais vous les
visiterez de temps en temps pour les
nétoyer, & en ôter la rouille, s'il y
en a , sans quoi vous verrez diminuer considérablement la vertu de la
pierre.

Qu'il y ait au milieu de la platine supérieure ; un anneau d'un autre
métal que du fer , pour suspendre
l'aimant à quelque support de bois ;
ayez soin que ses poles soient toujours tournés vers le nord & vers le
sud, en déclinant un peu vers l'ouest
& vers l'est, & que le portant chargé
de quelque poids, soit continuellement attaché aux pieces de l'armure.
Quand vous transporterez la pierre
d'un lieu dans un autre, ne lui faites
point souffrir de choc, ni de secousses
violentes, & ne la laissez point pêle-
mêle avec d'autres aimants.

Pour faire voir tout-d'un-coup &
très-commodément l'énorme différence qu'il y a pour les effets, entre
une pierre armée & une qui ne l'est
pas , vous pourrez faire une armure
qui s'ouvre à charniere par le haut, &
dont les deux masses ou mentonnets

d'en-bas foient retenus & ferrés par une bride de cuivre, comme *A*, *Fig.* 2. L'armure étant fermée, foutient le portant avec un poids. Lorfqu'elle eft ouverte, la pierre nue, ne peut enlever le portant feul.

Vous ferez voir comment on peut féparer, par le moyen de l'aimant, un métal précieux, qui feroit confondu & mêlé en petites parties avec du fer, en tenant dans une même boîte du fil d'argent ou de cuivre avec du fil de fer fort menu, hachés de maniere que les uns & les autres n'aient qu'une ligne ou deux de longueur ; car en y appliquant un des poles de l'aimant, tout ce qu'il y a de fer dans ce mélange s'y attachera à l'exclufion du refte.

Troifieme & quatrieme Expériences.

XIX.
LECON.
Pl. I. Fig.
1.

L'AIMANT que vous ferez flotter, doit être d'un petit volume, il peut être brute & non armé, pourvû qu'il ait des poles. Vous ferez la gondole avec une feuille de fer-blanc ou de laiton emboûtie, ou bien vous vous fervirez d'un morceau de liege un peu arrondi en-deffous.

L'aiguille

L'aiguille de la quatrieme expérience eſt une regle de bois longue de douze à quinze pouces, de deux lignes d'épaiſſeur ſur trois ou quatre de largeur, ayant la forme d'une palette par un de ſes bouts ; elle eſt percée au milieu de ſa longueur, pour laiſſer paſſer très-librement un pivot de métal dont la pointe porte contre une chape de cuivre *C*, *Fig.* 3. qui a quatre ou cinq lignes de hauteur, & qui eſt attachée ſur le bois avec deux petits clous rivés. Le morceau d'aimant ſe place ſur la palette, & on le tient en équilibre avec un poids attaché à un curſeur de métal, qui gliſſe pour avancer ou reculer autant qu'il en eſt beſoin, ſur la partie de l'aiguille oppoſée à celle de la palette.

Si vous avez une pierre d'aimant *B*, *Fig.* 4. que vous puiſſiez deſtiner à l'expérience repréſentée par la Fig. citée en marge, au lieu d'un anneau pour la ſuſpendre, vous attacherez à la platine ſupérieure un bout de canon de cuivre avec une vis de preſſion, pour la placer ſur la tige qu'on faît tourner avec les deux poulies

XIX.
Leçon.
Pl. II. Fig. 6.

& la corde fans fin. Vous établirez
les poulies fous deux ponts, fur une
planche chantournée & ornée d'une
moulure tout au tour; l'axe de la poulie *D*, fera terminé en vis pour recevoir la manivelle *d*; celui de la poulie *E*, fera prolongé de trois ou quatre pouces, & recevra le canon *e* qui
s'arrêtera à la hauteur convenable par
la vis de preffion; trois piliers de
bois tournés & fixés fur la planche, porteront un cercle de même
matière, qui aura une feuillure en
deffus pour recevoir fucceffivement
un morceau de carton coupé circulairement, un morceau de verre à vi-
tres une platine de bois mince, une
feuille de métal, &c, & vous ferez
croifer la corde fans fin, comme il
eft repréfenté dans la figure, afin que
le mouvement fe communique plus
fûrement d'une poulie à l'autre; il eft
auffi à propos que cette machine ait
en-deffous, trois boutons placés l'un
à l'extémité de la planche où eft la
poulie *D*, & les deux autres fous
les piliers qui font le triangle avec
elle.

Vous éléverez la pierre d'aimant

de maniere que les maſſes de ſon armure raſent en-deſſous, la platine
contenue dans le cercle de bois; vous
ferez tomber de haut ſur celle ci de
la limaille de fer, ou des petits bouts
de fil de fer très-fins, & vous ferez
tourner la pierre.

Au lieu du vaſe repréſenté par la
Fig. 7. citée en marge, il ſuffira, d'a-
voir un grand gobelet de cryſtal, ou
un bocal d'Apoticaire; ſi vous en
voulez faire une machine, qui ne ſer-
ve qu'à cet uſage, montez l'un ou
l'autre ſur un pied de bois tourné,
garni par en haut d'un fond & d'une
virole de fer-blanc dans laquelle
vous attacherez le verre avec du
maſtic ou de la cire molle; la patte
du pivot de l'aiguille, que vous placerez dedans, doit être de plomb, &
un peu creuſe en-deſſous.

La machine repréſentée par la Fig.
8. citée en marge, eſt un auget circulaire de cuivre, qui peut avoir
neuf à dix lignes de largeur, ſur cinq
ou ſix de profondeur, & ſa circonférence extérieure a quatre pouces &
demi ou cinq pouces de diametre;
il eſt poſé ſur trois petites conſoles

XIX.
Leçon.
Pl. II. Fig.
7.

XIX.
Leçon.
Pl. II. Fig.
8.

N n ij

de même métal , qui font foudées par en bas à une virole garnie d'un fond fur lequel on pofe le pivot qui doit porter l'aiguille, & le tout eft monté fur un pied de telle matiere & de telle forme que l'on veut ; vous pouvez le faire fimplement de bois tourné , avec une patte comme celle d'un chandelier.

Comme l'auget reçoit un grand degré de chaleur par l'efprit-de-vin qu'on y enflamme , il ne faut point qu'il foit fait de plufieurs pieces foudées à l'étain ; le mieux fera de le faire couler en cuivre fur un modele de bois , & de le façonner enfuite fur le tour.

Vous ferez bien encore de ne le point fixer aux trois confoles qui doivent le porter, il fuffira qu'elles foient entaillées par en haut comme F pour le recevoir & le contenir, cela vous donnera la liberté de l'ôter pour le nettoyer plus commodément : voyez la *Fig.* 5.

Cinquieme Expérience.

XIX. LEÇON. Pl. II. Fig. 9, 10 & 11.

IL fuffira d'avoir des lames, de fer; quand il ne s'agira que de faire voir comment la vertu magnétique se communique de la pierre à ce métal ; mais si l'on veut l'y conserver long-temps*, ce n'est point du fer doux qu'il faut prendre , c'est de l'acier bien trempé , qui ait la forme & les dimensions dont j'ai parlé , dans l'endroit des *Leçons de Physique*, qui est cité en marge.

Les lames d'acier qu'on unit ensemble pour faire un aimant artificiel, doivent se toucher exactement de partout ; ainsi il est nécessaire de les forger & de les limer bien droites, d'adoucir leur faces, & de prendre garde en les assemblant qu'il ne demeure aucun corps étranger entre elles ; leurs extrémités doivent se trouver aussi dans un même plan ; c'est pourquoi, lorsqu'elles sont assemblées pour la derniere fois, il est à propos d'user les deux bouts du faisceau sur une meule ou sur une pierre à l'huile, jusqu'à ce qu'on n'y apperçoive plus aucune inégalité.

Quand on a bien dressé une lame d'acier à la lime, il arrive assez souvent qu'elle se déjette à la trempe, & cela arriveroit toujours, si l'une de ses faces entroit dans l'eau avant l'autre; les ouvriers, pour tâcher d'éviter cet accident plongent les lames debout le plus promptement qu'il est possible, & c'est une précaution qu'il faut imiter pour les aimants artificiels. S'il ne se trouve après la trempe qu'une légere courbure, on la corrige en serrant les lames les unes contre les autres, avec les brides & avec les vis, qui lient le faisceau.

Les aiguilles ordinaires des petites boussoles se font d'une lame d'acier mince qu'on ne trempe point; on soude au milieu une petite masse de cuivre, & l'on perce le tout par-dessous avec un foret qui fait le trou conique & fort évasé; il faut même que le foret, au lieu d'être parfaitement pointu, soit un peu arrondi du bout, afin que la pointe du pivot se trouve plus libre au fond du trou. Cette partie qu'on nomme la *chappe*, se lime ensuite en dehors conformément à la cavité qu'on a faite avec le foret; on réserve cependant deux petites ailes situées à angles droits sur la longueur de l'aiguille; afin que celle-ci balançant de côté sur son pivot, soit retenue par le verre qui est au-dessus. Quand la chappe est formée, on fait l'aiguille, en lui donnant la forme d'une fleche, & on l'aimante de maniere que le dard se tourne du côté du nord. Quand les aiguilles sont un peu grandes, il vaut mieux leur faire prendre la forme d'une lozange fort allongée, dont on fait revenir au bleu (a) la moitié ou le bout qui doit se tourner au nord.

On doit mettre les aiguilles en équilibre avant de les aimanter, mais comme le magnétisme fait pencher le bout du nord, ou il faut le tenir un peu plus léger en le limant, ou il faut le figurer de maniere, qu'on en puisse couper une petite partie, après qu'on l'aura aimanté.

Sixieme Expérience.

L'EXPERIENCE de la direction de l'aimant, se fera d'une maniere plus

XIX.
LEÇON.
Pl. IV. Fig.
19, 20, 21,
22 & 23.

(a) On fait revenir à la couleur bleue l'acier trempé, en le recuisant jusqu'à un certain degré, comme je l'ai dit en parlant de la trempe, *Tome I. pag.* 108. mais quand on veut qu'il soit d'un beau bleu tirant au violet, il faut que la piece avant qu'on la mette au recuit soit bien limée & bien polie à l'émeril fin.

complette & plus exacte, si vous vous
servez d'une aiguille bien aimantée
de cinq à six pouces de longueur ,
dont le pivot soit placé au centre
d'une tablette circulaire de quelque
matiere solide, dont la circonférence
soit divisée en trois cents soixante degrés, & numérotée de dix en dix ou de
cinq en cinq : vous l'orienterez de maniere que le diametre pris depuis zéro
de la division, jusqu'au cent quatre-
vingtiéme degrés , se trouve dans
le plan du méridien du lieu. Vous
tracerez donc une méridienne sur
quelque plan fixe & horizontal , &
vous y placerez votre cercle divisé
avec l'aiguille aimantée au centre.
Par ce moyen vous ferez observer
non-seulement la direction en général , mais aussi la déclinaison parti-
culiere de l'aimant, pour le lieu où
vous serez. Pour avoir la méridienne
dont il s'agit ici, il suffira que vous
ayez un fil à-plomb élevé sur le
plan horizontal où vous voudrez la
tracer , & que vous marquiez deux
points aux extrémités de son ombre,
dans l'instant où vous verrez qu'un
bon cadran solaire marquera midi.
Une

une ligne tracée de l'un de ces deux points à l'autre fera celle dont il eſt ici queſtion. Si vous n'avez pas le cadran ſolaire ſous les yeux, un obſervateur attentif vous fera connoître l'inſtant du midi par un coup de piſtolet, ou par quelqu'autre ſigne équivalent.

A la ſuite de cette expérience, vous pourrez diſpoſer autour d'un petit guéridon comme P, *Fig. 6.* cinq ou ſix petites conſoles de cuivre, portant chacune un pivot & une aiguille aimantée : vous verrez toutes ces aiguilles ſe diriger du même ſens, c'eſt-à-dire du nord au ſud tant qu'elles ſeront libres ; & ſi vous préſentez au milieu d'elles un aimant armé ou une verge de fer aimantée, tantôt par un pole tantôt par l'autre, vous verrez quelles lui préſenteront toujours un de leurs poles qui ſera différent de celui de l'aimant.

Ce que j'ai dit de la bouſſole ou compas de mer à la ſuite de l'expérience précédente, vous ſuffira, ſi vous voulez la conſtruire : j'ajouterai feulement quelques obfervations que voici.

Rien n'eft meilleur pour contenir la *rofe* ou *rofette* bien droite, que le talk dont j'ai fait mention ; le véritable, celui qu'on nomme talk *de Venife*, mérite la préférence ; mais à fon défaut, vous pourrez vous fervir de ce gyps tranfparent qu'on trouve dans les carrieres à plâtre, & qui fe leve par feuilles : il n'eft pas néceffaire qu'il foit tout d'une piece fous le papier qui porte les divifions, vous pouvez coller plufieurs morceaux à côté les uns des autres, en obfervant feulement que l'épaiffeur foit à-peu-près égale partout, afin que la rofe ne panche pas plus d'un côté que de l'autre.

J'ai dit dans les *Leçons de Phyfique*, que la rofette pouvoit avoir huit à dix pouces de diametre, il vaudra mieux qu'elle n'en ait que fix, parce que quand les aiguilles excédent cette longueur, elles font fujettes à avoir entre les deux poles de leurs extrémités, d'autres poles intermédiaires, qui peuvent nuire à leur direction, ou diminuer la vertu qui les dérige.

L'aiguille fera une lame d'acier trempée, d'une demi ligne d'épaiſſeur, ſur quatre à cinq lignes de largeur, & figurée comme *G H, Fig.* 7. La chappe *K* ſera de cuivre, creuſée en cône, comme je l'ai dit ci-deſſus; après le foret, vous ferez bien de polir & de durcir le fond du trou avec un poinçon d'acier un peu mouſſe, ſur lequel vous frapperez à petits coups, après avoir poſé la piece à la renverſe ſur un enclumeau : aſſez ſouvent on fait le fond de la chappe d'agate ou de verre, pour donner plus de mobilité à la roſette; mais elle en aura aſſez ſi elle eſt bien faite en cuivre, qu'elle ſoit enduite en dedans avec une petite goutte d'huile, & que le pivot ſoit fait avec ſoin. Vous percerez la roſette au centre pour faire paſſer la chappe de l'aiguille, & vous retiendrez celle-ci en place, avec deux petites bandes de papier que vous ferez paſſer par-deſſus, & dont vous collerez les deux bouts ſur le talk.

Quoique le pivot ſe faſſe communément d'acier, il eſt plus à propos de le faire en cuivre, mais il faut avoir foin de le bien battre à froid avant de le limer, afin de le rendre dur & roide; fa pointe doit être fine & bien ronde, mais elle ne doit point être prife de loin. Vous prendrez donc pour cela un fil de laiton non pailleux, qui ait au moins une ligne de diametre, & vous le laif-ferez de toute fa groffeur jufqu'à cinq ou fix lignes près de fa pointe. Vous ne placerez point le pivot au fond de la cuvette hémifphérique, ni même fur le plomb qui lui fert de lefte, mais fur une traverfe de cuivre que vous attacherez avec deux vis, dix-huit ou vingt lignes au-deffous du bord; ayant attention que ce pivot fe trouve bien droit dans l'axe de l'hémifphere, & qu'il puiffe s'élever ou s'abaiffer, pour porter la rofette à la hauteur convenable: pour cet effet, vous for-merez des filets de vis fur fept à huit lignes de fa longueur par en bas, & vous tarrauderez le trou de la traverfe, vous aurez par-deffous un contre-écrou, qui achevera de le fixer, quand vous l'aurez mis à la hauteur qu'il doit avoir.

Vous ferez préparer la cuvette hémifphérique par le Chaudronnier, ou
par le Ferblantier, qui faura embou-
tir du cuivre : vous lui donnerez un
demi pouce de diametre de plus qu'à
la rofette, & vous en doublerez le
bord intérieurement, avec un cercle
de même métal large de quatre ou
cinq lignes que vous tournerez auparavant, & que vous y fouderez à l'é-
tain ; ce cercle en donnant plus d'é-
paiffeur au bord de la cuvette, le
mettra en état de recevoir les deux
tourillons diamétralement oppofés,
qu'il faut y river : ces tourillons
doivent être de cuivre. Ils ne tiennent point immédiatement à la cuvette, mais à deux ponts qui y font
attachés avec des vis, & dans lefquelles on fait entrer deux pinules
qui s'élevent d'environ deux pouces
au-deffus des bords de la cuvette.

La cuvette avec la rofe qu'elle
contient, fera couverte d'un verre
plan & eirculaire, fur lequel vous
tracerez avec le diamant du Vitrier,
deux lignes diamétrales qui fe coupent à angles droits ; & vous l'attacherez avec de la cire molle ou du

maſtic à vîtres, dans un cercle de cuivre tourné, qui entrera dans le bord de la cuvette avec frottement. Ce verre étant en place, il faut que la chappe de la roſette n'en ſoit éloignée que d'une ligne tout au plus.

Le reſte de la ſupſenſion eſt ſuffiſamment d'écrit dans les *Leçons de Phyſique*, à l'endroit cité ci-deſſus; je dois ajouter ſeulement que les deux entailles qui reçoivent les deux tourillons de la zône circulaire, ſont garnis de lames de cuivre entaillées elles-mêmes, pour rendre le mouvement plus facile.

Les pinules dont j'ai parlé ci-deſſus, ſont deux lames de cuivre de douze à treize lignes de largeur : l'une eſt refendue d'un trait de ſcie de haut en bas au milieu de ſa largeur, l'autre eſt ouverte auſſi de haut en bas, par une fenêtre de ſix à ſept lignes de largeur, au milieu de laquelle on a tendu un fil de ſoie très-fin. Ce fil doit être parallele à la fente de la premiere pinule, & l'un & l'autre doivent être oppoſés diamétralement, & parallelement à la ligne que l'on conçoit être dans l'axe des tourillons de la cuvette : toutes les fois que vous remettrez le verre de la bouſſole en place, ayez bien ſoin que l'une des deux lignes tracées ſur ſa ſurface, aboutiſſe exactement au milieu des deux pinules, car c'eſt de cette ligne que l'on compte les degrés de déclinaiſon.

La boîte de bois qui contient la bouſſole eſt quarrée, garnie de deux portants, & d'un couvercle qui s'enleve entiérement, & qui entre deſſus comme celui d'une tabatiere ; & dans tout cela, il ne faut pas qu'il y ait aucune partie en fer ni en acier.

Quand il ne s'agit que de répéter des expériences déja connues, les aiguilles dont j'ai parlé juſqu'à préſent peuvent ſuffire, mais ſi vous aviez deſſein de faire des obſervations exactes & ſuivies, ſur la déclinaiſon de l'aimant & ſur ſes variations, il faudroit y apporter plus de ſoin & de précautions : je ne puis rapporter ici tout ce qui a été fait par ceux qui ſe ſont appliqués particuliérement à cette partie de la Phyſique ; mais je vais vous faire part en peu de mots de ce que j'ai vû en 1736, chez feu M. de Muschenbroek, qui a tant travaillé sur cette matiere.

Il avoit dans le milieu de son jardin une platte-forme de pierre dure, isolée & élevée de quatre pieds sur un massif de maçonnerie ; il y avoit tracé avec beaucoup de soin une méridienne horizontale, & c'étoit là qu'il alloit observer plusieurs fois dans la journée la déclinaison de l'aiguille aimantée, avec un instrument construit de la maniere suivante.

Une lame d'acier trempé *L l*, *Fig.* 8, garnie d'une chappe au milieu de sa longueur, qui étoit de six pouces, portoit à ses extrêmités, deux portions de cercle de laiton bien mince, *K L M*, *k l m*, attachées avec des petites vis, de sorte que cette espece d'aiguille étant bien aimantée, ses deux parties *O L K M*, *o l k m*, étoient en équilibre de tout point ; & tournoient avec une grande liberté, sur un pivot de cuivre implanté au centre d'un bassin circulaire de cuivre, au bord duquel étoit soudé en dedans un cercle plat de même métal & divifé en trois cents foixante degrés par quatre fois quatre-vingt-dix.

Les deux limbes *L K M*, *l k m*, ra-foient en tournant le bord intérieur de ce cercle ; & fur le bord extérieur de l'un des arcs *K M*, il y avoit une divifion de foixante parties égales en-tre-elles, & qui répondoit à foixante & un degrés du cercle fixé au bord du baffin : le tout étoit couvert d'un verre blanc attaché à un cercle de cuivre qui emboîtoit le bord fupérieur du baffin : par la différen-ce d' $\frac{1}{60}$ entre les deux divifions, non-feulement on pouvoit compter les degrés de déclinaifon, mais encore eftimer à-peu-près le nom-bre des minutes.

Sur le contour extérieur du baffin, l'on avoit tracé deux lignes dia-métralement oppofées, qui defcen-doient du bord fupérieur jufqu'à la bafe. L'une de ces deux lignes ve-nant à-plomb du premier point de divifion d'un des quarts de cercle, fervoit avec l'autre à placer le dia-metre de la bouffole exactement dans le plan du méridien du lieu : **car il** suffisoit pour cela que ces deux lignes répondissent à celle qui étoit tracée sur la pierre. M. Muschenbroek avoit bien pensé à fixer cet instrument sur la pierre même, en prenant la précaution de le couvrir, pour le garantir des injures du temps; mais il aimoit mieux qu'on pût l'agiter un peu avant l'observation ; parce qu'il avoit remarqué que ces petits mouvements, aidoient quelquefois la vertu magnétique à diriger l'aiguille au vrai lieu de sa déclinaison; ce qui s'appercevoit, disoit-il, par une situation de l'aiguille un peu différente de celle qu'elle avoit après un long repos.

Septieme Expérience.

XIX.
LEÇON
Pl. IV. Fig.
23.

L'INSTRUMENT dont il s'agit ici, est suffisamment expliqué dans l'endroit cité en marge : vous pourrez aisément l'exécuter d'après la figure que j'ai fait graver, en observant comme choses essentielles, 1°. qu'il n'y ait de fer ou d'acier que l'aiguille qui peut avoir quatre pouces ou environ depuis son axe (que

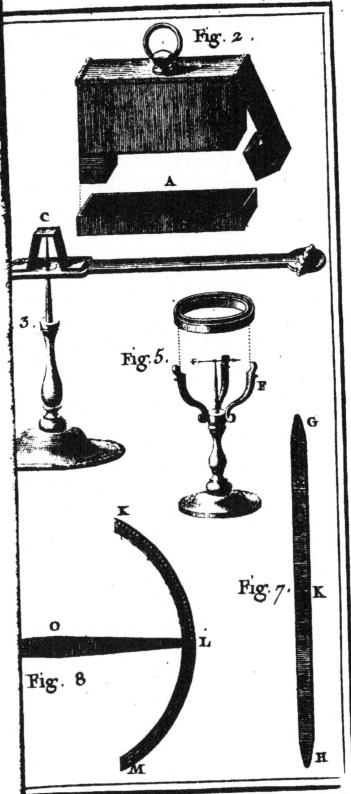

Fig. 2

A

C

3.

Fig. 5.

F

G

Fig. 7.

K

K

O

L

Fig. 8

M

H

vous ferez fort menu) jusqu'à sa pointe; une demi ligne d'épaisseur, & quatre lignes dans sa plus grande largeur. 2°. Qu'une ligne tirée du centre de son mouvement au commencement de la division du limbe fasse un angle droit avec le fil à-plomb. 3°. Que la fourchette soit assez longue, pour laisser l'aiguille s'incliner au moins, jusqu'au soixantieme degré. 4°. Que quand vous ferez usage de cet instrument la longueur de l'aiguille se trouve à-peu-près dans le plan du méridien magnétique. Il suffira d'aimanter l'aiguille depuis son axe jusqu'à sa pointe.

Huitieme , neuvieme & dixieme Expériences.

CES quatre dernieres expérien-n'ont pas besoin d'explications plus amples que celles que j'ai données dans les *Leçons de Physique* : vous n'a-vez qu'à suivre de point en point ce que j'y ai prescrit , vous aurez infailliblement les effets que j'ai annoncés.

XIX.
LEÇON.
Pl. V. Fig.
24. 26 & 27.

A·la suite de la huitieme , vous

pourrez couvrir d'un large carreau de vître ou d'un carton mince & liſſe, ſucceſſivement des lames de fer ai- mantées, de différentes formes & longueurs; d'autres fois en mettre pluſieurs enſemble à quelque diſtan- ce les unes des autres, & dans diffé- rentes ſituations : faire tomber de haut de la limaille de fer par-deſſus, pour avoir lieu de faire remarquer par l'arrangement de cette limaille, les divers mouvements de la matiere magnétique, le nombre & la poſi- tion de ſes tourbillons, &c. &c. Vous aurez ſoin que ces carreaux de verre ſoient nets & ſecs; mais comme ils pourroient ſe trouver électriques, s'ils étoient récemment frottés, il faudra les nétoyer & les eſſuyer quel- ques temps avant de vous en ſervir pour les expériences dont il s'agit ici, de peur que l'électricité ne cau- ſe quelque changement ou quelque altération aux effets du magnétiſme.

AVIS

Concernant la *VINGTIEME LEÇON.*

Premiere & seconde Expériences.

IL s'agit ici de frotter du verre qui a la forme d'un tube, ou celle d'un globe creux : j'ai donné fur cela une ample inftruction dans la premiere Partie de mon *Effai fur l'Electricité des Corps :* ce petit ouvrage fe trouve aifément, & s'aquiert à peu de frais, je préfume que ceux qui me feront l'honneur de fuivre mes *Leçons de Phyfique,* en feront munis ; & par ces raifons, je crois devoir me difpenfer de répéter ce que j'y ai dit fur ce fujet ; je vais feulement ajouter par forme de fupplément, ce que j'ai appris depuis ou par ma propre expérience ou par celle des autres ; quelques menus détails de conftruction en faveur des perfonnes qui manqueroient d'ouvriers capables, où qui voudroient exécuter elles-mêmes ; &

XX.
Leçon.
I. Section.
Art. I. Pl.
I. Fig. 1 &
2.

enfin quelques moyens de simplifier les machines, pour diminuer la dépense, & pour s'accommoder à ce que d'autres circonstances pourroient exiger. Je suppose donc que le Lecteur a sous les yeux l'endroit & les figures citées en marge, & j'ajoûte ce qui suit.

Essai sur l'E-lectricité des Corps, première Partie. Pl. I. Fig. 2. 3, 4 & 5.

LORSQUE vous frotterez un tube pour l'électriser, si votre main, parce qu'elle seroit humide, vous obligeoit de mettre entr'elle & le verre quelque corps étranger, au lieu d'une simple feuille de papier gris, je vous conseille d'interposer un morceau de taffetas ciré tel qu'on en trouve tout préparé chez les Marchands Merciers, & de le frotter légérement avec de la craie ou du tripoli en poudre, du côté que vous appliquerez sur le verre ; par ce moyen-là vous aurez l'électricité plus forte même qu'avec la main nue, quelque seche qu'elle fût. Au défaut de taffetas, vous tirerez encore un assez bon parti du papier gris, en le frottant avec de la cire de bougie du côté qui touche la main : la peau de chien dont on fait des gants à

Strasbourg, cirée du côté de la main, & frottée avec du tripoli ou de la craie par l'endroit qui touche le verre , produira encore un affez bon effet : ces fortes de frottoirs me réuffiffent mieux avec les tubes qu'avec les globes.

Si vous êtes obligé de faire votre globe d'électricité, avec un ballon qui n'ait qu'un goulot , au lieu de maftiquer fimplement une calotte de bois fur la partie oppofée à la poulie, je vous confeille , pour plus grande fûreté , d'y faire percer ou d'y percer vous-même (a) un trou de fept à huit lignes de diametre pour recevoir une efpece de tenon, que vous réferverez au centre de la calotte; alors le maftic le plus doux, la cire molle feulement, fuffira pour la retenir fur le verre, & pour l'empêcher de fe déranger; & le verre ne fera plus fujet à fe caffer, en fe refroidiffant, comme il arrive fouvent quand le maftic eft dur.

Au lieu de finir cette calotte & la poulie, avant de les attacher au ver-

(a) J'ai enfeigné la maniere de percer le verre, Tom. I. pag. 198.

re , ne faites que les dégroſſir , &
quand le maſtic ſera tout-à-fait refroidi , vous remettrez le globe ſur
le tour, ayant ſoin de le bien centrer, principalement à l'endroit de
ſon équateur , & alors, vous acheverez de tourner les pieces de bois,
ſur ces nouveaux centres. Cette derniere façon doit ſe donner , comme
on dit , à petit fer , c'eſt-à-dire , en
faiſant mordre l'outil peu à la fois,
de crainte de faire ſauter la piece
hors des pointes, ou de caſſer le verre , par des ſecouſſes trop rudes.

La machine de rotation, telle que
je l'ai décrite , tient beaucoup de
place, elle ne ſe tranſporte pas aiſément , & quand elle eſt garnie de
ſa ferrure, c'eſt un objet de vingt-
cinq piſtoles pour le moins : je ſais
qu'on en fait de plus petites & à
moins de frais; mais comme j'ai
articulé les raiſons qui m'ont déterminé à la conſtruire ainſi , le Lecteur
jugera ſi elles doivent l'emporter ou
non ſur les avantages qui pourroient
réſulter d'une autre conſtruction.

Au lieu de faire la machine d'un
ſeul aſſemblage, vous pouvez, pour
la

la rendre plus facile à déplacer , conftruire à part, la partie antérieure qui eft plus baffe que le refte, & fur laquelle le globe eft pofé, & la joindre aux montants du grand chaffis , par des tenons plats que vous retiendrez avec des broches de fer. Il n'en coûtera pour cela que deux traverfes & deux montants, pour contenir l'affemblage de cette partie féparable ; & vous pourrez les faire de moitié moins épais que les autres. Quelque parti que vous preniez fur cela , il faudra toujours, que la cage de la grande roue foit faite avant elle , parce qu'elle fournira les moyens de la conftruire plus facilement & plus correctement.

Vous pourrez orner le deffus du chaffis par des plates - bandes de fix à fept lignes d'épaiffeur, coupées en onglets, avec un quart de rond fur le bord extérieur ; elles feront prifes fous les deux focles qui doivent porter l'axe de la roue, & du refte, elles feront attachées avec quelques chevilles collées.

Le Menuifier aidé par un Tourneur fera une roue de quatre pieds de diametre , qu'il centrera fur un axe de fer que lui fournira le Serrurier , avec une manivelle d'un pied de rayon : s'il eſt habile ouvrier , il faura comment s'y prendre ; s'il a befoin de guide , qu'il fe conforme aux inſtruĉtions fuivantes.

La partie de l'axe qui eſt entre les deux tourillons doit être quarrée; qu'il la faſſe entrer à force dans un tronçon de bois de noyer , ou d'orme , qui ait ſix à ſept pouces de diametre , & qui ſoit un peu plus long que le chaſſis de la roue n'eſt large intérieurement ; que le Tourneur ayant bien centré entre deux pointes , le fer chargé de ce bois , arrondiſſe & adouciſſe les tourillons de part & d'autre ; qu'il tourne enſuite la piece de bois en forme de moyeu , réſervant fur le milieu une zone large de deux pouces , qui fera enſuite taillée à huit pans ; & qu'il coupe les deux bouts de maniere qu'ils entrent aifément , mais juſte , entre les deux focles.

Quand cette piece fera fortie des mains du Tourneur , il faudra former à la lime au bout de chaque tourillon, un quarré pour recevoir l'œil de la manivelle, & après cela un bout de vis fur laquelle on mettra un écrou taillé à pans. Le manche de la manivelle doit être cylindrique, & tourner librement fur un boulon de fer bien arrondi, folidement rivé; il eft à propos qu'on puiffe l'ôter de temps en temps pour graiffer le fer fur lequel il eft enfilé; pour cet effet, celui-ci fera terminé par un petit quarré, fur lequel vous mettrez une rofette de cuivre; ajoutez une vis avec un écrou.

J'ai déja dit que la roue doit avoir environ quatre pieds de diametre; en lui donnant trois pouces de largeur, vous faurez au jufte la diftance de fa circonférence intérieure au moyeu, pour régler la longueur des rais, qui feront au nombre de huit, & tournés en forme de baluftres, avec un fort tenon à chaque bout.

Le Menuifier placera les rais fur les pans du moyeu, & avant de les y coller, il mettra l'axe fur les focles: en le faifant tourner doucement, il examinera fi les tenons qui doivent entrer dans la roue, se trouvent dans un même plan, & si les portées qui sont au dessous d'eux, sont dans une même circonférence de cercle; cela étant fait, il préparera la roue.

Il la formera de quatre jantes, qui puissent avoir environ deux pouces d'épaisseur étant finies; il faut qu'il choisisse pour cela quelque bois ferme & sans nœuds, comme le noyer, le chêne, le hêtre, &c. qu'il le corroye, qu'il l'arrondisse suivant un calibre tracé au compas, en tenant la circonférence intérieure un peu plus étroite, que ne l'éxige la longueur des rais; qu'il réserve à deux de ces jantes des tenons plats, un à chaque bout, qui ait le tiers de l'épaisseur totale de la piece, & qui en ait toute la largeur. Les deux autres jantes seront refendues par chaque bout en fourchette, pour recevoir ces tenons, avec deux chevilles qui les tireront en joint.

Cet assemblage étant fait & non arrêté, le Menuisier posera sa roue à plat sur un plan bien droit, pour examiner si elle le touche de toutes parts, pour régler par un dernier trait de compas la circonférence intérieure, & mettre la face circulaire bien d'équerre avec les deux côtés, que je fuppofe paralleles entre eux. Après cela, il marquera les places des trous pour les tenons, en préfentant l'affemblage des raïs, & il les percera fur un trait fait avec le trufquin au milieu de la face circulaire, ayant attention que les joints des jantes fe trouvent toujours au milieu de l'efpace entre deux : tout étant ainfi préparé, il n'y aura plus qu'à affleurer les jantes, les repairer & les replacer l'une après l'autre, en collant les tenons, & en chevillant ceux de la roue.

Quand la roue fera en cet état, il faudra tourner fa circonférence exterieure, & y creufer une gorge angulaire; on pourra même donner quelque façon aux deux côtés, & le tout fe fera facilement, quand on aura arrêté l'axe de la roue dans les coquilles; il fuffira d'établir un fupport folide au bout du chaffis, & de faire tourner les manivelles d'une maniere modérée & uniforme.

Le Menuiſier en conſtruiſant la tablette chantournée ſur laquelle ſe poſe le banc des poupées, aura ſoin de laiſſer au moins neuf lignes d'épaiſſeur au bois, d'en mettre le fil comme il eſt répréſenté par les hachures du Graveur, & de l'emboîter par les deux bouts. Les deux tringles qui ſervent à guider le banc, ſeront non-ſeulement collées, mais encore attachées avec pluſieurs vis en bois à têtes noyées.

Vous aurez ſoin que les poupées, ſoient faites d'un bois ferme comme de noyer ou de chêne ; qu'elles ayent au moins deux pouces & demi d'épaiſſeur par le haut ; & que chacune d'elles ait à ſa baſe, un talon en dehors pour ſoutenir le devers : que celle qui eſt fixe ſoit aſſemblée à fourchette, collée & chevillée : que l'autre ait une languette en-deſſous pour la guider dans ſa rainure, & que la vis qui lui ſert de queue, ſoit arrêtée dans le bois par une cheville de fer. Il eſt encore à propos que l'écrou à oreilles qui eſt ſur cette vis, pouſſe devant lui une forte rondelle de fer ; ainſi que ce-

lui qui fert à arrêter le banc fur la
table chantournée.

J'ai dit qu'il falloit que la corde
fans fin fût de boyau, fi cela étoit
poffible; cependant, je me trouve
mieux de celles qui font de chanvre
& à double tors, ou de celles qu'on
fait avec de la foie pour les pendules; elles font un peu plus groffes,
& font moins fujettes à gliffer dans
les gorges des poulies; mais de quelque matiere que foit la corde, il faut
avoir foin de joindre les deux bouts,
de façon qu'ils ne puiffent pas fe
lâcher, & qu'à l'endroit de cette jonction, fa groffeur ne foit pas plus forte qu'ailleurs. Vous remplirez ces deux
objets en ouvrant les deux bouts de
la corde fur une longueur de trois
ou quatre pouces, en diminuant la
groffeur des brins vers la pointe, en
les entrelaçant de part & d'autre,
en les ferrant avec du gros fil ciré,
que vous ferez tourner autour, &
en faifant traverfer fréquemment
ce même fil avec une aiguille à coudre.

S'il vous manque un ouvrier capable d'exécuter une machine de

rotation telle que je viens de la décrire, ou que vous vouliez vous la procurer avec moins de dépense ; en voici une que vous pourez faire construire par-tout, pourvu qu'il y ait seulement un Charpentier & un Serrurier.

Prenez deux planches épaisses d'un bon pouce, & larges de quatre ; entaillez les à demi épaisseur au milieu de leurs longueurs, pour les assembler en croix, comme *A*, *A*, *A*, *A*, *Pl. XIX Fig.* 1 ; faites au centre un trou, dans lequel vous ferez entrer à force un arbre de fer, dont la partie du milieu *B B* soit quarrée ; les deux parties *B C*, *B C*, arrondies comme des cylidres de trois pouces & demi de longueur, sur dix à onze lignes de diametre, & les deux bouts équarris pour recevoir les manivelles, comme à la machine précédente. Dès deux côtés de la croix, faites entrer sur le même axe deux demi essieux, comme *D*, & faites tenir le tout ensemble avec quatre chevilles collées. Faites tourner doucement la croix sur son axe, vis-à-vis de quelque support, où vous présenterez

Tenterez une pointe ou un crayon, pour voir si elle est dans un plan perpendiculaire à cet axe, & pour régler la longueur des croisillons, au bouts desquels vous ferez des tenons plats, qui auront le tiers de l'épaisseur du bois, & dix-huit lignes de longueur.

Vous préparerez quatre jantes *E, E, E, E*, avec du bois de dix-huit à vingt lignes d'épaisseur; & pour les mettre en joint avec plus de facilité, au lieu de réserver des tenons, vous les refendrez toutes quatre en fourchettes par les deux bouts, pour y rapporter des languettes, en observant de mettre le fil du bois suivant leurs longueurs *f g*, par exemple; la mortaise étant faite au milieu de chaque jante, vous assemblerez le tout, & vous mettrez les chevilles; vous tournerez la circonférence extérieure, & vous creuserez la gorge quand la roue sera montée sur son bâtis, comme je l'ai enseigné ci-dessus; & si elle se trouve trop légere par la nature du bois, ou par défaut d'épaisseur, vous pourrez la charger en dedans de quelque ornement de plomb comme *h*,

&c, que vous ferez fondre fur un modele en bois, dans un moule de plâtre. (a)

Pour monter cette roue, vous prendrez du bois de trois pouces & demi d'équarriffage, vous en formerez un chaffis d'environ fept pieds de longueur, fur neuf pouces de largeur intérieurement; il fera compofé de deux jumelles paralleles I I, & fa pareille, & de deux traverfes K, k, qui excederont de quatre pouces de part & d'autre, pour donner de l'empattement : à deux pieds de diftance du bout du chaffis, vous éleverez verticalement deux montants comme Ll, ouverts par en haut en forme de fourchettes, pour porter l'axe de la roue à trois pieds un quart au - deffus du fol, & vous les appuyerez par derriere avec des acboutans, comme M m.

A l'autre bout du chaffis, vous établirez la table qui doit porter le banc des poupées, fur un bâtis de treize pouces de hauteur, compofé de quatre piliers N n, O o, & autant de traverfes, favoir P & fa pa-

(a) J'ai enfeigné la maniere de couler des pieces en plomb, *Tome I. pag.* 121.

reille, & deux autres qui joindront
enfemble *N n*, & *O o*. Ces deux derniers piliers que vous tiendrez de
trois pouces plus longs que ceux du
devant, communiqueront avec les
deux montants, *L l*, &c, par deux
piéces *Q q*, paralleles au chaffis ; &
par cette conftruction, la machine
fera folide, & elle aura un poid fuffifant pour n'être point dérangée par
les efforts de ceux qui feront tonrner
la roue.

Une barre ou une tringle de métal
quelconque, un tuyau de fer - blanc
où de carton couvert de papier doré
ou argenté &c, tout cela eft bon à
faire des conducteurs d'Électricité,
pourvu qu'ils foient ifolés, n'importe
comment : cependant, quand on a
une fuite d'expériences à faire, ou
quand on eft obligé de répéter fouvent les mêmes, il eft bon d'être muni des inftruments les plus commodes, & qui exigent le moins de tems
pour les mettre en ufage.

Il convient d'avoir, par exemple,
une couple de fupports, qu'on puiffe
approcher ou éloigner l'un de l'autre
autant qu'on le veut, pour foutenir

des Conducteurs de différentes longueurs, & qu'on puisse hausser & baisser à volonté, pour mettre les corps
qu'on veut électrifer a la distance la
plus convenable du globe, voici
comment les miens sont construits.

A Fig. 2. est une tige de bois quarrée qui a vingt - huit pouces de longueur, & dont chaque face, d'un bout
à l'autre, a dix lignes de largeur; elle
est assemblée dans une traverse *B B*,
longue de seize pouces, plus épaisse
au milieu que vers ses extrémités,
où sont deux consoles de neuf à dix
pouces de hauteur, & qui s'élevent
en s'écartant l'une de l'autre, pour
porter une ganse de soie qui est bien
tendue.

La tige quarrée glisse dans un
pilier creux *C D*, qui avec le plateau
tourné sur lequel il est monté, peut
avoir trois pieds & quelques pouces
de hauteur; il y a en *C*, une vis de
bois avec laquelle on arrête la tige à
telle hauteur que l'on veut. Il est bon
que le plateau ait trois boutons plats
en-dessous, afin qu'il pose toujours
fermement, ou bien on peut le supprimer, & y substituer trois consoles

assemblées dans une noix qu'on réserve au bas du pilier.

Pour faire ce pilier creux, le Menuisier corroye deux pieces de bois qui puissent se coller à plat - joint l'un sur l'autre, & il creuse dans chacune d'elles avec le *guillaume*, la moitié de la place de la tige ; après quoi il les colle, ayant soin de faire passer un tampon de filasse, ou quelque chose d'équivalent d'un bout à l'autre pour enlever les havures de la colle, tandis qu'elle est encore chaude : le lendemain il arrondit la piece extérieurement ; il met dans les deux bouts, des tampons qu'on puisse ôter ; & le Tourneur fait le reste. Il est à propos de mettre une virole au - dessus de la vis de pression ; le bout d'en bas est contenu par son assemblage dans le plateau.

Ces piliers creux reçoivent divers supports suivant le besoin, si , par exemple, le Conducteur qu'on veut électriser n'est pas bien long, un seul suffira, s'il est fait comme celui qui est représenté à la lettre *E* ; la tige quarrée porte une croix surmontée de

Q q iij

quatre piliers, avec deux cordons de soie tendus, sur lesquels on isole le corps qu'on veut électrifer. A la lettre *F*, on voit un autre support en forme de potence ; à la lettre *G*, on voit un autre instrument qui est une espece de pince composée de deux petites planches jointes par en bas, que l'on peut serrer l'une contre l'autre par en haut, par le moyen d'une vis.

Pour Conducteur, je me sers communément d'une verge de fer doux, *H h*, *Fig. 3*, longue d'environ six pieds, & polie : elle est ronde dans toute sa longueur, hors la partie *H* qui a sept à huit pouces, & qui est applatie, afin qu'étant posée sur le cordon de soie du support, elle empêche le Conducteur de tourner, ce qui seroit souvent fort incommode : je communique l'électricité à cette verge de fer par un tuyau de fer-blanc *I*, coudé en équerre, & que j'allonge autant que je veux, par d'autres bouts de tuyaux semblables, *K*, *L*, qui entrent à frottement les uns dans les autres ; le dernier est évasé en entonnoir par le bout, & garni tout autour

me III. Pl. 19.

E

F

Fig. 2.

M   N

Fig. 3.   H

S

V   T

P
Q
R
O

Fig. 1.

de petits fils de laiton accrochés dans des trous, & qui pendent librement.

Quand je veux changer la forme de mon Conducteur par l'autre bout, j'y mets un tuyau de fer-blanc *M*, qui a cinq à six pouces de longueur, & que je ne fais entrer qu'à moitié ; dans le reftant, je place des boulons de fer terminés de telle maniere que je veux, arrondis & renflés comme *N*, coupés droit comme *O*, quarrés comme *P*, pointus comme *Q*, garnis d'un crochet comme *R*, d'une poire creufe comme *S*, d'un cercle avec des fils comme *T*, & généralement tout ce qu'il me vient en penfée d'éprouver.

Troifieme, quatrieme & cinquieme Expériences.

LE matras à deux goulots, de la troifieme expérience, doit être de verre blanc & mince : recommandez qu'il n'ait qu'environ trois pouces de diametre, fur quatre à cinq pouces de longueur entre les deux goulots ; faites paffer le gros fil de fer au travers d'un bouchon de liege enfoncé dans l'un des goulots, de maniere

XX.
LEÇO
I. Se&
Art. 1.
Fig. 2, &
II. Fig.

Q q iv

qu'il reste au-dessus de ce bouchon; un vuide que vous remplirez de mastic. Appliquez-le par son robinet à la machine pneumatique, & faites le vuide le plus parfaitement que vous pourrez, fermez bien le robinet, & attachez ce vaisseau par le crochet du fil de fer, au bout du conducteur, garni de la piece *N* ou *R*.

S'il vous manque un vaisseau à deux goulots, vous prendrez un matras ordinaire, dont vous couperez le col à quinze ou dix-huit lignes près de sa naissance; vous y mastiquerez une virole avec un fond taraudé pour recevoir un robinet dont la vis sera prolongée par un bout de tuyau qui s'avancera vers le milieu du matras, & qui sera terminé par une pointe mousse: vous préparerez un bouchon à vis garni d'un crochet; & quand vous aurez fait le vuide, vous le joindrez au robinet, pour accrocher la piece au conducteur.

Pour la quatrieme expérience, le bout du conducteur tel qu'il est, suffira; sinon joignez-y la piece *N*. Il faut que la chandelle ait une grosse mêche, que le lumignon ne soit pas mouché trop court, & qu'elle soit très-nouvellement éteinte.

Pour la cinquiéme expérience, mettez à l'extrémité *H* du conducteur, un tuyau en équerre semblable à *I*, & joignez la piece *N*, à la partie descendente.

Sixieme, septieme & huitieme Expériences.

Vous ferez les essais proposés, dans la sixieme expérience, avec des bougies de cire commune, & avec des bâtons de cire à cacheter que vous ferez faire d'une grosseur convenable, pour se joindre, par le moyen d'un tuyau de fer-blanc, à l'extrémité du conducteur, vers *H* : vous pourrez aussi vous procurer des bâtons de soufre, en les moulant dans un tuyau de carton mince, que vous détacherez ensuite en le mouillant ; vous aurez soin que ces différents bâtons n'ayent pas moins d'un pied de longueur, & vous les éprouverez par leur extrémité la plus reculée du conducteur.

La septieme expérience se fera mieux si le vase de verre qui porte

XX.
Leçon.
I. Section.
Art. I. Pl. I.
Fig. 1. H.

les plaques de cire, de réfine, &c;
n'a point de fond, & qu'il foit placé
fur une table de bois, ou fur une
plaque de métal. Vous pourrez employer à cela quelque récipient
caffé en fa partie fupérièure, en dref-
fant les bords; ou bien vous foutiendrez feulement vos plaques avec
quelque fupport, à cinq ou fix pouces
au-deffus des feuilles de métal.

Neuvieme Expérience.

Vous ferez cette expérience avec
un thermometre de mercure bien
purgé d'air, afin que l'électricité s'a-
nonce par un trait de lumiere dans
la partie du tuyau qui fera vuide.

Premiere & feconde Expériences.

JE n'ai rien à ajouter à ce que
j'ai dit touchant la manipulation de
ces deux expériences; je vous re-
commande feulement de lire avec
attention, & plus d'une fois, les obfervations que j'ai mifes à la fuite.

XX.
LEÇON.
I. Section.
Art. II.

Troifieme Expérience.

XX.
LEÇON.
I. Section.
Art. II. Pl.
II. Fig. 4.

POUR faire les trois tablettes dont
j'ai fait mention dans la *préparation*

de cette expérience, le Ferblantier
choisira trois feuilles de fer du grand
modele & des plus fortes : il relevera
un rebord tour autour à la hauteur de
trois ou quatre lignes, & il assemble-
ra ces trois pieces par des tuyaux
gros comme le doigt, soudés aux
angles ; il soudera deux fortes attaches sur la tablette d'en-haut, pour
recevoir les deux bouts d'une chaîne
de fer ou de cuivre, par laquelle
cette machine sera suspendue au bout
du Conducteur.

. Au lieu de suspendre ainsi au conducteur, des corps qui seroient trop
pesants, ou les place sur des gâteaux de matieres électrisables par
frottement, telles que la poix, la résine, le soufre, la cire, &c, ou sur des
sellettes dont les pieds sont de verre, ou de bois fortement séché, &
frit dans de l'huile bouillante.

Les gâteaux de poix s'amolissent
quand il fait chaud, & s'affaissent entiérement ; la résine n'a point assez de
consistance, elle se casse par morceaux, quand on la charge ou quand
on la remue brusquement ; la cire n'a
point ces inconvénients, mais elle est

chere; voici ce que vous pouvez pratiquer pour n'en faire entrer qu'une petite quantité dans la conftruction d'un
gâteau de grandeur convenable ; ne
faites qu'en revêtir les autres matieres, pour les contenir , & empêcher que la chaleur de l'été ne les
faffe couler , ou qu'un choc léger ne
les brife.

Faites-vous préparer par le Menuifier , une planche de chêne qui ait
neuf à dix pouces de longueur fur fept
à huit de largeur, & qui foit épaiffe
d'un bon pouce ; qu'il faffe tout autour un quart de rond , & au-deffus
un quarré un peu fort; qu'il ajufte autour de ce quarré quatre ais de fix
pouces de hauteur; qui fe joignent
bien, & qui s'attachent enfemble par
des chevilles qu'on puiffe ôter. Vous
appliquerez fur les parois intérieures
de cette efpece de boîte, des feuilles
de papier blanc que vous ne collerez enfemble que par les bords ; &
vous n'en mettrez point fur la planche du fond , dans l'épaiffeur de laquelle vous ferez plufieurs cavités ,
afin qne la cire fondue que vous y
verferez s'y attache à demeure, tandis

que le papier appliqué à sec l'empêchera de s'attacher aux parois :
tout étant ainsi disposé, vous verserez
dans le fond de ce moule une couche de cire de trois ou quatre lignes
d'épaisseur, & lorsqu'elle sera prise,
mais encore molle, vous placerez dessus, une masse composée de poix noire
& de résine fondue ensemble, dans un
moule de carton plus petit que celui du gâteau que vous voulez faire,
de sorte que cette masse placée comme je viens de le dire, laisse entre
elle & les parois du moule de bois,
un espace d'un pouce tout autour,
& vous l'y assujettirez avec quelque
appui que vous ferez agir par-dessus ;
alors vous remplirez les vuides avec
de la cire fondue, & vous conti-
nuez d'en verser jusqu'à ce qu'il y
en ait l'épaisseur d'un pouce par-
dessus la masse de poix & de résine :
vous employerez pour cela de la cire
de frotteur, ou des vieilles cires à bon
marché.

Quand tout cela sera bien refroidi, vous ôterez les quatre ais qui ne
doivent point tenir au gâteau, à
cause du papier interposé ; s'il y en

a quelque lambeau attaché à la cire ;
vous le mouillerez pour l'enlever entiérement ; vous couperez les bavures
s'il y en a ; vous arrondirez un peu
les bords d'en-haut & les quatre angles , afin qu'ils ne s'écornent point
lorſqu'on marchera deſſus ; appliquez ſur le tout deux ou trois couches de noir de fumée détrempé au
vernis d'eſprit-de-vin; mettez-en même ſous la planche qni ſert de baſe
au gâteau , & peignez en rouge de
vermillon , le quart de rond qui eſt
autour.

Vous ferez bien d'avoir une couple
de ces gâteaux , & de les tenir ren-
fermés dans leurs moules, quand vous
ferez long-temps ſans en faire uſage,
ſur-tout ſi c'eſt pendant les grandes
chaleurs.

Au lieu de ces gâteaux , on peut
très-bien ſe ſervir de ſelettes , avec
des pieds de verre ; afin qu'elles ſoient
ſtables par-tout où on les met, il
faut que la tablette ſoit une planche
triangulaire d'un bon pouce d'épaiſſeur , dont les angles ſoient arrondis
avec une moulure autour ſi l'on veut :
ſi l'on eſt à portée d'une Verrerie ,

quand on n'y feroit que des bouteilles à mettre du vin, on y fera faire des pieds en forme de pilons, creux, mais épais, & d'environ dix pouces de hauteur, & on les maftiquera dans des trous faits aux angles & en-deffous de la planche; & pour avoir ces trous plus profonds, on peut augmenter l'épaiffeur du bois en cet endroit avec des rondelles tournées & collées; au défaut de pieds faits exprès, on fe fervira avec le même fuccès de trois bouteilles de pinte, qu'on aura foin de bien fécher en dedans avec du fable un peu chaud, avant de les maftiquer; il eft à propos de vernir auffi le bois des fellettes, comme les gâteaux dont j'ai parlé auparavant.

Les tabourets de bois féchés au four & abreuvés d'huile bouillante que l'on effuye fortement après, réuffifent auffi, mais au bout d'un certain temps, il faut les fécher & les frotter de nouveau; cette fujétion fait que je donne la préférence aux gâteaux de cire, & aux fellettes à pieds de verre.

On ifole encore des corps pefants

avec une planche qui a deux emboîtures qui excedent de quelques pouces sa largeur, avec quatre pitons à vis, par lesquel on la suspend avec de gros cordons de soie; on chantourne cetre planche comme l'on veut, & on la peint au vernis en telle couleur que l'on juge à propos.

Premiere, seconde & troisieme Expériences.

XX.
LEÇON.
I. Section.
Art. III.

Sı le bassin dont vous vous servirez pour la premiere expérience est de verre ou de porcelaine, vous pouvez vous dispenser de l'isoler; vous n'aurez qu'à faire descendre du conducteur un bout de chaîne, ou un gros fil de fer qui plonge dans l'eau; mais comme ce corps électrique plongé dans le bassin ne manqueroit pas de repousser les petits corps flottants sur lesquel vous voudriez faire votre épreuve, s'ils étoient à sa portée, vous ferez mieux de prendre un vaisseau de métal, de l'isoler sur un gâteau ou sur une sellette, & de l'électriser par le moyen d'un bout de chaîne attachée par

un

un bout au premier conducteur, &
que vous ferez aboutir deffous.

Vous pouvez varier la feconde expérience, en vous fervant d'un duvet
de plume, aulieu de la feuille de
metal; ce corps électrifé flottera
plus gravement en l'air, & toutes fes
barbes s'écartant les unes des autres
comme les rayons d'une fphère, fe
plieront vers votre doigt quand vous
l'y préfenterez.

Pour la troifieme expérience, ayez
deux timbres demontre, don l'un
foit monté fur un bout de tuyau de
métal ouvert en-deffous d'un bout
à l'autre, & fendu en-deffus jufqu'au milieu de fa longueur, pour
faire reffort & entrer à frottement fur
le bout du conducteur, comme le
repréfente la *fig.* 1, *Pl.* XX. Que le
pilier tourné *A* qui porte le timbre,
& fur lequel il eft arrêté avec un
écrou, foit prolongé de cinq à fix
pouces par un fil de laiton *B*, plié
par le haut en potence, & que fur
cette partie repliée il y ait un petit
bout de canon *C* fendu pour gliffer
à frottement; qu'enfin à ce petit canon foit attaché un fil de foie fort

menu, qui porte par en bas, & vis-à vis le bord du timbre une petite masse oblongue de métal *D*.

Montez pareillement l'autre timbre *E* sur un petit pilier de métal, auquel vous ferez un pied de bois tourné ; vous le prendrez à la main, ayant soin de tenir le doigt appuyé contre le pilier ; & quand le timbre *a* sera électrisé, vous approcherez celui que vous tenez, à la distance d'un pouce de la petite masse *D*. Comme les oscillations de ce petit corps deviennent plus ou moins grandes suivant le dégré d'électricité qui régne dans le conducteur, par le moyen du petit canon *C*, on l'approche plus ou moins du timbre électrisé.

Pour empêcher que le timbre *a* ne se casse en choquant d'autres corps, il faut lui préparer un pied pour le recevoir lorsqu'on le détache du conducteur ; ce pied sera un cylindre de bois *F*, porté par une lame de cuivre *G*, à laquelle vous ferez une patte de bois tourné.

Dans un lieu où vous ne pourriez pas trouver de timbre, vous pourrez vous servir de deux verres à boire ; mais alors il faudra couvrir avec deux bandes de faux or larges comme le doigt , les deux parties entre lefquelles le pendule doit ofciller : voyez la *Fig.* 1 à la lettre *H.* Au verre électrifé , la bande de métal fera mife en-dedans , depuis la tige qui le porte jufqu'au bord , & fe répliera de cinq à fix lignes fur la furface extérieure ; à l'autre verre , la bande fera mife en-dehors , & s'étendra depuis le bord de la coupe , jufqu'à la tige que vous toucherez avec les oigts : vous collerez ces bandes de cuivre battu avec de la biere, ou avec une eau de gomme extrêmement légere.

Quatrieme , cinquieme , fixieme, feptieme & huitieme Expériences.

TOUTES les expériences rapportées dans cet article, font fuffifamment expliquées dans les *Leçons de Phyfique*, à l'endroit & par les figures citées en marge ; j'avertis feulement qu'il faut attendre pour les faire d'une maniere bien fatisfaifante, que l'électricité foit un peu forte , & répéter plufieurs fois la même, parce

XX.
LEÇON.
I. Section
Art. III. Pl
II. Fig. 5. &
Pl. III. Fig.
6 & 7.

que, comme la plûpart des réfultats font des *plus* & des *moins*, que la plus petite circonftance peut faire varier, c'eft aux effets qui fe préfentent le plus fouvent, qu'il faut s'en rapporter.

Vous verrez les feux électriques dans le vuide tout à votre aife, quand vous aurez préparé l'inftrument que voici. C'eft un matras de verre mince *h*, *Fig.* 2, qui a trois pouces ou trois pouces & demi de diametre, & deux goulots garnis de viroles avec des fonds percés & taraudés pour recevoir à vis, d'un côté, un robinet bien exact, & de l'autre, un bout de tuyau de la groffeur qui convient pour entrer à frottement fur le bout du premier conducteur. La vis par laquelle ce tuyau fe joint au matras fe prolonge fans filets jufqu'au tiers ou à la moitié du verre, & elle eft terminée par une pointe mouffe.

Vous appliquerez ce vaiffeau par fon robinet à la machine pneumatique, vous y ferez le vuide le plus parfaitement que vous pourrez, & après avoir fermé le robinet, vous le joindrez au conducteur pour l'électrifer; vous en approcherez les mains pour provoquer les feux, & alors vous en verrez en-dedans & en-dehors, & vous appercevrez la différence qu'il y a des uns aux autres ; fi vous tirez quelques étincelles du métal, toute la capacité du verre fe remplira d'une lumiere diffufe, & très-femblable à celle des éclairs.

Vous verrez encore ces feux d'une maniere bien brillante par le procédé qui fuit : Prenez un récipient à goulot, de figure cylindrique, qui ait trois à quatre pouces de diametre, maftiquez dans le goulot, le col d'une petite bouteille à médecine, ou d'un petit matras de verre blanc & mince, de maniere que la panfe fe trouve dans l'intérieur du récipient, comme on le voit en I. Placez le récipient fur la platine de la machine pneumatique, mettez de l'eau dans la bouteille jufqu'à la naiffance du col, & aménez y l'électricité par un gros fil de fer que vous fufpendrez au bout du conducteur.

Quand vous aurez fortement raréfié l'air du récipient, fi vous conti-

nuez l'électrisation, & de faire agir
la pompe, à chaque coup de piston,
vous verrez une grande quantité de
ruisseaux de feu se répandre dans le
récipient, & souvent la bouteille.
éclater en bruit & en coups de lumiere très-vifs. Il faut, comme vous
les jugez bien que ces expériences
se fassent dans l'obscurité.

Premiere, seconde & troisieme Expériences.

XX.
LEÇON.
II. Section.
Pl. III. Fig.
7 & 8.

Ces expériences sont si simples &
si faciles à exécuter, que je ne pré-
vois pas qu'elles puissent embarasser
personne.

Quatrieme, cinquieme & sixieme Expériences.

Pl. IV. Fig.
9 & 10.

DANS la quatrieme expérience,
préférez l'esprit-de-vin à l'eau, pour
mouiller la barre de fer, les parcelles de cette liqueur qui seront enle-
vées de dessus le conducteur par les
émanations électriques, & qui seront
lancées contre le revers de votre
main, y produiront une fraîcheur
plus sensible ; l'éther qui est encore

plus volatil, produiroit encore mieux cet effet.

Pour conducteur, dans la cinquieme expérience, servez-vous d'une barre de fer plate où quarrée, elle sera plus propre à recevoir le son, le tabac rappé, ou la poussiere de bois que vous répandrez dessus.

L'homme isolé de la sixieme expérience, s'électrisera en touchant d'une main seulement le bout du conducteur; vous pourrez lui faire tenir dans l'autre main une pincée de filasse, un écheveau de fil coupé, &c.

Septieme & huitieme Expériences.

Vous ferez un globe de soufre de la maniere suivante : choisissez un matras qui ait environ six pouces de diametre, dont la boule soit bien ronde, avec un col fort large que vous réduirez à trois ou quatre pouces de longueur; commencez par y faire fondre du soufre concassé en petits morceaux, & non pulvérisé; vous acheverez de l'emplir presque jusqu'à la naissance du col, avec une pareille matiere fondue à part

Fig. 11.

dans un poëlon de terre cuite.

Tandis que le soufre sera encore liquide, vous introduirez par le col du matras, un axe de bois quarré, & garni par un bout, d'une poulie de trois pouces de diametre; ayant attention de le tenir enfoncé jusqu'au fond du vaisseau, & de le faire toucher à l'endroit qui est diamétralement opposé au col. Quand tout sera bien refroidi, vous casserez le verre à petits coups, & vous l'enleverez en morceaux; par ce moyen-là, vous aurez un globe de soufre aussi poli que le verre dans lequel il aura été moulé, & vous le centrerez en rapportant son axe sur le tour entre deux pointes.

Ces globes ont quelques inconvénients, ils sont lourds & sujets à s'éclater, lorsqu'on les électrise un peu fortement, & il en coûte un matras pour les refondre. J'ai pris le parti de monter sur un cylindre de bois *A B*, *Fig. 3*, garni d'une poulie *C*, une espece de bobine *D*, & de remplir de soufre l'espace vuide qui est entre les deux joues *E F*.

Je fais le plus souvent cette bobine

bine de trois pieces ; fçavoir, d'un cylindre D, à qui je donne cinq pouces de longueur, & environ huit de diametre ; j'arrête fur les plans deux plateaux circulaires qui excedent d'un pouce ou de quinze lignes, la piece du milieu tout autour : cela étant ainfi préparé, je fufpends le cylindre *A B*, entre deux pointes, & après avoir creufé une grande quantité de trous non à jour, tant fur le pourtour de la piece D, qu'aux furfaces intérieures des deux joues E F. Je fais tourner très-lentement toute la piece au-deffus d'une grande terrine pleine de foufre que j'entretiens en fufion, & j'en verfe fur la piece D, avec une cuiller de fer, jufqu'à ce que toute la gorge foit bien pleine. Enfuite, & avant que le foufre foit entiérement refroidi, je tiens un fer chaud long de fept à huit pouces, appuyé fur les deux bords E F, tandis qu'on continue de faire tourner la piece, & par ce moyen, j'unis à peu près la furface de la zone de foufre.

Quand tout eft bien refroidi, je tourne cette zone à petit fer, & j'acheve de la polir, d'abord avec un

morceau de peau de chien de mer,
& enfuite avec de la ponce broyée &
de l'eau. Cette manœuvre n'eſt pas
ſi commode que de mouler dans du
verre, mais elle procure des inſtruments toujours bien ronds, bien centrés, légers, de telle grandeur que
l'on ſouhaite, & qui ne ſont pas ſi
ſujets à éclater que les globes.

Servez-vous dans la huitieme expérience du conducteur *H h*, & joignez-y la piece Q, par le moyen du
tuyau *M*; & ſi l'électricité n'eſt pas
bien forte où que vous ayez peine à
bien diſtinguer à la vue ſimple, le petit feu qui paroît au bout de la pointe
électriſée, aidez-vous de la lentille
montée en écaille, que j'ai repréſentée *Pl.* XIV, *Fig.* 1.

Voici encore un inſtrument très-
commode que j'ai imaginé, pour
examiner ces ſortes de feux électriques. *a b*, *Fig.* 4, eſt une douille de
cuivre qui ſert de manche à l'inſtrument, quand on le tient à la main;
& qui peut s'ajuſter au bout *H* du conducteur, qu'on électriſe avec le globe de ſoufre. *c d*, eſt une tige d'a-
cier, à laquelle ſe joint à vis une

pointe de fer, de cuivre, ou de tout
autre métal. *f g*, eſt une bande d'a-
cier faiſant reſſort, qui peut s'approcher plus ou moins de la tige *c d*,
au moyen d'une vis que l'on mene
par le bouton *g*; cette branche porte une lentille d'un pouce & demi de foyer, montée dans une chape dont la queue qui eſt une lame de
cuivre, eſt ouverte d'un bout à l'autre par une râinure à jour, & gliſſe
avec frottement ſur la longueur de
la branche à reſſort, où elle eſt retenue par deux vis à tête; par ce
moyen, on arrête quand on le veut
le centre de la lentille, vis-à-vis la
pointe *e*; & la vis *g*, ſert à la faire
avancer autant qu'il le faut, pour
que cette pointe ſe trouve préciſément au foyer du verre.

Et afin que l'œil de l'obſervateur
ne ſoit point expoſé à recevoir de
fauſſes images, je couvre l'une des
ſurfaces du verre avec une feuille d'é-
tain, au centre de laquelle je pratique une ouverture circulaire de quatre lignes ou environ de diametre,

Neuvieme & dixieme Expériences.

XX.
LEÇON.
II. Section.
Pl. IV. Fig
11. DANS la premiere de ces deux expériences, il faut que la chandelle ait une groſſe méche, que le lumignon ne ſoit point mouché court, & qu'il ſoit nouvellement éteint, afin qu'il en réſulte un gros jet de fumée.

Il faudra incliner un peu le bout du conducteur où ſera la pointe creuſe, afin que la liqueur ait une pente pour ſortir.

Onzieme Expérience.

Ibid. Fig. 9. VOUS vous ſervirez dans cette expérience & dans les ſuivantes, d'un globe de verre & d'un conducteur dont la ſurface ſupérieure ſoit plate, bien unie, & bien eſſuyée; & vous employerez de la poudre bien ſeche.

Douzieme & treizieme Expériences.

Ibid. Fig.
10. & Pl. V.
Fig. 14. VOUS parſemerez de gouttes d'eau ſur toutes les faces du conducteur, avec un goupillon peu chargé que vous ferez agir de loin, ou avec une broſſe à long poil dont on ſe ſert pour les habits.

Afin que les tas de poussiere partent subitement, il faut qu'une personne non isolée touche le conducteur jusqu'à l'instant, où l'on voudra faire voir l'effet dont il s'agit.

Quatorzieme Expérience.

Pour vuider des œufs, suivez ce *Ibid Pl. V.* que j'ai enseigné dans les *Avis sur la* *Fig. 9 & 10* *dixieme Lecon* (*T. II. p. 515.*) Faites ensuite à la coque vuide, un petit trou par en bas, où vous attacherez avec un peu de cire d'Espagne, un bout de tube capillaire, afin que l'écoulement de l'eau se fasse naturellement goutte à goutte.

Pour avoir le goupillon lumineux que produit une pareille expérience, quand elle se fait avec un écoulement plus fort, demandez au Ferblantier un vaisseau qui contienne à peu près un demi septier d'eau, & qui ait une forme un peu oblongue, comme *N, Fig.* *5*, avec une anse pour l'accrocher à la piece *R*, que vous mettrez au bout *H* du conducteur, ayez soin de recevoir l'écoulement dans un large bassin; s'il est de métal, vous verrez encore de temps en temps les gouttes d'eau qui tomberont deſſus, produire de la lumiere.

Quinʒieme & ſeiʒieme Expériences.

XX.
Leço..
II. Section.
Pl. V. Fig.
12.

IL faut faire ces expériences dans l'obſcurité, & ne point approcher trop près du globe, les corps qui fourniſſent la matiere affluente, afin de pouvoir mieux diſtinguer l'origine & la direction des rayons lumineux.

Il ne faut pas .non plus que la perſonne non iſolée préſente ſon doigt trop près de la main électriſée, car il en réſulteroit des étincelles, & ces traits de feu ſont trop rapides pour laiſſer bien voir de quel côté ils viennent.

Dix-ſeptieme, dix-huitieme & dix-neuvieme Expériences.

Ibid. Pl. V.
Fig. 13 & 14.

Je n'ai rien à ajouter à ce que j'ai dit touchant ces expériences. Il n'y a qu'à procéder comme il eſt marqué à l'endroit cité en marge.

Vingtieme Expérience.

Ibid. Fig.
14 & 15.

Vous pourriez préparer le vaſe à écoulements, que la perſonne non isolée tient à la main, avec une coque d'œuf garnie tout autour par en bas de tubes capillaires longs de quatre à cinq lignes, & attachés avec un peu de cire molle ; mais il vaudra mieux faire faire un vaisseau de fer-blanc, comme *M*, *Fig.* 5, large de trois pouces par en bas, & garni de petits tuyaux pointus un peu incli-nés. Vous ferez cette expérience en plein jour & dans l'obscurité ; elle est bonne à voir des deux façons.

Il est bon aussi que le vase d'é-coulement qui est placé au bout du conducteur, ait un certain volume, on pourra le faire semblable au pré-cédent, avec un seul tuyau qu'on tour-nera en avant.

Vingt-unieme Expérience.

Vous ferez bien de vous munir de quelque conducteur de grand volu-me ; on les peut faire en ferblanc & en carton, afin qu'ils soient plus lé-gers & plus maniables ; ils seront assez longs s'ils ont cinq à six pieds ; mais la grosseur n'est pas indifférente ; ne donnez pas moins de trois pouces de diametre à celui de ferblanc, &

Ibid. Fig. 16.

S ſ iv

donnez-en jusqu'à six ou sept à celui de carton.

Il est plus facile de faire ces tuyaux ronds & cylindriques, que de leur faire prendre toute autre figure ; mais comme il importe quelquefois qu'ils ne roulent point sur le support, qu'ils se tiennent constamment dans la situation où on les pose, vous attacherez en-dessous à dix-huit pouces près des extrémités, deux bandes plates sous lesquelles vous ferez toujours répondre les cordons des supports.

Le Ferblantier vous fournira des tuyaux de telles mesures qu'il vous plaira ; quant à ceux de carton, il faudra les faire vous-même : demandez chez un marchand Papetier, des cartons *en cinq* ; dressez-en les bords à la regle, & amincissez-les sur le bord d'une table avec un couteau bien aiguisé, de maniere qu'étant croisés l'un sur l'autre, ils ne fassent qu'une épaisseur semblable à celle du reste. Tournez les l'un après l'autre, sur un cylindre de bois, qui ait la longueur du carton pour le moins, & dont le développement soit d'un

pouce moins large que la feuille ;
attachez les bords l'un fur l'autre
avec de la colle de farine, & rete-
nez-les jufqu'à ce qu'ils foient fecs ,
avec un ruban de fil ; que vous
tournerez tout autour & d'un bout
à l'autre.

Préparez ainfi autant de cartons
qu'il en faudra , pour faire la longueur que vous voulez donner au
conducteur ; & joignez-les enfemble ,
après avoir aminci les bords comme
je l'ai dit ci-deffus : pour faire cette
jonction, vous tirerez-à moitié le
cylindre qui fert de moule, afin qu'il
fe trouve autant dans l'une que dans
l'autre partie que vous voulez joindre : vous affemblerez le refte de la
même maniere.

Cet affemblage étant fini & la colle étant feche, il faudra couvrir le
tout avec du métal ; quelque mince
qu'il foit il fuffira : ainfi vous pouvez vous contenter , de coller des
feuilles de papier doré fur la face
extérieure : je vous confeille d'en
mettre de différentes façons ; de couvrir, par exemple, toute la longueur
alternativement avec des feuilles do-

rées en plein, & avec d'autres dorées en petits deſſeins; ou bien de mettre d'un bout à l'autre les feuilles de la premiere eſpece, ſur la moitié du pourtour, & ſur l'autre moitié, des feuilles de la ſeconde eſpece.

Joubliois de dire, que pour contenir ce tuyau dans ſa rondeur, & pour le rendre propre à recevoir les pieces qui s'ajuſtent aux autres conducteurs, il faut faire préparer deux couvercles de ferblanc qui l'emboîtent par chaque bout, & au centre deſquels, il y ait une virole ſaillante de la groſſeur qui convient. Je dis la même choſe du tuyau de ferblanc.

Comme un cylindre maſſif de la longueur & de la groſſeur que je le ſuppoſe pour former le tuyau de carton, ſeroit lourd à manier & bien ſujet à ſe fendre, je vous conſeille de le faire creux, & de lui ménager un axe qui ſaille de trois ou quatre pouces par les deux bouts; vous prendrez pour cela deux plateaux de bois tournés, percés au centre & enfilés ſur un cylindre de douze à quinze lignes de diametre, à une diſ-

tance l'un de l'autre, qui foit égale
pour le moins à la longueur des
cartons que vous devez employer;
vous collerez & attacherez avec des
chevilles de bois, tout autour des
plateaux, des efpeces de douves, qui
s'étendent de l'un à l'autre, & qui
fe joignent enfemble à plat-joints
avec de la colle. Quand cette efpece de tambour fera ainfi préparé,
vous le préfenterez fur le-tour, pour
régler fon arrondiffement par quelques traits de gouge fur les bouts &
vers le milieu, & vous l'acheverez
avec un rabot un peu creux : voyez
la *Fig.*6. Je reviens à la vingt-unieme
expérience.

Vous pourrez faire les petites houpes avec du lin à filer, bien fin & bien
fouple. Vous en prendrez une très-petite pincée que vous plierez en deux
fur le milieu de fa longueur : vous
nouerez la partie *a*, *Fig.* 7. fur une ficelle, en faifant revenir les deux bouts
b par dedans, & vous ferrerez le nœud
en tirant ; vous efpacerez ces houpes
de trois en trois pouces, fur une ficelle affez longue pour tourner en
forme d'élice d'un bout à l'autre du

tuyau, où vous l'arrêterez avec un peu de cire molle ou autrement.

Vous ferez le cercle avec du gros fil de fer, dont les deux bouts repliés, seront liés ensemble avec du fil de laiton recuit, pour servir de manche. Vous y attacherez les houpes comme à la ficelle ; c'est assez qu'il ait quatorze à quinze pouces de diametre ; vous le tiendrez à la main pour le promener d'un bout à l'autre du tuyau.

Vingt-deuxieme Expérience.

Ibid. Pl. IV. Fig. 9 & 11.

Tout ce qui doit servir à cette expérience, & à celle qu'on propose dans les *observations*, a déja été employé pour les expériences qui ont précédé, & je n'ai rien laissé à dire, sur la construction des pieces, ni sur leur usage.

Vingt-troisieme, vingt-quatrieme & vingt-cinquieme Expériences.

XX. LEÇON. II. Section.

Le résultat de la premiere de ces trois expériences, est plutôt une observation que l'on peut faire, après avoir fait un long usage du même tube, du même globe ou du même conducteur.

Pour isoler le tube de la vingt-quatrieme expérience, ne le posez point sur un gâteau, ni sur une sellette, tenez le plutôt suspendu avec deux fils de soie, qui ne soient point humides.

Suivez exactement ce que jai dit sur la vingt-cinquieme expérience.

Vingt-sixieme & vingt-septieme Expériences.

COMME il est dangereux de faire aboutir une grosse barre de fer à une petite distance de la surface du globe, vous pourrez mettre en place du petit entonnoir L, *Pl. XIX.* une piece platte de ferblanc dont le bord soit un peu concave, pour s'accommoder mieux à la courbure du globe. Cette piece garnie comme les autres d'un bout de tuyau, se joindra à la piece K, & s'abaissera à six ou sept lignes de distance du verre. Un conducteur de grand volume est préférable à un autre, dans cette occasion.

Quant à la derniere expérience, si on est outillé comme je l'ai prescrit pour les expériences précédentes, on aura tout ce qu'il faut pour celle-ci.

Ibid.

AVIS

Concernant la VINGT-UNIEME LEÇON.

FAITS DE LA PREMIERE CLASSE.

Cinquieme Fait.

XXI.
LIÇON.
III. Section.
Art. I.

Pour examiner ce fait, vous vous munirez d'un tube de verre qui s'électrise aisément, & d'un bâton de la meilleure cire d'Espage rouge, qui soit cylindrique & qui ait au moins un pied de longueur sur un pouce de diametre.

Vous plierez un tube de barometre, de maniere que les deux parties fassent un angle droit, & vous donnerez à chacune quatorze à quinze pouces de longueur : si vous ne sçavez pas plier le tube, vous en prendrez deux que vous joindrez en équerre avec de la cire d'Espagne ou autrement : vous éleverez verticalement l'une des deux branches sur un pied à patte, ou sur un chandelier, en mettant dans la bobeche un bouchon de liege dans lequel vous

ferez un trou pour recevoir le tube;
& vous ferez pendre au bout de
l'autre branche, un fil de foie très-
fin, avec une petite feuille de cuivre battu, ou avec un duvet de plume;
voyez la *Fig.* 8.

Communiquez l'électricité à ce petit corps ifolé, avec le tube nouvellement frotté, & auffitôt après,
préfentez-lui le bâton de cire d'Efpagne électrifé.

Il faut faire cette expérience plufieurs fois de fuite, & en différents
temps; chaque fois qu'on la recommence, il faut avoir foin de défélec-
trifer le corps ifolé, en le touchant
avec la main; & fi vous n'êtes point
feul, ayez foin que le tube & le
bâton de cire d'Efpagne ne foient
point frottés par la même main.

Huitieme Fait.

L'EXPÉRIENCE d'Hauxbée dont il *Ibid. Fig.*
eft ici queftion, fe fait avec un 19.
globe de verre garni comme les autres d'une poulie à l'un de fes poles, & d'un couvercle de bois à l'autre pour recevoir la pointe de la
poupée : mais comme il faut introduire au centre, une petite rondelle

de métal garnie de fils menus tout
autour, il eſt néceſſaire qu'à l'un
des poles il y ait un bouchon de
bois dur qui ſe mette à vis, & qui
porte un fil de fer gros comme une
petite plume à écrire, au bout duquel vous attacherez la rondelle.
Plus cette rondelle ſera large,
moins les fils ſeront ſujets à ſe tor-
tiller en tournant avec le globe, ce
qui eſt un inconvénient ; vous choi-
ſirez donc les goulots les plus larges que vous pourrez trouver, & vous
tiendrez le bouchon de la garniture
auſſi gros que l'ouverture du verre :
prenez pour cette expérience un
globe qui n'ait que ſept à huit pouces de diametre ; ayez ſoin que les
fils ſoient bien flexibles, qu'il n'y
en ait qu'un petit nombre, comme
cinq ou ſix autour de la rondelle, &
que leur longueur n'excéde pas deux
pouces & demi.

Soutenez avec quelque ſupport à
ſept à huit pouces de diſtance, au-
deſſus de l'équateur de ce globe, un
arc que vous ferez avec du gros fil
de fer, & que vous garnirez auſſi
de quelques fils pareils aux précédents.   Onzieme

Onzieme Fait.

Sɪ vous faites cette expérience ɪbid. en plein air , dans un jardin par exemple, vous pourrez vous servir du cordeau du Jardinier , & en joindre plusieurs ensemble, si vous voulez : vous planterez des piquets deux par deux à vingt-cinq pieds de distance les uns des autres dans une même direction ; vous ferez porter à chaque paire de piquets par en haut, une ganse ou un gros fil de soie qui ne soit point humide, & que vous tendrez de l'un à l'autre. Vous commencerez par isoler le bout du cordeau avec un cordon de soie de quinze ou dix-huit pouces de longueur, que vous attacherez à quelque point fixe ; ensuite vous étendrez le cordeau de toute sa longueur , sur les ganses des piquets, & vous laisserez pendre le dernier bout de la longueur d'un pied ou environ , avec quelque masse électrisable, qui le tienne tendu ; un poid de métal , par exemple, une boule de bois mouillée , ou couverte de papier doré , &c.

La corde peut changer de direc-

tion, autant que vous voudrez, mais
à chaque angle que vous lui ferez
faire, vous aurez foin de l'attacher
au point fixe avec un cordon de
foie qui la tienne ifolée. Et comme
le vent en plein air, pourroit dif-
fiper les corps légers que vous préfenterez à la boule pendente, pour
faire voir que l'électricité eft par-
venue à elle, vous aurez la précaution de la faire aboutir dans un lieu
couvert; & puifque l'expérience réuffit également bien quoique la corde
faffe des retours, le bout qui recevra l'électricité, & celui qui doit
l'exercer fur les corps légers, peuvent
être dans le même lieu, vous ferez
fortir la corde par une croifée, &
vous la recevrez par une autre.

Cette communication de la vertu
électrique, par des conducteurs fort
longs, réuffit encore mieux avec des
chaînes de métal; & vous en pourrez faire qui feront très-propres à
cet ufage, en joignant enfemble des
gros fils de fer de deux pieds de longueur; il faudra former avec une
pince ronde, une boucle à chacune
de leurs extrémités, & les affem-

bler avec des S fermées de même
métal, *Fig. 9.*

Treizieme & quatorzieme Faits.

LES expériences qui prouvent
ces deux faits, ne sont point de
nature à pouvoir se faire dans une
Leçon à cause du temps qu'elles exigent ; ceux de mes Lecteurs qui se
proposeront de les répéter, ou de
les augmenter par de nouvelles
épreuves, auront la bonté de consulter les Ouvrages où je les ai détail-
lées, & que j'ai cités dans les *Leçons
de Physique*, Tome 6. pag. 447.

Quinzieme Fait.

POUR essayer les attractions dans
le vuide, vous placerez sur la platine de la machine pneumatique,
une feuille de ferblanc arrondie, de
six pouces de diametre, bien essuyée
& couverte de fragments de cuivre
battu ; vous mettrez par-dessus un
récipient un peu plus large & garni
par en-haut d'une boîte à cuirs,
dont la tige portera une grosse pomme, ou une boule de bois couverte
de papier doré. Vous ferez abou-

T t ij

-tir le conducteur directement au-
deſſus de l'anneau qui termine la
tige de la boîte à cuirs, & vous
les joindrez enſemble par une S de
gros fil de fer. Vous commencerez
par faire le vuide, & enſuite vous
ferez frotter le globe pour communiquer l'électricité.

Vous répéterez la même expérience, en mettant à la tige de la
boîte à cuirs, au lieu d'une pomme,
une petite bouteille à médecine,
remplie d'eau juſqu'aux deux tiers
de ſa capacité, & bouchée avec
du liége, en faiſant paſſer la tige
à travers le bouchon, & en la faiſant plonger dans l'eau de la bouteille.

Vous pourrez encore eſſayer les
attractions & répulſions dans e vuide,
pour les comparer à celles qui ont
lieu dans l'air libre, en ſuſpendant
une petite feuille de cuivre battu
avec un fil de ſoie, dans l'axe d'un
récipient de quatre pouces de diametre, & en approchant de ce vaiſſeau un tube de verre nouvellement
frotté; il faut répéter pluſieurs fois
ces expériences pour être ſûr du ré-
ſultat.

FAITS DE LA SECONDE CLASSE.
Quatrieme Fait.

Je fais voir ce fait dans les Ecoles,
en appliquant sur le corps de quelqu'un des Auditeurs, un lez de ces
étoffes dans le tissu desquelles on fait
entrer des lames de clinquant, & dont
on habille les poupées des enfants.

Vous pourrez encore attacher avec
un peu de cire molle sur une bande
de verre ou sur une ardoise, des
bouts de gros fil de 'er, dans la même
direction, & contigus les uns aux
autres sans se toucher tout à-fait ;
quand vous présenterez celui d'en
haut au conducteur pour le faire
étinceler, ayez soin que votre doigt
soit tout près de celui d'en bas.
Fig. 10.

Vous aurez encore un fait de cette
espece, si vous électrisez le conducteur de carton couvert de papier doré, & que vous présen-
tiez avec la main, une pointe de fer
à sept à huit pouces de distance de
l'endroit, où le conducteur est re-
vêtu de papier doré à petit dessein.

S'il vous prend envie d'exécuter ce que j'ai proposé à la suite de ce Fait, *Leçons de Physique , Tome VI , page 468* , ne vous conformez point à la *Fig.* 19 : le Graveur l'a faite en mon absence, & n'a point rendu mon intention : cette faute relevée par un de mes amis, m'a donné occasion de chercher & de donner les moyens, de conduire à coup sûr les feux électriques sur toutes sortes de desseins, & de les rendre par de petites illuminations, qui sont charmantes à voir dans l'obscurité : *Voyez les Mémoires de l'Académie Royale des Sciences de* 1766 , & la troisieme partie de mes *Lettres sur l'Electricité , page* 274 *& suiv.*

Quand à la fleur-de-lys dont il s'agit à la suite du quatrieme fait, voici la vraie maniere de la préparer. Dessinez une fleur-de-lys par un simple trait continu sur un quarré de papier , comme *pppp , Fig.* 11. qui ait environ sept pouces de longueur, sur cinq de largeur. Attachez dessus avec quatre grains de cire molle que vous mettrez aux angles , un carreau de verre de Bohême un peu épais. Ayez une feuille de cet étain dont les Miroitiers se servent pour mettre derriere les glaces, & coupés-en des petits quarrés semblables aux notes du plain-chant. Attachezen sur le verre avec de la colle de poisson, en suivant le dessein qui est dessous, & en mettant les angles contigus les uns aux autres, sans pourtant qu'ils se touchent absolument. Quand vous aurez ainsi suivi la moitié du dessein de haut en bas, vous marquerez avec de l'encre, l'autre moité du dessein sur le verre, & vous le détacherez de dessus le papier.

Vous retournerez le verre sur un papier blanc, afin de mieux voir le trait, que vous suivrez en collant de petits quarrés d'étain; de sorte que la fleur-de-lys tracée par ce métal, sera moitié sur une face, moitié sur l'autre du verre. Sur chacune des faces du verre, vous ajouterez une bande d'étain *A* & *B*, de deux ou trois lignes de largeur qui s'étende depuis le bord du carreau, qu'elle embrassera, jusqu'au premier quarré qui commence le dessein; vous ajouterez encore par en bas, une petite bande de ce même étain *o*, taillée en pointe par les deux bouts, qui embraffe le bord du carreau, & qui lie pour ainfi dire enfemble, les deux moitiés de la fleur-de-lys.

Quand toutes ces pieces feront attachées, il faudra enlever la colle fuperflue, avec un linge fin & mouillé, de maniere qu'il ne refte rien au pourtour des pieces, & que le refte du verre foint bien effuyé : cette propreté eft effentielle, pour le fuccès.

Pour faire ufage de ce tableau, vous le prendrez en *B* avec les deux doigts, & vous préfenterez la partie *A*, au bout d'un conducteur bien électrifé ; autant vous ferez naître d'étincelles en cet endroit, autant il en paroîtra aux pointes des quarrés.

Sixieme Fait.

Ibid. Pl. II.
Fig. 20, 21.
& 22.

APRÈS avoir rapporté l'expérience de Leyde fuivant la maniere dont elle a été faite d'abord, je propofe de la répéter en employant deux perfonnes, au lieu d'une, qui communiquent enfemble par un tub de verre

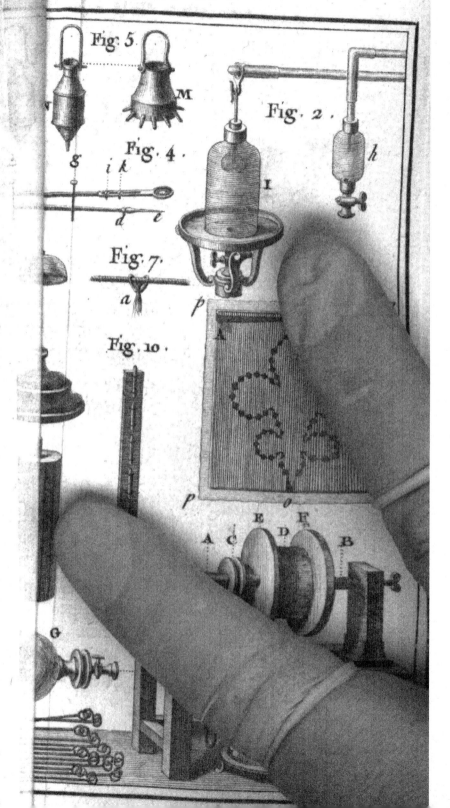

Fig. 5.

M

Fig. 4.

g i k

d e

Fig. 2.

h

I

Fig. 7.

a

p

Fig. 10.

A

P o

E F

A C D B

G

verre rempli d'eau : vous choisirez pour cela un tube gros comme le doigt & d'un pied de longueur : vous le boucherez par les deux bouts avec du liege & par-deffus, une virole de métal garnie d'un fond , au centre duquel foit foudé un gros fil de métal de deux pouces de longueur , qui traverfera le bouchon , & qui s'avancera de huit à dix lignes dans l'eau du tube.

L'expérience avec les deux œufs cruds qui vient enfuite, fe fera plus aifément, fi la perfonne qui doit tirer l'étincelle eft ifolée, qu'elle tienne d'une main le bout du conducteur, & qu'elle approche l'œuf quelle tient, de celui que lui préfente l'autre perfonne qui porte la bouteille.

Septieme Fait.

ESSAYEZ l'expérience de Leyde *Ibid.* avec une taffe à caffé de porcelaine, avec un flacon de cryftal-deroche, fi vous pouvez vous le procurer, ou avec un de ces petits pots bruns dans lefquels on envoye à Paris le beurre de Bretagne & celui de Normandie ; & elle vous réuffira.

Lifez attentivement toutes les remarques que j'ai mifes à la fuite des
deux faits précédents. Si vous vous
fervez d'une bouteille , prenez de
celles dont les Apoticaires fe fervent pour envoyer les potions mé-
dicinales aux malades , mettez-y de
l'eau jufqu'à la naiffance du col ; ajuf-
tez-y un bouchon de liege percé avec
un poinçon fuivant fa longueur ;
faites paffer au travers, un gros fil de
fer qui plonge dans l'eau , & formez
à l'autre bout un crochet pour pouvoir l'attacher au conducteur : avec
une bouteille , bien effuyée & bien
fechée en dehors , vous pourrez
faire voir que quand elle eft fimplement fufpendue au conducteur , &
ifolée comme lui , elle ne laiffe pas
de s'électrifer , mais moins , & plus
lentement , que quand elle eft tou-
chée par la main d'un homme non
ifolé.

Ibid. Fig.
23.
Il eft bon d'avoir auffi pour l'expérience de Leyde quelques bouteilles couvertes en dehors d'une feuille
de métal ; comme la figure n'entre
pour rien dans les effets, vous choifirez pour cela une bouteille ou un

vafe qui foit à-peu-près cylindrique ;
& vous couvrirez la partie qui doit
contenir l'eau, d'une feuille d'étain
très-mince , que vous ferez tenir
avec de la colle de poiffon.

On fait auffi très-bien l'expérience de Leyde avec un carreau
de verre enduit de métal par les
deux côtés, en réfervant un bord
nûd de deux pouces de largeur tout
au tour. Choififfez pour cela un verre
de bohême de moyenne épaiffeur ,
bien droit , de quatorze ou quinze
pouces de long fur un pied de large ;
paffez de la bierre deffus avec un
pinceau , & arrangez-y de ces feuilles de cuivre battu , qui fe vendent
par livrets chez les Clinquaillers , &
dont les Verniffeurs font ufage pour
dorer les ouvrages communs ; elles
ne manqueront pas de fe plifer ,
mais faites couler deffous de la bierre,
que vous mettrez fur la partie nue
du verre avec un pinceau, en inclinant un peu le carreau de verre ;
cela vous donnera la facilité de les
étendre fans les déchirer , & vous
les laifferez fécher ; après quoi vous

V v ij

enduirez de même l'autre face du verre.

Vous tirerez tout au tour de part & d'autre un trait à la regle, à deux pouces de diftance du bord ; vous enléverez avec un pinceau mouillé le fuperflu du métal, & vous effuyerez bien les parties du verre ou il n'y en a point.

Si vous trouvez trop de difficulté à manier ces feuilles de cuivre, pour les arranger & les étendre ainfi ; mettez en leur place une feuille d'étain, avec de la colle de poiffon très-claire.

Ibid. Fig. Quand vous voudrez percer un
25. morceau de carton ou un cahier de papier à lettres avec le feu électrique, & faire voir que dans l'expérience de Leyde, il y a deux traits de matiere enflammée qui agiffent en fens contraires l'un de l'autre ; vous placerez votre carreau de verre, fur un fupport de métal qui fera ifolé ; fur une platine de cuivre, par exemple, de trois ou quatre pouces de diametre qui aura une tige de même métal, & que vous ferez porter à l'aide

d'un bouchon de liege, par une bouteille à vin bien seche en dedans &
en dehors ; vous ferez communiquer
cette platine, par un bout de chaîne,
avec le premier conducteur. Vous
placerez votre morceau de carton ou
votre cahier de papier au milieu de
la face supérieure du verre ; vous
appuyerez dessus l'arc conducteur,
qui sera fait d'un gros fil de fer tourné en volute par les deux bouts, &
vous ferez agir le globe ; quand vous
verrez étinceler le métal qui enduit le verre, ou que vous appercevrez des franges de matiere en-
flammées aux bords de ce métal,
vous approcherez brusquement le
bout supérieur de l'arc, vers la chaîne, ou vers le conducteur, sans le
toucher, & alors vous aurez ce qu'on
appelle l'étincelle *foudroyante* ; il
y aura au carton un ou deux trous,
dont les bavures seront en sens contraires les unes des autres.

Lorsque vous aurez fait des expériences avec ce carreau, ne l'enlevez pas en touchant le métal, par-
dessus & par-dessous ; car il pourroit être encore chargé, & il vous

pinceroit d'une façon très-doulou-
reuse ; il n'y a aucun danger à le
toucher par les bords qui font nuds.

Enfin quand l'électricité fera un
peu forte, vous ferez fort bien l'expérience de Leyde, en touchant d'une
main le matras vuide d'air, & électrifé , dont j'ai parlé *pag.* 476 , &
en tirant une éteincelle du conducteur avec l'autre main.

Huitieme & neuvieme Faits.

XXI.
LEÇON.
III. Section.
Art. II.

LES expériences d'où réfultent
ces deux faits, fe font mieux avec
des globes de fept à huit pouces de
diametre qu'avec de plus grands.
Mais comme il faut y faire le vuide,
il eft néceffaire que l'un des deux
goulots foit bouché à demeure, avec
un tampon de liege & du maftic
fondu par-deffus. Il eft pareillement
indifpenfable qu'il y ait à l'autre goulot un bon robinet, qui s'adapte à
la machine pneumatique , & dont
l'orifice fe bouche enfuite avec une
vis à tête large , au centre de laquelle il y ait un creux pour recevoir la
pointe de la poupée, & que le tout
foit bien centré pour tourner ron-

dement. *Voyez la Fig.* 3. à la lettre G.

La poulie du globe simplement dégrossie sera donc montée sur une virole de cuivre dont le fond restera à découvert ; vous chercherez sur ce fond le centre de la rotation du globe, quand la virole sera mastiquée au goulot, en présentant la pièce entre les deux pointes du tour : là vous percerez & tarauderez le trou qui recevra le robinet ; vous l'y placerez avec un anneau de cuir interposé, pour empêcher que l'air ne puisse entrer ni sortir par cette jonction ; vous fermerez l'orifice du robinet avec la vis dont j'ai parlé, & vous y marquerez le centre de la rotation, que vous creuserez avec un foret qui fasse une cavité conique ; après quoi vous acheverez de tourner la poulie, & le bois qui recouvre l'autre goulot.

Un de ces deux globes doit être enduit de cire d'Espagne en dedans, & c'est par là qu'il faut commencer avant de garnir ses poles. Ayant donc bouché avec du liege l'un de ses deux goulots, vous ferez entrer par l'autre, trois ou quatre onces de

bonne cire d'Espagne concassée &
non pulvérisée : vous présenterez le
verre au-dessus d'un réchaud plein
de charbons allumés, en le faisant
tourner lentement pour l'échauffer
par-tout également, & en tenant le
goulot bouché plus bas que l'autre,
afin que la cire en se fondant, n'en-
duise pas le globe beaucoup au de-
là de son équateur ; quand vous appercevrez que toute la cire est fondue, vous cesserez de la chauffer,
mais vous continuerez de tourner le
globe jusqu'à ce que tout soit réfroi-
di, en relevant un peu plus le goulot bouché ; & vous ferez en sorte ;
que l'enduit soit autant qu'il sera
possible, d'une égale épaisseur par-
tout & qu'il s'avance de deux bons
travers de doigts au-delà de l'équateur, vers le goulot ouvert : le reste
se fera comme je l'ai dit ci-devant.

Il ne sera pas nécessaire de faire
tourner, le globe non enduit, pour
le rendre lumineux en dedans : vous
pourrez même vous en épargner la
dépense, car vous aurez le même
effet avec un matras mince purgé
d'air, & scellé hermétiquement.

Onzieme Fait.

AU LIEU d'un couſſin attaché avec deux bouts de chaîne aux deux poupées, pour frotter contre le globe, il ſera plus ſimple & plus commode de faire frotter le verre d'une main par un homme iſolé, & de lui faire tenir un fer pointu dans l'autre main, ou de faire ſortir cette pointe de ſa perruque ou de ſes cheveux, s'il eſt néceſſaire qu'il frotte avec les deux mains.

Ibid. Pl. III. Fig. 26. B.

Treizieme Fait.

VOUS vous ſervirez dans cette expérience, d'un conducteur qui ait ſix à ſept pieds de longueur, & des extrêmités duquel vous ferez deſcendre ſur chaque globe, une chaîne de fer dont le dernier anneau ſoit de part & d'autre à huit ou dix lignes de diſtance de l'équateur; vous placerez ſur le milieu du conducteur, un fil de cotton dont les deux bouts pendent librement, & parallélement, de la longueur d'un pied ou environ.

Ibid. Fig. 26. G, H.

Il ne ſera pas néceſſaire que vous ayiez deux machines électriques; il

suffira que l'un de vos deux globes ait
une poulie à deux gorges paralléles;
il communiquera par une corde sans
fin, de soie, son mouvement à l'autre,
qui sera assujetti avec ses poupées sur
un banc quelconque; il est à propos
que les gorges des poulies soient
égales en diametre, & que les deux
globes, celui de soufre & celui de
verre, soient à-peu-près de même
grandeur; il faudra répéter plusieurs
fois cette expérience, & que les deux
personnes qui frottent, passent alternativement d'un globe à l'autre.

Voilà de quoi guider les personnes qui ne voudront que répéter les
expériences des deux dernieres Leçons; celles qui voudront en faire
davantage pourront consulter, mon
Essai sur l'Electricité des Corps ; mes
*Recherches sur les causes particulieres des
phénomenes électriques*, & mes *Lettres
sur l'Electricité :* toutes les manipula
tions y sont expliquées, & rendues
par des figures gravées, d'après lesquelles il sera aisé de préparer les
expériences.

Fin du Tome Troisieme.

FAUTES A CORRIGER.

Tome Troisieme.

Page.	Ligne.	au lieu de	lisez.
14,	17,	ces.	ses.
83,	16,	après le mot opération, mettez :
92,	21,	u.	v.
103,	en marge,	Pl. I.	Pl. II.
108,	11,	C.	G.
109,	16,	sous.	sur.
212,	20,	l'extérieur.	l'intérieur.
213,	8,	K.	k.
214,	21,	R.	r.
249,	2,	disposées.	supposé.
282,	12,	travaillé.	travaillés.
328,	9,	un fort.	une forte.
Ibid.	10,	placé.	placée.
Ibid.	11,	un.	une.
351,	16,	quel.	qu'il.
Ibid.	17,	toutes.	toute.
359,	10,	ternir.	tenir.
364,	28,	um.	une.
366,	12,	opposés.	opposées.
369,	2,	après Pl. XVII.	ajoutez Fig. 2.
394,	13,	Fig. N.	Fig. 4.
461,	7,	l'un.	l'une.
469,	21,	continuez.	continuerez.
485,	23,		ôtez le mot sur.

❋❋❋❋❋❋❋❋❋❋❋❋❋❋❋❋❋❋❋❋❋❋❋❋

TABLE
DES MATIERES

Contenues dans le troisieme Volume.

TROISIEME PARTIE.

CONTENANT des Avis particuliers sur les Expériences des Leçons de Physique.

Suite des Avis sur la dixieme Leçon.

SEPTIEME Expérience de la premiere Section, page 1.
Fontaine d'Heron en verre. 2.
Pompe à réfervoir d'air. 4.
Machine à condenfer l'air. 10.
Huitieme expérience. 20.
Fontaine de dilatation. ibid.
Neuvieme expérience. 21.
Thermométre d'air. ibid.
Dixieme & onzieme expériences. 22.
Animaux dans le vuide. ibid.
Ventilateurs. 26.
Douzieme & treizieme expériences. 27.
Différentes manieres de tenter des inflammations dans le vuide. idid.
Quatorzieme expérience. 31.

Quinzieme & seizieme expériences. 33.

Ebullitions dans le vuide. 34.

Dix-septieme & dix-huitieme expériences. 35.

Air régénéré *ibid.*

Dix-neuvieme & vingtieme expériences. 36.

Avis concernant la onzieme Leçon.

Avis sur l'Article I. de la seconde Section. 37.

Avis sur l'Article II. de la seconde Section. 39.

Premiere expérience. *ibid.*

Seconde expérience. 41.

Troisieme expérience. 42.

Réveil dans le vuide. *ibid.*

Quatrieme expérience. 43.

Réveil à plonger dans l'eau. *ibid.*

Cinquieme expérience. 47.

Sonnette dans l'air comprimé. *ibid.*

Le porte-voix. 49.

Oreille artificielle. 51.

Cornets acoustiques. *ibid.*

Sixieme expérience. 52.

Le sonométre, *ibid.*

Machines pour connoître la direction & la force du vent. 60.

Avis concernant la douzieme Leçon.

Avis sur la premiere Section. 64.

Premiere expérience. *ibid.*

Seconde expérience. 65.

Troisieme expérience. 69.

Digesteur ou machine pour amolir les os. *ibid.*

Quatrieme, cinquieme & sixieme exp. 82.

Avis sur la seconde Section. 83.

Septieme expérience. Vapeur dilatée. *ibid.*

Huitieme expérience. Éolipyle à recul. 85.

La pompe à feu. 87.

Éolipyle à jet de feu. 97.

Avis sur la troisieme Section. 98.

Premiere, deuxieme & troisieme exp. *ibid.*

Avis concernant la treizieme Leçon.

Avis sur la seconde Section. 100.

Premiere expérience. *ibid.*

Seconde expérience. 101.

Troisieme expérience. *ibid.*

Machine pour enflammer le bois par frottement. 102.

Quatrieme expérience. 103.

Cinquieme expérience. *ibid.*

Moyens de faire voir la pénétration de l'eau
dans l'esprit-de-vin. 104.

Sixieme expérience. 105.

Inflammation des huiles essentielles. *ibid.*

Septieme expérience. 106.

Inflammation par la chaux vive. 107.

Huitieme expérience. *ibid.*

Machine pour faire voir comment les miroirs
concaves rassemblent les rayons solaires.
108.

Neuvieme expérience. 110.

Dixieme expérience. 111.

Lentille d'eau propre à rassembler les rayons
du soleil. 112.

Lentille de glace, propre au même effet. 115.

Miroirs concaves de cartons dorés. 116.

Miroirs de plâtre dorés. 124.

*Avis concernant la quatorzieme
Leçon.*

Avis sur la troisieme Section. 126.

Premiere expérience. Dilatation du verre.
ibid.

Seconde expérience. Dilation des métaux. 128.

Pyrométres, de deux sortes. *ibid.*

Machine, pour faire voir qu'un instrument à
cordes se dérange par le froid & par le

chaud, quand ses cordes sont faites de différentes métaux. 144.

Troisieme expérience. 145.

Thermometres d'esprit-de-vin, & de mercure en grand & en petit, selon les principes de M. de Reaumur. 146.

IV, V, VI, VII, & VIII, expériences. 186.

Avis sur la quatrieme Section. 188.

Premiere expérience. ibid.

Fourneau ou alembic de lampe. 189.

Seconde expérience. 201.

Troisieme expérience. 202.

Refroidissements artificiels. ibid.

Larmes de verre, moyens de les éprouver dans le vuide. 204.

Avis concernant la quinzieme Leçon.

Avis sur la premiere Section. 206.

Premiere, seconde & troisieme expér. ibid.

Machine pour prouver qu'un corps élastique peut recevoir en même temps dèux mouvements avec des directions différentes & les transmettre à des corps semblables. 207.

Avis sur l'Article. I. de la seconde Section. 09.

Premiere expérience. Sur les mouvements directs de la lumiere ibid.

Appareil pour les expériences sur la lumiere. ibid.

Seconde expérience. 204.

Nouvel appareil, pour cette expérience. ibid.

Troisieme expérience. 230.

Quatrieme expérience. 232.

Œil de veau préparé, pour faire voir au fond, les objets extérieurs. 233.

Moyen de faire voir les objets extérieurs dans une chambre privée de lumiere. 234.

Avis concernant la seizieme Leçon.

Avis sur l'Article II. de la seconde Section. 235.

Premiere expérience. *ibid.*

Appareil pour les expériences de catoptrique. *ibid.*

Seconde, troisieme & quatrieme exp. 240.

Machine composée de deux miroirs plans qui se joignent à angle droit. 242.

Miroir prismatique & ses cartons. 244.

Miroir pyramidal quarré & ses cartons. 253.

Cinquieme, sixieme & septieme expér. 257.

Miroirs sphériques convexes, de deux sortes. 258.

Huitieme, neuvieme & dixieme expér. *ibid.*

Effet curieux du miroir concave. 262.

Miroirs cylindrique, & conique. 263.

Maniere de construire ces miroirs, & de dessiner leurs cartons. 264.

Avis sur l'Article III. de la seconde Section. 270.

Premiere expérience. *ibid.*

Appareil pour les expériences de dioptrique. *ibid.*

Seconde expérience. 272.

Troisieme expérience. 274.

Quatrieme expérience. 275.

Verres à facettes. 276.

Cinquieme, sixieme & septieme expér. *ibid.*

Bocal sphérique, maniere de l'employer. 277.

Verres lenticulaires, leurs montures. 278.

Effets curieux du verre lenticulaire. *ibid.*

Huitieme, neuvieme & dixieme expér. 279.

Verre concave, maniere de démêler ses effets. 280.

Avis concernant la dix-septieme Leçon.

Avis sur l'Article I. de la troisieme Section. 281.

Premiere expérience. *ibid.*

Appareil pour les expériences des couleurs prifmatiques. *ibid.*

Seconde & troifieme expériences. 283.

Quatrieme expérience. *ibid.*

Cinquieme expérience. 284.

Sixieme expérience. 285.

Septieme expérience. 286.

Huitieme, neuvieme & dixieme expér. *ibid.*

Onzieme expérience. 287.

Différentes manieres d'imiter l'arc-en-ciel *ibid.*

Avis fur l'art. II. de la troifieme Sect. 288.

Premiere expérience. *ibid.*

Seconde expérience. 289.

Troifieme & quatrieme expérience. *ibid.*

Avis fur l'Art. I. de la quatrieme Section. 290.

Premiere expérience. *ibid.*

L'œil artificiel. *ibid.*

Maniere de diffequer l'œil de Bœuf ou de Veau. 293.

Anneau fufpendu, pour prouver que le croifement des axes optiques, nous aide à juger de la diftance de l'objet, quand elle n'eft pas bien grande. 295.

Lunette à mettre fur le nez, tant concaves que convexes. 296.

Chambres obfcures, polémofcopes. 297.

Curiofités, perfpectives, optiques. 305.

Télefcopes & lunettes d'approche. 308.

Lunettes achromatiques. 309.

Microfcopes fimples & compofés. 312.

Lanternes magiques, à la lampe & au foleil 339.

Maniere de peindre les bandes de verre pour la lenterne magique. 345.

Figures à mouvements pour la lanterne magique. *ibid.*

Microfcope folaire. 351.

Tome III.   X x

Préparation des objets pour le microscope solaire. 358.

Avis concernant la dix-huitieme Leçon.

Avis sur la premiere Section. 361.

Premiere opération du planétaire. *ibid.*

Construction du planétaire. *ibid.*

Seconde opération du planétaire. 399.

Troisieme opération du planétaire. 400.

Quatrieme opérarion du planétaire. 402.

Cinquieme opération du planétaire. 403.

Sixieme opération du planétaire. 404.

Septieme & huitieme opération du planétaire. 407.

Avis sur la seconde Section. 414.

Neuvieme opération du planétaire. *ibid.*

Avis concernant la dix-neuvieme Leçon.

Premiere & seconde expériences. 418.

Troisieme & quatrieme expériences. 424.

Cinquieme expérience. 428.

Sixieme expérience. 431.

Boussole des marins, ou compas de mer 433.

Aiguille d'observation. 440.

Septieme expérience. 442.

Huitieme, neuvieme & dixieme expér. 443.

Avis concernant la vingtieme Leçon.

Avis sur l'article I. de la premiere Section. 445.

Premiere & seconde expériences. *ibid.*

Machines de rotation pour les expériences électriques. 448.

Supports pour les conducteurs. 460.

Conducteur assorti de différentes pieces 462.

Troisieme, quatrieme & cinquieme expér. 463.

Sixieme, septieme & huitieme expér. 465.

Neuvieme expérience. 466.

Avis sur l'article II. de la premiere Section. ibid.

Premiere & seconde expériences, *ibid.*

Troiſieme expérience. *ibid.*

Différentes manieres d'iſoler les corps qu'on veut électriſer. *ibid.*

Avis ſur l'article III. de la premiere Section. 471.

Quatrieme, cinquieme, ſixieme, ſeptieme & huitieme expériences. 475.

Avis ſur la ſeconde Section. 478.

Premiere, ſeconde & troiſieme expér. *ibid.*

Quatrieme, cinquieme & ſixieme expér. *ibid.*

Septieme & huitieme expériences. 479.

Conſtruction des globes & cylindres de ſoufre. *ibid.*

Neuvieme & dixieme expériences. 484.

Onzieme expérience. *ibid.*

Douzieme & treizieme expériences. *ibid.*

Quatorzieme expérience. 485.

Quinzieme & ſeizieme expériences. 486.

Dix-ſeptieme, dix-huitieme & dix-neuvieme expériences. *ibid.*

Vingtieme expérience. *ibid.*

Vingt-unieme expérience. 487.

Conſtruction des conducteurs de grand volume. 489.

Vingt-deuxieme expérience. 492.

Vingt-troiſieme, vingt-quatrieme & vingt-cinquieme expériences. *ibid.*

Vingt-ſixieme & vingt-ſeptieme expér. 493.

Avis concernant la vingt-unieme Leçon.

Faits de la premiere claſſe, cinquieme Fait. 494.

Huitieme fait. 495.

Onzieme fait. 497.

Treizieme & quatorzieme faits. 499.

Quinzieme fait. *ibid.*

Faits de la ſeconde claſſe, quatrieme fait. 501.

Sixieme fait. 504.

524 **TABLE**

Septieme fait. 505.
Huitieme & neuvieme faits. 510.
Onzieme fait. 513.
Trezieme fait. *ibid.*

Fin de la Table du troisieme Volume.

EXTRAIT DES REGISTRES
de l'Académie Royale des Sciences.

Du 2 Septembre 1769.

Mr. BRISSON & moi, qui avions été nommés pour examiner un ouvrage de M. l'Abbé NOLLET, intitulé : *Art des Expériences, ou Avis aux Amateurs de la Physique, sur le choix, la construction & l'usage des Instruments, sur la préparation & sur l'emploi des Drogues qui servent aux Expériences* ; en ayant fait notre rapport, l'Académie a jugé cet Ouvrage digne de l'impression ; en foi de quoi j'ai signé le préfent Certificat. A Paris, le 2 Septembre 1769.

GRANDJEAN DE FOUCHY,
Secretaire perpétuel de l'Académie Royale des Sciences.

PRIVILEGE DU ROI.

LOUIS, par la grace de Dieu , Roi de France & de Navarre, à nos amés & féaux Conseillers , les Gens tenans nos Cours de Parlement , Maîtres des Requêtes ordinaires de notre Hôtel , Grand - Conseil , Prévôt de Paris , Baillifs , Sénéchaux , leurs Lieutenant Civils , & autres nos Justiciers qu'il appartiendra : SALUT. Nos bien-amés LES MEMBRES DE L'ACADÉMIE ROYALE DES SCIENCES de notre bonne Ville de Paris , Nous ont

fait exposer qu'ils auroient besoin de nos
Lettres de Privilege pour l'impression de leurs
Ouvrages: A CES CAUSES, voulant favo-
rablement traiter les Exposants, Nous leur
avons permis & permettons par ces Présentes,
de faire imprimer par tel Imprimeur qu'ils
voudront choisir, toutes les Recherches ou
Observations journalieres, ou Relations an-
nuelles de tout ce qui aura été fait dans les
Assemblées de ladite Académie Royale des
Sciences, les Ouvrages, Traités ou Mémoires de chacun des Particuliers qui la compo-
sent, & généralement tout ce que ladite
Académie voudra faire paroître, après avoir
fait examiner lesdits Ouvrages, & qu'ils seront
jugés dignes de l'impression, en tels volumes,
forme, marge, caracteres, conjointement ou
séparément, & autant de fois que bon leur
semblera, & de les faire vendre & débiter par
tout notre Royaume, pendant le temps de
vingt années consécutives, à compter du jour
de la date des Présentes; sans toutefois qu'à
l'occasion des Ouvrages ci-dessus spécifiés, il
puisse en être imprimé d'autres qui ne soient
pas de ladite Académie: Faisons défenses à
toutes sortes de personnes, de quelque qualité
& condition qu'elles soient, d'en introduire
d'impression étrangere dans aucun lieu de notre obéissance; comme aussi à tous Libraires
& Imprimeurs d'imprimer ou faire imprimer,
vendre, faire vendre, & débiter lesdits Ouvrages, en tout ou en partie, & d'en faire au-
cunes traductions ou extraits, sous quelque
prétexte que ce puisse être, sans la permission
expresse & par écrit desdits Exposans, ou de
ceux qui auront droit d'eux; à peine de con-
fiscation des Exemplaires contrefaits, de trois

mille livres d'amende contre chacun des Contrevenants; dont un tiers à Nous, un tiers à l'Hôtel-Dieu de Paris, & l'autre tiers auxdits Exposans, ou à celui qui aura droit d'eux, & de tous dépens, dommages & intérêts ; à la charge que ces Présentes seront enregistrées tout au long sur le Registre de la Communauté des Libraires & Imprimeurs de Paris, dans trois mois de la date d'icelles ; que l'impression desdits Ouvrages sera faite dans notre Royaume & non ailleurs, en bon papier & beaux caractères, conformément aux Réglements de la Librairie ; qu'avant de les exposer en vente, les Manuscrits ou imprimés qui auront servi de copie à l'impression desdits Ouvrages, seront remis ès mains de notre très-cher & féal Chevalier le sieur DAGUESSEAU, Chancelier de France, Commandeur de nos Ordres ; & qu'il en sera ensuite remis deux Exemplaires dans notre Bibliothéque publique, un en celle de notre Château du Louvre, & un en celle de notredit très-cher & féal Chevalier le sieur DAGUESSEAU, Chancelier de France, le tout à peine de nullité desdites Présentes du contenu desquelles vous mandons & enjoignons de faire jouir lesdits Exposans & leurs ayans cause, pleinement & paisiblement, sans souffrir qu'il leur soit fait aucun trouble ou empêchement. Voulons que la copie des Présentes, qui sera imprimée tout au long, au commencement ou à la fin desdits Ouvrages, soit tenue pour duement signifiée ; & qu'aux copies collationnées par l'un de nos amés & féaux Conseillers & Sécrétaires, foi soit ajoutée comme à l'original : commandons au premier notre Huissier ou Sergent sur ce requis, de faire pour l'exécution d'icelles, tous actes requis & nécessaires, sans demander autre permission, & nonobstant Clameur de Haro, Charte Normande, & Lettres à ce contraires. CAR tel est notre plaisir. DONNÉ à Paris le dix-neuvieme jour du mois de Mars, l'an de grace mil sept cens cinquante, & de notre regne le trente-cinquieme. Par le Roi en son Conseil.

Signé, M O L.

Regiftré sur le Regiftre XII. de la Chambre Royale & Syndicale des Libraires & Imprimeurs de Paris, N. 430, folio 309, conformément au Réglement de 1723, qui fait défenses, article 4, à toutes personnes, de quelque qualité qu'elles soient, autres que les Libraires & Imprimeurs, de vendre, débiter & faire afficher aucuns Livres pour les vendre, soit qu'ils s'en disent les Auteurs ou autrement, à la charge de fournir à la susdite Chambre huit exemplaires de chacun, prescrits par l'art. 108 du même Réglement. A Paris le 5 Juin 1750.

Signé, LE GRAS, Syndic.

J'ai cédé à M. P. E. G. Durand neveu, Libraire, rue Saint Jacques, à Paris, mon droit au Privilege de l'Académie, pour l'Ouvrage intitulé : *l'Art des Expériences, ou Avis aux Amateurs de la Physique, &c.* suivant les conventions faites entre nous. A Paris le 26 Decembre 1768. J. A. NOLLET.

CATALOGUE

DES LIVRES DU FONDS

De Durand , Neveu , Libraire , rue S.
Jacques, à la Sageſſe.

A PARIS, 1770.

AGATHE & Iſidore, Roman, par Madame
Benoît , 1768, 2 *vol. br.* 3. l.
Anécdotes *ou* Mémoires hiſtoriques & critiques
des Reines & Régentes de France , par M.
Dreux du Radier, 8 vol. *in-*12, *reliés en* 4. 12 l.
Abrégé des dix Livres d'Architecture *de Vitruve* ,
1. *vol. in-*12. *avec figures.* 2 l. 10 ſ.
Amuſemens de la Raiſon par M. l'Abbé *Seran
de la Tour* , *in-*8°. 2. vol. 1752. 5 l.

BEAUX-ARTS (les) réduits à un même principe ,
par l'Abbé *le Batteux* , 1 *vol. in-*4°. 12 l.
Idem. in 8. 3 l.

CONSIDÉRATIONS ſur les Mœurs de ce Siécle ,
par M. *Duclos,* de l'Académie Françoiſe, 1.
*vol. in-*12 *cinquième édition* , 1767. 2 l. 10 ſ.
—— *du même,* Mémoire pour ſervir à l'Hiſtoire
du XVIIIe Siécle, *nouvelle édition, vol in-*12.
2 l. 10 ſ.

A

Cours de Mathématique , par feu M. *Camus*,
de l'Académie Royale des Sciences , 4. *vol.*
in-8. contenant les Élémens d'Arithmétique,
1 *vol.* de Géométrie théorique & pratique, 1 *vol.*
& de Méchanique Statique, 2 vol. *se vend en*
feuilles 20. liv. *broché* 21 liv. *relié en basanne*
25 liv. *relié en veau* 26. liv.

DE la nature des Biens des anciens Romains, &
de leurs différentes Méthodes de procéder aux
Suffrages , jusqu'à l'Empire d'Auguste , par M.
ô Heguerti , Comte de Magnieres , de la Société Royale des Sciences & des Arts de Nancy,
1769, 1. *vol. br.*   1 l. 4 s.
Dieu , Ode, par M. *Feutry* , *une feuille in-4o.*
1766.   6 s.
Dissertation sur la Glace, *ou* Explication Physique de la formation de la Glace, & de ses Phé-
nomènes , par M. *Dortous de Mayran*, Impri-
merie Royale , 1 *vol. in-12.* 1740.   3 l.

ELISABETH , Roman en forme de Lettres , par
Madame *Benoît* , 4 *vol. in-12.* 1766.   7 l.
Ecole de l'Amitié (l') , Roman, 2 *vol.* 2 l. 10 s.
Elémens de l'Histoire de France, depuis l'établisse-
ment de la Monarchie , jusqu'à la fin du Régne
de Louis XIV, par M. l'Abbé *Millot* , ancien
grand Vicaire de Lyon , Prédicateur ordinaire
du Roi , des Acad. de Lyon & de Nancy, 2
vol. in-12. 1767.   5 l.
Elémens de l'Histoire d'Angleterre, depuis son origine sous les Romains , jusqu'à la fin du Régne
de George I , *par le même* , 3 *vol. in-12.* 1768.
9 liv.
Emile Chrétien *ou* De l'Education, par M. C***,

de Lévéſon, Licencié en la Sacrée Faculté de Paris, 2 *vol. in-*12. 1765.   5 l.

Eſprit des Maximes politiques, pour ſervir de ſuite à l'Eſprit des Loix, par M. *Pecquet*, *in-*40. *rel.* 8.l.

———Idem , 2 *vol. in-*12. *ſous-preſſe.*

Eſſai Hiſtorique & Philoſophique , ſur les principaux ridicules des différentes Nations , par M. G. *Dourxigné*, *in-*12. 1766.   2 l. 10 ſ.

Eſſai ſur l'amélioration des Terres, par *Patulo* , *in-*12.   2 l. 10 ſ.

Eſſai ſur l'Education de la Nobleſſe , par M. le Chevalier de * * *. 2 *vol. in-*12.   5 l.

———Le même, *in-*4°. 2 *vol.*   15 l.

Eſſai ſur les Paſſions & leurs caractéres , *in-*12, 2 *vol.* La Haye, 1747.   5 l.

Expoſition du Calcul Aſtronomique, pour ſervir d'introduction à l'intelligence de la Connoiſſance des Temps , par M. *de Lalande*, de l'Académie des Sciences, 1 *vol. in-*8°. Imprim. Royale.   4 l. 10 ſ.

Explication des découvertes philoſophiques de M. le Chevalier *Newton*, par M. *Maclaurin*, de l'Académie-Royale de Londres, traduit de l'Anglois, par M. *Lavirotte*, v *vol. in-*4°. *fig. relié.*   10 l.

Histoire de la réunion de la Bretagne à la France, où l'on trouve des Anecdotes ſur la Princeſſe Anne, fille de François II , dernier Duc de Bretagne, femme des Rois Charles VIII & Louis XII, par M. l'Abbé *Vrail* , 1 *vol. in-*12. 1764.   2 l. 10 ſ.

Hiſtoire du *Miniſtere* du Chevalier *Robert Walpoll*, devenu Miniſtre d'Angleterre, & Comte d'Oxford, 3 *vol. in-*12. 1764.   7 l. 10 ſ.

Hiſtoire du Traité de Weſtphalie, *ou* des Négociations qui ſe firent à Munſter & à Oſna-

brug pour établir la Paix entre toutes les *Puiſ-*
ſances de l'Europe , compoſée principalement
ſur les Mémoires de la Cour & des Plénipoten-
tiaires de France , par le *P. Bougeant, nouv. édit.*
3 *vol. in-4*. 1766. 30 l.

Hiſtoire de Miſſ Honora , *ou* le Vice dupe de
lui-même , *Trad. de l'Anglois* , 4 *vol. in-*12.
1766. 8 l.

Hiſtoire naturelle & civile de la Californie, contenant une Deſcription exacte de ce Pays, de ſon
ſol, de ſes montagnes, lacs, rivieres & mers ;
de ſes animaux végétaux, minéraux, & de ſa fa-
meuſe pêcherie de perles ; les mœurs de ſes
habitans , leur religion, leur gouvernement &
façon de vivre, avec leur converſion au Chri-
ſtianiſme, un détail de différens voyages , &
tentatives qu'on y a faits pour s'y établir, &
pour reconnoître ſon Goife du côté de la Mer
du Sud, enrichie de la Carte du Pays & Mers
adjacentes, 3 *vol. in* 12. 1767. 7 l. 10 ſ.

Hiſtoire abrégée des Inſectes, par M. *Geoffroy*,
Docteur en Médecine , 2 *vol. in-4*. avec 25 figures en taille douce, 1764. 24 l.

Hiſtoire des quatre dernieres années du Régne de
la Reine Anne d'Angleterre , contenant les Négociations de la Paix d'Utrecht, & les démêlés
qu'elle occaſionna en Angleterre , Ouvrage
poſthume du Docteur Jonathan Swift, Doyen
de S. Patrice, en Irlande, publié ſur un Manuſ-
crit corrigé de la propre main de l'Auteur, &
traduit de l'Anglois, 1 *vol. in-*12. 1764. 2 l. 10 ſ.

IMITATION des Odes d'*Anacréon*, *in-*12. *vol.* 2 l.

LETTRES d'un Philoſophe ſenſible , publiées par
M. de la Croix , 1769, *br.* 1 l. 16 ſ.

Lettres Périodiques sur la maniere de s'enrichir promptement, & de conserver sa santé par la culture des végétaux, 3 vol in-8°. 1 l. 8 f.

———Il en paroît tous les ans 2 vol. par souscription. 10 l. 8 f.

———Franc de port par la Poste. 16 l.

Lettres périodiques, curieuses, utiles, & intéressantes, sur l'avantage que la Société Œconomique peut retirer de la connoissance des Animaux, pour servir de suite aux Lettres sur les Végétaux, 2 vol. in-8°. 10 l. 8 f.

———La continuation, 2 vol. par an, & par souscription. 10 l. 8 f.

———Et pour la Province, franc de port. 16 l.

Le Jeu des Enfans, in-12. broché, 1764, par M. Feutry. 12 f.

Lettre de M... à M. l'Abbé* * *, Professeur de Philosophie en l'Université de Paris, sur la nécessité de faire entrer un Cours de Morale dans l'éducation publique, broché. 12 f.

Lettres familieres de M. le Président de Montesquieu, seconde édition augmentée de plusieurs Lettres, & autres Ouvrages du même Auteur qui ne se trouvent point dans les Editions précédentes, 1768, in-12. 1 vol. 2 l. 10 f.

Lettres du Colonel Talbert, Roman, par Mᵐᵉ Benoît, Auteur d'Elisabeth, 4 vol in-12. 1767. 10 l.

Lettre d'Affi à Zurac, 1767. in-12. 2 l. 10 f.

L'Homme éclairé par ses besoins, in-12, 1764. 2 l. 10 f.

Medecine Bourgeoise & Pratique, ou Pharmacie tirée des Médicamens les plus simples des trois Regnes, appliquée aux maladies qui Régnent communément dans les Villes, Ouvrage utile à tous les Peres de famille, par M. Buc'hoz, sous-presse. 1 vol. in-12. 3 l.

Médecine Royale & Pratique , *ou Pharmacie, tirée* des meilleurs Remedes Chymiques, Ouvrage utile à tous les Médecins qui fe deftinent à la pratique, par M. *Buc'hoz,* 1 *vol. in-*12 , fous-preffe, 1770.   3 l.

Méditations pour fervir à une Retraite , foit annuelle, foit d'un jour ou par mois , pour les perfonnes confacrées à Dieu , nouv. édit. revue & augmentée par M. *Collet,* 1769. 1 *vol. in-*12. 3 l.

Mémoire de Victoire, par M. *de la Croix ,* 1 *vol. br.* 1769.   1 l. 10 f.

Mémoires du Chevalier de *Gonthieu ,* 2 *vol. in-*11. 1766.   3 l.

Mémoires Géographiques, Phyfiques & Hiftoriques des différentes Contrées d'Afie, d'Afrique & d'Amérique , connues par les Miffionnaires Jéfuites; extraits du *Recueil des Lettres Edifiantes & des Miffions du Levant,* par M. *de Surgy,* 4 *vol. in-*11, 1767.   10 l.

Mémoires Géographiques , Phyfiques & Hiftoriques fur la petite Tartarie , l'Arménie , l'Egypte , la Syrie & la Paleftine , tirés du *Recueil des Miffions du Levant,* publiés par les Jéfuites, Tome V , VI *& derniers , fous-preffe.*   6 l.

Œuvres de M. de Maupertuis.

Aftronomie Nautique , *in-*8°. 2 *vol.*	4 l.
Difcours Académiques, *in-*12. 1 *vol.*	2 l.
Lettres *in-*12. 1 *vol.*	2 l.
Effai de Cofmologie, *in-*8°. 1 *vol.*	2 l.
——— *Idem , in-*8. grand grand papier.	2 l. 10 l.
Effais de Philofophie morale , *in-*8°. 1 *vol.*	2 l.
Venus phyfique , *in-*12. 1 *vol.*	2 l.

Œuvres *de Boileau,* 2 *vol. in-*4°. *avec Fig. reliés en Veau , dorés fur tranche.*   36 l.
—Les mêmes, 2 *vol. in-*4°. *aves Fig. en Veau.* 32 l.

——Les mêmes ; 2 *vol. in·4°. fans Fig. en Veau.*
30 l.

Œuvres *du même* , fous-preffe, 5 *vol. in-8.*
——Les mêmes, 2 *vol. grand in·12.* 6 l.
——Les mêmes , 3 *vol. in·12 , petit format.* 6 l.
———————— 2 *vol. petit pap. fans Notes.* 4 l.
———————— 1 *vol. petit format.* 2 l.
Boleana *ou* Bons Mots de M. *Boileau* avec les Poé-
fies *de* Sanlecque *, 1 vol. in-12.* 2l.
Perilluftris Viri Nic. Boileau Defpreaux *Opera ,*
è Gallicis numeris in Latinos tranflata, à D. Go-
deau *, antiquo Rectore Univerfitatis Studii Pari-*
fienfis , 1 vol. in-12. 2 l. 10 f.

Œuvres *de M. l'Abbé Nollet , de l'Académie Royale*
des Sciences.

Leçons de Phyſique Expérimentale , 6 *vol. in·12.*
en feuilles. 15 l.
Les mêmes, 6 *vol. brochés.* 15 l. 15 f.
Les mêmes. 6 *vol. reliés.* 21 l.
Eſſais ſur l'Electricité des corps en *feuilles* 2 l. 5 f
——Le même, *broché,* 2 l. 7 f.
——Le même *relié,* 3 l.
Recherches ſur les cauſes particulieres des Phénomenes Electriques, & ſur les effets nuiſibles
ou avantageux qu'on peut en attendre , 1 *vol. in·*
12. *en feuilles,* 2 l. 10 f.
broché, 2 l. 12 f.
relié, 3 l. 10 f.
Lettres ſur l'Electricité, dans leſquelles on examine
les découvertes qui ont été faites ſur cette matiere , depuis l'année 1752 , & les conſéquences
que l'on peut en tirer , avec figures en taille-
douce , 3 *vol. in·12. en feuilles,* 6 l. 15 f.
brochés 7 l. 1 f.
reliés, 9 l.

Art (l') des Expériences *ou* Avis aux Amateurs de la Physique , sur le choix , la construction & l'usage des Instrumens , & sur la préparation & l'emploi des Drogues , qui servent aux Expériences, pour servir de suite aux Leçons de Physique expérimentale ; par M. l'Abbé *Nollet* , de l'Accadémie des Sciences , 3 *vol. in - 12, fig.* 1770 *br.*   7 l. 17 f. 6 d.

    relié en veau ,   10 l. 10 f.

Œuvres de M. l'Abbé Raynal.

Ecole Militaire , composée par ordre du Gouvernement , 3 *vol. in-12. veau.*   7 l. 10 f.

Histoire du Stadhoudérat , depuis son origine jusqu'à présent , 2 *vol. in-8°.*   5 l.

Histoire du Parlement d'Angleterre, nouvelle édition revue , corrigée & augmentée , 3 *vol. in-8°.* 1761.   5 l.

PLAGIATS (les) *de Jean-Jacques Rousseau* , Citoyen de Genève , 1766. 1 *vol. in-8.*   5 l.

Principes & usages des Dixmes, *par de Jouy* , 1 *vol. in-12.*   2 l. 10 f

QUERELLES Littéraires, *ou* Mémoires pour servir à l'Histoire de la République des Lettres , depuis Homère jusqu'à nos jours , par M. l'*Abbé Yrail* , 4 *vol. in-12.*   10 f

RELATION de l'Inoculation de S. A. R. *Ferdinand* , Prince Héréditaire de Parme, âgé de 13. ans ; faite à Parme le 10 Novembre 1764. *feuille de 24 pages.*   6 f.

echerches sur la Population des Généralités d'Auvergne , de Lyon , de Rouen , & de plusieurs autres Provinces & Villes du Royaume, avec des Réflexions fur la valeur du bled, tant en France, qu'en Angleterre, depuis 1674, juſqu'en 1764, par M. *Meſſance*, Receveur des Tailles de l'Election de Saint-Etienne, *in-4*.* *relié.* 8 l. 10 ſ.

Régles pour former un Avocat, nouvelle édition conſidérablement augmentée, par M. *Boucher d'Argis*, Avocat au Parlement, *in-12.* 2 l. 10 ſ.

Recueil des différens Traités de Phyſique & d'Hiſtoire naturelle; par M. *Deſlandes*, 3 *vol. in-12.* 6 l. 10 ſ.

Réponſe du Magiſtrat de Rouen, à la Lettre d'un Gentilhomme des Etats de Languedoc, fur le Commerce des Bleds, des Farines, & du Pain, *in-12* ; 1768. 6 ſ.

Secrets (les) de la Nature & de l'Art, développés pour les Alimens, la Médecine, l'Art vétérinaire, & les Arts & Métiers, par M. *Buc'hoz*, Docteur en Médecine, 4 *vol. in-12*, 1770. 12 l.

Texte de la Coutume de Normandie, avec des Notes fur chaque article ; on y a joint les obſervations fur les ufages locaux de la Province de Normandie, & les articles & placites du Parlement de Rouen, par M. N... 1766, *in-12.* 2 l. 10 ſ.

Teſtament du Cardinal Albéroni, *in-12.* 2 l. 10 ſ.

Voyages de *Chapelle* & de *Bachaumont*, avec les Poéſies du Chevalier d'*Aceilly*, *in-12.* 2 l. Vie de Saint Jean de la Croix, premier Carme Déchauſſé, & Coopérateur avec Sainte Théreſe, de la Réforme des Carmes, par M. *Collet*, 1 *vol. in-12*, 1769. 2 l. 10 ſ.

Voyage pittorefque de la Flandre & du Brabant ;
par M. *J. B. des Camps*, Membre de l'Académie Royale des Sciences, Belles-Lettres & Arts
de Rouen, 1770, 1 *vol. in-8o.* orné de *Fig. broc.*
5 l. 4 f. *relié.*   6 l. 4 f.

F I N.

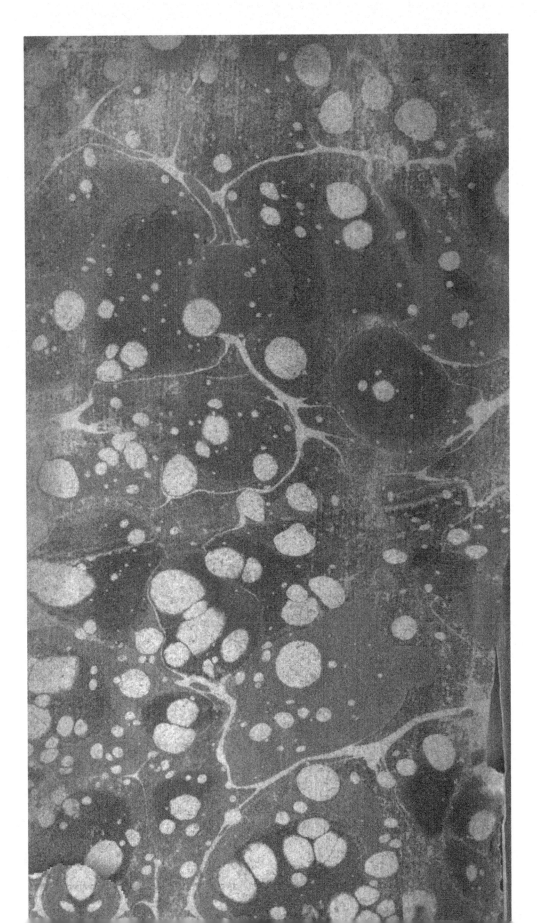

CPSIA information can be obtained at www.ICGtesting.com
Printed in the USA
BVOW04s0552220916

462829BV00015BA/89/P